MULHER DE PAPEL

Dados Internacionais de Catalogação na Publicação (CIP)
(Câmara Brasileira do Livro, SP, Brasil)

Buitoni, Dulcília Helena Schroeder
  Mulher de papel: a representação da mulher pela imprensa feminina brasileira / Dulcília Helena Schroeder Buitoni. São Paulo: Summus, 2009.

  Bibliografia
  ISBN 978-85-323-0521-3

  1. Imprensa - Brasil - História 2. Mulheres na imprensa 3. Periódicos para mulheres I. Título.

09-04537   CDD-070.48347

Índice para catálogo sistemático:
1. Representação da mulher pela imprensa: Imprensa feminina brasileira   070.48347

Compre em lugar de fotocopiar.
Cada real que você dá por um livro recompensa seus autores
e os convida a produzir mais sobre o tema;
incentiva seus editores a encomendar, traduzir e publicar
outras obras sobre o assunto;
e paga aos livreiros por estocar e levar até você livros
para a sua informação e o seu entretenimento.
Cada real que você dá pela fotocópia não autorizada de um livro
financia um crime
e ajuda a matar a produção intelectual de seu país.

MULHER DE PAPEL

*a representação da mulher pela
imprensa feminina brasileira*

DULCÍLIA SCHROEDER BUITONI

summus
editorial

MULHER DE PAPEL
a representação da mulher pela imprensa feminina brasileira
Copyright © 1981 by Dulcília Helena Schroeder Buitoni
Direitos desta edição reservados para Summus Editorial

Editora executiva: **Soraia Bini Cury**
Editoras assistentes: **Andressa Bezerra e Bibiana Leme**
Capa, projeto gráfico e diagramação: **Gabrielly Silva/Origem Design**
Imagens da capa (de cima para baixo): **crédito desconhecido;
Summer Fisher/sxc.hu; Scott Snyder/sxc.hu; crédito desconhecido**

Optamos por manter a grafia original nas citações de obras editadas antes do Acordo Ortográfico da Língua Portuguesa de 1990, que entrou em vigor em 2009.

Summus Editorial
Departamento editorial:
Rua Itapicuru, 613 – 7º andar
05006-000 – São Paulo – SP
Fone: (11) 3872-3322
Fax: (11) 3872-7476
http://www.summus.com.br
e-mail: summus@summus.com.br

Atendimento ao consumidor:
Summus Editorial
Fone: (11) 3865-9890

Vendas por atacado:
Fone: (11) 3873-8638
Fax: (11) 3873-7085
e-mail: vendas@summus.com.br

Impresso no Brasil

Aos amados pedaços do meu papel de mulher: Ademir, Cássia, Lucas e Gal

COMO TUDO COMEÇOU

Minha trajetória profissional, iniciada em jornal diário, foi marcada por uma atuação em revistas, principalmente em veículos voltados para a mulher. Formada na primeira turma de jornalismo da Escola de Comunicações e Artes da Universidade de São Paulo (ECA-USP), em 1970, fui repórter, redatora, editora e redatora-chefe. Paralelamente, em 1972 comecei a dar aulas na mesma faculdade onde me formara. Havia iniciado a pós-graduação em teoria literária e literatura comparada, na Faculdade de Filosofia, Letras e Ciências Humanas (FFLCH-USP), tendo como orientador o professor João Alexandre Barbosa. Meu projeto era sobre o conto brasileiro, mas a vivência na imprensa feminina despertou-me a necessidade de pesquisar esse campo. João Alexandre – grande ensaísta e crítico literário, especialista em Paul Valéry e João Cabral de Melo Neto, entre outros – foi muito generoso em me dar inteira liberdade para mudar de tema. A dissertação de mestrado debruçou-se sobre a fotonovela: *O quadrado amoroso: algumas considerações sobre a narrativa da fotonovela* (FFLCH-USP, 1977). Ao pesquisar dados históricos, percebi a quase inexistência de obras sobre a imprensa feminina brasileira. O doutoramento foi decidido quase de antemão: eu continuaria a explorar o assunto. E assim cheguei à delimitação de estudar as imagens da mulher, construídas pela imprensa feminina brasileira desde seus primórdios.

Comecei a atuar na pós-graduação em comunicação na ECA-USP em 1981. Em razão da temática estudada no mestrado e no doutorado, minhas primeiras disciplinas na pós foram sobre imprensa feminina, assim como a primeira dissertação orientada. Logo depois, também fui me encaminhando para o estudo da fotografia e da narrativa no jornalismo, que em 1986 resultou na tese de livre-docência sobre jornalismo e documentário – linha que até hoje concentra boa parte de minhas reflexões. No entanto, a comunicação e as implicações nas relações de gênero vêm persistindo em minhas pesquisas ao longo do tempo. Na verdade, trabalho com linguagens – verbais, imagéticas e sonoras.

Por causa da pesquisa sobre revistas femininas, fui contatada em meados de 1980 pela professora Eva Blay, do Departamento de Ciências Sociais, que estava formando na USP um núcleo de pesquisa interunidades. Assim, participei da fundação do Núcleo de Estudos da Mulher e Relações Sociais de Gênero (Nemge), que tem tido uma profícua atuação na pesquisa e em ações que promovem igualdade de gênero. No Nemge, pude desfrutar da convivência com pessoas queridas como Lia Fukui, Rosa Godoy e Miriam Moreira Leite, sendo que esta já colaborara com material para minha tese.

Muitas pessoas me ajudaram nesta busca; João Alexandre, meu orientador, sempre tinha uma palavra animadora e amiga. Nosso convívio fortaleceu em mim a crença de que a reflexão intelectual é alavancadora de mudança da realidade. Com João, conheci Ana Mae Barbosa, sua mulher, pioneira em arte-educação, depois minha colega na ECA e queridíssima amiga. Ana Maria de Camargo e Sonia Mascaro deram indicações valiosas e cederam revistas para a pesquisa. Ana Maria Fadul e Jair Borin contribuíram com sugestões bibliográficas. A poeta Ilka Brunhilde Laurito, minha amiga, espontaneamente trazia informações sobre mulheres jornalistas. Agradeço também a todos os colegas e amigos que me apoiaram nas diversas fases do trabalho. Agradeço ainda à banca que me examinou: João Alexandre, Antonio Candido, Ecléa Bosi, Walnice Nogueira Galvão e José Marques de Melo, pelas observações pertinentes, que procurei aceitar ao transformar a tese em livro.

SUMÁRIO

NOTA DA AUTORA · 11
À procura da mulher impressa · 12
Existe mulher de verdade nas revistas femininas? · 13
Consumo, silicone e ecologia · 15

PREFÁCIO À PRIMEIRA EDIÇÃO – ECLÉA BOSI · 17

INTRODUÇÃO · 21
Imprensa, substantivo feminino · 21
Mulher, também um mito · 24

1. ORIGENS DA REPRESENTAÇÃO – SÉCULO XIX · 29
Duas representações · 47

2. FORMAS DA REPRESENTAÇÃO – SÉCULO XX · 51
A mulher-oásis · 51
A mãe sofredora · 55
A sacerdotisa da beleza · 64
Iracema de lábios grossos · 77
A mulher-celuloide · 86
A garota moderna · 97
A dona de casa insatisfeita · 104
A liberada e a marginal · 114
A gatinha e a beleza fundamental · 128
Segura e sexy · 141

CONCLUSÃO – DE VÓS A VOCÊ, MUITAS
DÉCADAS IMPERATIVAS · 187
O novo · 194
O papel do papel · 200

REFERÊNCIAS BIBLIOGRÁFICAS · 213

APÊNDICE · 223

NOTA DA AUTORA

Convivo com revistas, mulheres e papéis impressos e expressos há muitos anos. Minha vida sempre incluiu palavras e imagens que constroem sentidos sobre o cotidiano das pessoas. E o caminho era previsível: a simples leitora foi se transformando em observadora, produtora, pesquisadora. O trabalho com revistas uniu-se à pesquisa acadêmica. E veio o primeiro *Mulher de papel*, que abordava o papel da mulher na imprensa até o final da década de 1970.

Busquei mostrar o que era a imprensa feminina brasileira de modo concreto, real e sensível, para que os leitores experimentassem sensações semelhantes às que passei, ao ler a primeira edição de uma revista feminina anarquista, ou ao pegar na mão, roído por insetos, o *Correio das Modas* de 1841. Sentir como a mulher era apresentada em 1910, em 1930, em 1950. Busquei sentidos. Toda busca de sentido envolve interpretações, pontos de vista. Procurar os contornos da imagem da mulher na imprensa feminina brasileira é, antes de mais nada, uma leitura pessoal de uma série de elementos encadeados. A linguagem não serve só para relatar ou descrever. A linguagem *diz* as coisas. E a imprensa feminina, sendo linguagem, *diz* a mulher. Ela produz formas, configurações que não aparecem à primeira vista. Procurei a mulher sendo dita nas seções de moda, reportagens, artigos, perfis, comentários. Houve seleção e decifração, para depois chegar ao desvendamento e à crítica.

Esta segunda edição de *Mulher de papel*, acrescida de mais dois capítulos, aparece quase trinta anos depois da publicação do primeiro livro.

Os papéis folheados para a edição de 1981 vieram da pesquisa para uma tese de doutorado; os novos capítulos foram redigidos no século XXI para completar a linha do tempo da imprensa feminina brasileira. Durante todo esse tempo, a jornalista, professora universitária e orientadora de pós-graduação continuou a observar as revistas dirigidas ao público feminino.

À PROCURA DA MULHER IMPRESSA

A pergunta é: houve grandes transformações na representação da imagem da mulher? Como a mídia impressa vem mostrando a adolescente, a adulta e a mulher madura? Quais modelos são mais frequentes?

As constatações anteriores não eram muito animadoras. Faltavam mulheres de verdade nas páginas femininas. Será que elas apareceram um pouco mais a partir dos anos 1980?

Imprensa feminina e moda sempre se alinhavaram mutuamente. Desde o século XIX, as publicações femininas brasileiras traziam elementos da moda, auxiliando no processo de democratização do gosto. Observei essas costuras paralelas e muitas vezes cruzadas. As revistas dirigidas às mulheres provavelmente foram um dos primeiros fatores do processo que mais tarde seria chamado de globalização. Trabalhando com estilos e trânsito de mercadorias, funcionavam – e funcionam – como agentes de uniformização. Pude constatar concretamente a grande influência da cultura francesa até os anos 1930, quando a cultura de massa norte-americana começava a se consolidar como hegemônica no imaginário ocidental. Uma das alegrias da pesquisa foi deparar com alguns ecos anarquistas em revistas da década de 1920. Antes da Segunda Guerra Mundial, pude encontrar algumas fatias de realidade na pele negra de uma jovem jornaleira, perfilada numa revista de grande circulação.

Moda e cinema – cada vez mais influentes – construíram as figuras da mulher nos anos 1940 e 1950. Filmes propagavam novos hábitos de consumo, reforçados pela imprensa. Em 1944, a revista *Ilustração Brasileira* fazia apologia do cigarro em uma matéria de moda. Ao lado de um desenho de mulher vestida de *tailleur* e fumando, a sugestão imperativa: "Entretanto, se não lhe fosse dado fumar, acredite que à sua elegância faltaria alguma cousa, pois o cigarro é o fecho essencial à silhueta grácil da mulher moderna". Os tempos mudaram, os sinais foram trocados: fumar não significa modernidade nem elegância; as razões de saúde se impuseram. Apesar de ter flagrado a "garota moderna" nos anos 1950, foi na década de 1960 que a mística do jovem – e da juventude – se instalou na mídia, predominando até hoje como atributo fundamental para homens e mulheres.

Até 1960, os jovens imitavam ou faziam releitura da moda adulta; não havia moda jovem. Em 1963, mais um recorte do real: Carmen da Silva chamava atenção na *Claudia* para a insatisfação da dona de casa, chamando-a de "pequena rainha triste". Alguns textos discutiam o direito da mulher ao prazer, e a palavra orgasmo começava a ser impressa numa ou noutra revista. Parece tão longínquo esse tempo em que não se permitia usar determinadas palavras relacionadas com sexo... A censura não era só política: era também moralista.

EXISTE MULHER DE VERDADE NAS REVISTAS FEMININAS?

Os anos 1970 viram a inserção do tema "sexo" nas publicações femininas brasileiras, tendo como ponta de lança a revista *Nova*. A primeira edição de *Mulher de papel* chegou até essa época em que moda, cinema – depois televisão e publicidade – conjugavam-se numa orquestração para delinear mulheres mais favoráveis à economia de consumo. Na apresentação daquela edição, eu constatava que havia buscado mulheres e encontrado modelos:

> [...] quase não vi a mulher com quem se cruza na rua [...]. Não vi a funcionária dos correios do século passado, não vi a bancária de hoje. Nem eu me vi. Às vezes, vislumbrei uns rostos de carne e osso, que se perdiam ao virar das páginas. Queria ter encontrado mais mulheres de verdade na imprensa feminina brasileira. (*Mulher de papel*, 1981, p. VIII-IX)

Realizada na década de 1970, a pesquisa sobre a imprensa feminina obviamente teve muitas dificuldades de acesso ao material – algo que nesses tempos de internet parece bastante arcaico. As consultas foram feitas quase todas com manuseio da publicação; algumas com microfilme. Localizei jornais e revistas em bibliotecas públicas, no Arquivo do Estado, em arquivos de editoras e coleções particulares. O material encontrado do século XIX não era muito numeroso – até porque não houve possibilidade de ir à Biblioteca Nacional no Rio de Janeiro –, mas foi suficiente para a análise de suas principais tendências. Já o acervo reunido do século XX permitiu a classificação por décadas, o que resultou em um foco mais apurado. A tese *Mulher de papel* apresentou o resultado da pesquisa iconográfica e uma espécie de antologia de textos comentados até a década de 1970. Não foi um trabalho exaustivo de levantamento de tudo que já se editou em periódicos para mulheres, no Brasil. Dizia eu, na primeira edição:

> Acredito ser uma amostragem representativa, servindo para dar uma ideia bem concreta do que se fazia no século passado até chegar a nossos dias. No alinhavar dos textos, há o esboço de uma pequena história da imprensa feminina brasileira, preocupação que tenho continuado a desenvolver. (*Mulher de papel*, 1981, p. VIII)

A parte inicial da tese, por trazer muita teoria, foi refeita para simplesmente situar as linhas seguidas, sem entrar em grandes discussões acadêmicas e meandros hermenêuticos. O restante foi conservado com pequenas alterações.

Realmente, o livro acabou se tornando uma fonte de subsídios para outros pesquisadores. Esse também é um motivo para esta nova edição, revista e ampliada. Imaginava que mais e mais trabalhos complementariam e aprofundariam os caminhos por mim percorridos. No entanto, esse movimento desenvolveu-se com certa lentidão. A maioria dos estudos sobre revistas femininas focaliza temas específicos – poucos se dedicaram à contextualização histórica num sentido mais amplo.

Ao preparar esta segunda versão, eu poderia ter utilizado vários autores que foram se incorporando ao meu referencial teórico: autores sobre análise do discurso, sobre estudos culturais, textos de semiótica. No entanto, preferi manter o espírito dos capítulos anteriores nas apreciações das figuras da mulher das décadas de 1980 e 1990. Assim, não recorri a procedimentos metodológicos de minhas atuais pesquisas: entendi que essa opção permitia maior unidade, evitando partes muito díspares entre si. Obviamente os novos capítulos apresentam algumas marcas mais contemporâneas; em todo caso, procurei um tratamento que se assemelhasse às primeiras análises.

Passadas algumas décadas, continuo a procurar mulheres de verdade nas revistas femininas, embora saiba que publicidade e consumo lidam principalmente com mitologias. Também entendo que há um paradoxo implícito no discurso dessas publicações: tentar abrir brechas para a transformação de padrões e publicar páginas e páginas de anúncios de cosméticos e artigos de luxo, aconselhar dietas, apontar celebridades como imagem ideal e modelo de comportamento.

Como fazer uma revista vendável e ser "femininamente" correta? Algumas tentativas como a americana *Ms.* e a brasileira *TPM* são a prova de que é possível trilhar outros caminhos. No mundo ocidental, televisão, publicidade e revistas femininas se aliam na construção de imagens dominantes, num contexto de globalização crescente. As revistas femininas sempre foram poderosos elementos na construção da identidade da mulher. No reino da cultura da imagem, a aparência ajuda a produzir o que somos – ou pelo menos o modo como somos percebidos.

CONSUMO, SILICONE E ECOLOGIA

Os anos 1980 consolidaram uma imagem que já vinha sendo formulada há algum tempo: a adolescente como consumidora e leitora de revistas feitas especialmente para ela. A menina de 13 anos passava a ser considerada público e importante segmento de mercado. As duas últimas décadas do século XX introduziram registros do real, como vemos no jornal feminista *Mulherio* e na abordagem do uso de preservativos em duas revistas comerciais, *Capricho* e *Marie Claire*.

O século XXI trouxe a capilaridade e a explosão da internet; mas até agora ainda não temos produtos midiáticos digitais femininos que tenham vida própria. Os sites geralmente são complementares às revistas impressas, embora sites de revistas para jovens – pela natural empatia dessa faixa etária com a mídia digital – tenham evoluído bastante. No entanto, a mídia feminina na web é tema para ser explorado em outras pesquisas.

Se as revistas femininas trouxeram problemas reais nos anos 1990 – no bojo de práticas não só informativas, mas também de mobilização –, por outro lado, no quesito beleza, incidiram em direcionamentos cerceadores. A moda do vestuário propõe linhas e tendências e também abre espaço para cada uma usar a roupa que quiser no horário e na ocasião que desejar. Dourados com jeans, saltos agulha com calças esportivas, decotes, transparência, sedas, tecidos rasgados, costuras sem acabamento, cortes esdrúxulos, tudo vale. Porém na estética corporal, a modelagem é autoritária. Se antes se achava que o espartilho restringia a liberdade, hoje é fortíssima a indução para colocar silicone nos seios. Passou-se para a invasão corporal, que é aceita como natural e se transformou em objeto de desejo de milhares de adolescentes brasileiras.

São as ambiguidades da imprensa feminina: ela foi instrumento de democratização da moda, trouxe informação sobre sexo, contribuiu para a revolução sexual e, todavia sugere a colocação de próteses como uma grande conquista de beleza e identidade. O corpo, para ser bonito, deve ser invadido por uma prótese. Próteses como requisito imprescindível para conquistar o homem e discussões sobre gravidez de adolescentes; a roupa mais cara e a fome na África; a fala inconsequente de uma participante de *reality show* e a reportagem sobre sustentabilidade: paradoxos, contradições e ambiguidades fazem a revista feminina.

Continuo a não me ver nas revistas femininas; não há publicações para mulheres maduras. Muitas mulheres mais jovens e adolescentes também não se veem nas páginas a elas dedicadas. Encontrei algumas mulheres de verdade nas décadas de 1980 e 1990. Queria ter encontrado mais. O acúmulo de imagens, a velocidade e o consumo não nos deixam muito espaço. Ainda assim, a mulher e pesquisadora gostaria que análise e transformação pudessem se unir, em algum ponto que incluísse preferencialmente a questão ecológica. Precisamos encontrar o papel da mulher para envolver cuidadosamente este planeta ameaçado, esta terra que muitos dizem ser feminina.

PREFÁCIO À PRIMEIRA EDIÇÃO

O projeto de Dulcília Buitoni neste seu *Mulher de papel* é prova de grande coragem intelectual: "Buscamos a representação da mulher na imprensa feminina".

Para alcançar seu objetivo, a pesquisadora tomou um período amplo e rico. São noventa anos de imprensa feminina brasileira, de 1880 à década de 1970.

Com esse corpus imenso à sua frente, Dulcília procedeu na linha de uma apreensão de múltiplos significados que se reportassem à *condição feminina*, espelhada ou idealizada nas revistas e nos jornais para mulheres que estudou.

E, como não podia deixar de ser, sua pesquisa acabou esbarrando não só em imagens mais ou menos verossímeis da mulher, como principalmente em mitos. Ler *Mulher de papel* é conhecer vários desses mitos, a caducidade de alguns, a persistência de outros.

Uma análise semântica bastante livre e às vezes saudavelmente impressionista permitiu-lhe identificar, por exemplo, a "mulher-oásis", no contexto da *belle époque*; a "mãe-sofredora", na imprensa contemporânea à Primeira Guerra Mundial; a "sacerdotisa da beleza", em anos de rápida modernização burguesa lastreada de condições ideológicas; "Iracema de lábios grossos", exemplo de crônica sobre a mulher do povo, típica dos anos 1930; a "mulher-celuloide", símbolo do processo de americanização, à Hollywood, durante a Segunda Guerra Mundial; a "garota moderna", lançada pela moda empresarial dos anos 1950; a "dona de casa insatisfeita", que já sofre a febre consumista (e as respectivas frustrações domésticas) dos anos do desenvolvimento; enfim, a "liberada" e a "marginal", nossas contemporâneas, orientadas maciçamente para a fruição do sexo e da libido aquisitiva, ou para a participação nos grupos e nos movimentos políticos. Veja-se a inesquecível "Girse, te espero na próxima assembléia", retrato da lutadora admirável de uma comunidade na periferia de São Paulo.

Dulcília, como perita em análise literária, sabe muito bem que não se deve buscar a chave do texto apenas nos conteúdos, mas no ponto de vista que os organiza. Sondar qual é a perspectiva que rege os textos escritos para leitoras é, na verdade, ir à cata das ideologias latentes e, no caso, detectar a real percepção que têm da mulher os meios de comunicação escrita de massa.

Só o estudo das várias conjunturas em que se produziram os textos escolhidos é que poderia esclarecer a fundo aquela percepção. Em *Mulher de papel*, as análises levam sempre em conta os traços gerais desses contextos, como o mérito de se abrirem à cultura europeia e norte-americana que aqui encontrava imitadores e imitadoras servis.

De leitura indispensável é a Conclusão, na qual, além de um excelente histórico da imprensa feminina brasileira, a autora se detém em algumas constantes da mensagem para mulheres:

> Vós, tu, você: o texto da imprensa feminina sempre vai procurar dirigir-se à leitora, como se estivesse conversando com ela, servindo-se de uma intimidade de amiga. Esse jeito coloquial, que elimina a distância, que faz as ideias parecerem simples, cotidianas, frutos do bom senso, ajuda a passar conceitos, cristalizar opiniões, tudo de um modo tão natural que praticamente não há defesa.

Dulcília descreve a "armadilha linguística" pela qual o espírito das leitoras é aliciado para, afinal, consumir os objetos que são mera embalagem de valores do neocapitalismo.

Com o tom informal e cativante vem, indefectível, o tema do *novo*. O que é novo é melhor, o que é novo supera o que não é. Em outras palavras: jogue fora a roupa velha, compre outra; reforme sua casa, mude de hábitos, atualize suas ideias e sua linguagem. Esse desprezo pelas coisas que já temos e nos acompanham há anos, essa coerção para que joguemos fora o velho, são sintomas do terrível mal do desenraizamento que Simone Weil descobriu e nos explicou em seus diários.

O novo pode ser chamado simplesmente de "moderno", como ocorreu nos anos da industrialização a todo vapor; mas pode conotar-se de acepções mais chamativas e aparecer como "inconformista", "anticonvencional", "vanguardista" ou até mesmo "revolucionário".

Mas parecer não é ser. Toda essa renovação se faz de fora para dentro, máscara que é preciso exibir aos outros para vencer numa sociedade competitiva. O papel da ilusão que se pinta sobre o papel das revistas é o último passo do caminho de Dulcília, a quem agradecemos ter-nos dado um dos mais sugestivos estudos sobre a nossa imprensa feminina. E de quem gostaríamos de citar estas palavras finais:

Mulher de papel, consciência de papel. Papel crepom, papel celofane, papel de seda. Uma embalagem aparentemente frágil, mas de uma força imensa faz esta mulher de papel. Rasgar é mudança e passagem. Passagem-libertação. Rasgar o papel e descobrir a pessoa: veremos o dia?"

Ecléa Bosi

INTRODUÇÃO

IMPRENSA, SUBSTANTIVO FEMININO

Segundo sexo. Segunda imprensa. Secundário, secundária. Sempre um segundo lugar: subalterno, dependente, complementar. Ou supérfluo. Admitamos que assim seja. No entanto, das folhas artesanais ao produto industrial, a imprensa feminina tem potencialidade para atingir metade do gênero humano. E para influir em toda a vida social. No Brasil, milhões de mulheres – e milhares de homens – leem as páginas, suplementos e revistas dessa imprensa, que transmite ideias, modas, costumes. Visões do mundo que modificarão até mesmo os não leitores.

Nosso objeto é a imprensa feminina no Brasil, considerada, a princípio, apenas como uma série de textos a serem analisados. Vamos tentar descobrir seus caminhos e descaminhos, para então reunir características mais bem fundamentadas. E para melhor entender como foi feita a representação da mulher ao longo dos anos.

O motivo primeiro deste estudo foi o peso da imprensa feminina no contexto cultural. Se essa especificação de veículo de comunicação dirigido antes de tudo à mulher desenvolveu-se em tantos países, não existe só o interesse da indústria cultural. A relação entre a imprensa feminina e a mulher implica questões mais abrangentes, como o papel social da mulher ou sua participação política. E aí entra a ideologia.

À primeira vista, receitas de culinária, conselhos de beleza, contos de amor e outros assuntos – comuns às revistas, seções e suplementos femininos do mundo inteiro – são neutros. Porém se sairmos da superfície, veremos que a imprensa feminina é mais "ideologizada" que a imprensa dedicada ao público em geral. Sob a aparência de neutralidade, a imprensa feminina veicula conteúdos muito fortes.

Com isso, não negamos que a imprensa diária seja "ideológica". Ela é. Como todos os tipos de imprensa, usa de critérios avaliativos para selecionar e editar suas matérias. No entanto, a maioria de suas matérias está situada dentro do que se convencionou chamar de *jornalismo informativo* e algumas, de *interpretativo*.[1] A ideologia está presente, mas muito mais estruturalmente do que num texto individualizado. Aliás, assim também pensa Eliseo Verón, num excelente ensaio em que aprofunda características do discurso de revistas semanais de informação:

> Desta maneira, os semanários são uma espécie de "metalinguagem" cujo referente não é o fato em si mesmo (que é o caso da "notícia"), mas a atualidade, enquanto discurso produzido pelos diários. Esta característica dos semanários torna-os, precisamente, estratégicos para o estudo das ideologias. O que não quer dizer, de modo algum, que os semanários sejam "mais ideológicos" que os diários, e sim que simplesmente é provável que seja mais fácil para nós (dado o nível de discurso que contêm) identificar operações ideológicas. (Verón, 1974, p. 11)[2]

A imprensa feminina brasileira (e ocidental) não usa muito o jornalismo informativo. Modernamente, tem usado o interpretativo. No entanto, sua linha está mais para o jornalismo diversional, o opinativo e o de serviço (ver nota 1). E, no máximo, sua periodicidade é semanal. Existem algumas seções femininas em jornais diários, mas veículos inteiramente de imprensa feminina são semanais, quinzenais, mensais ou mais espaçados ainda. A periodicidade da imprensa feminina – que a faz distanciar-se do fato atual – e o não uso da categoria informativa lhe dão um caráter mais "ideológico" em relação ao que fala Verón.

---

1. *Jornalismo informativo*, *interpretativo* e *opinativo* (alguns autores acrescentam *diversional* ou ainda *jornalismo de serviço*) são as grandes categorias jornalísticas. Essa divisão é contestada por muitos autores, uma vez que certos textos se enquadram em duas ou mais categorias. Nós a consideramos sobretudo como instrumento metodológico que ajuda a análise, e não uma divisão epistemológica. O jornalismo informativo concentra-se nas informações (notícias), geralmente curtas e sem apreciações – seria mais objetivo. O jornalismo interpretativo é uma expansão do fato original: contém entrevistas, antecedentes, consequências, opinião de especialistas etc. O opinativo demonstra uma posição seja do jornal (no editorial) ou do jornalista (colunas, críticas, comentários, crônicas etc.). O diversional engloba efemérides, palavras cruzadas, quadrinhos etc.; e o de serviço dá horário de espetáculos, fornece roteiros de turismo, lazer, informações que "servem" à vida comum do leitor.

2. Nos anos 1970, ideologia era termo-chave nos estudos de comunicação. Apesar de Verón trabalhar com o conceito de ideologia, o que nos interessa mais são as considerações sobre o discurso – estas plenamente atuais mesmo no século XXI.

Ora, este trabalho visa detectar formações imaginárias. O fundamental é pesquisar a imagem (ou as imagens) da mulher transmitidas pelos veículos especializados em públicos femininos, desde o início desse tipo de imprensa no Brasil.

Em outras palavras, buscamos a representação da mulher na imprensa feminina brasileira. Ou ainda, os significados desse conceito – mulher – que também é a razão de ser de todos esses veículos. Que estereótipos, modas, modelos, modismos, estrangeirismos, nacionalismos, enfim, qual ideologia foi transmitida em mais de um século, período de grandes transformações em nossa sociedade? Em que medida a imprensa, como fator cultural, difundiu conteúdos que influíram na formação da consciência da mulher brasileira?

Para isso, partiremos de textos da imprensa feminina. Novamente lembramos Verón (1974, p. 9):

> Um discurso ou um conjunto de discursos (entendendo por discurso uma unidade textual concreta produzida no seio da sociedade) não constitui um objeto homogêneo: a noção de discurso não é teórica, e sim puramente descritiva. Em consequência, deste ponto de vista, um discurso carece de unidade própria; é o lugar onde se manifesta uma multiplicidade de sistemas de restrições. Poderíamos dizer então que um discurso é uma rede de interferências. A possível unidade da análise resultará, pois, de critérios exteriores aos textos estudados, pelo menos em dois sentidos: a) a seleção dos textos; b) a finalidade da "leitura" a que esses textos serão submetidos.

Selecionaremos textos, que depois serão lidos com finalidade de desvendamento e avaliação. O texto consubstancia, portanto, nossa unidade de trabalho, dentro da visão de que um discurso é uma rede de interferências. Para constituir o corpus e depois desmontar e reconstruir suas redes, precisamos de alguns critérios externos. Verón (1974, p. 15-6) continua:

> Isto significa que a presença do ideológico no discurso não consiste em propriedades imanentes aos textos e sim em um sistema de relações entre o texto e sua produção, circulação e consumo. Dito isto, talvez seja útil sublinhar que este sistema de relações passa sempre pelo texto. Em outros termos, o texto é, precisamente, o lugar onde tal sistema se constitui enquanto produção discursiva da significação.

Essa atitude metodológica não significa uma análise que caminhe de fora para dentro. Não se trata de descrever operações discursivas e depois utilizar uma série de dados externos para facilitar a "interpretação" do texto. Elementos exteriores somente serão utilizados na medida de sua pertinência em relação a determinado texto. Tentaremos seguir a proposta de Verón, que deu fecundos resultados na análise citada. Concluindo o raciocínio, Verón (1974, p. 16) afirma: "As condições de produção merecem esse nome na medida em que deixam suas marcas no discurso. Direi então que, desse ponto de vista, o texto mesmo não é outra coisa que o lugar de constituição de suas próprias determinações".

Selecionar o corpus dentro da imprensa feminina brasileira envolve critérios externos. O assunto-chave foi "condição feminina". Coleções foram consultadas, algumas completamente, outras apenas os exemplares disponíveis. Não fizemos uma pesquisa exaustiva, pois não seria possível consultar todos os exemplares de todas as publicações femininas brasileiras. Às vezes, procedemos por amostragem: dois ou três anos de uma década já forneciam material. A intenção não era esgotar tudo que já se publicou sobre a mulher em periódicos a ela dirigidos. Pretendíamos tão somente reunir textos significativos em relação ao assunto e à época. Textos que permitissem um trabalho de análise, textos em que se percebesse essa "rede de interferências". Conseguimos cerca de dez textos potencialmente "analisáveis" por década, a partir do século XX. Em referência ao século XIX, foi-nos extremamente difícil localizar as publicações. Daí a exiguidade da amostragem do século XIX e o predomínio do século XX. Finalmente, para cada década, escolhemos dois ou três textos, concentrando a análise no que achamos mais pertinente aos nossos objetivos.

MULHER, TAMBÉM UM MITO

O eterno feminino. Um chavão que tenta imobilizar, no tempo, as virtudes "clássicas" da mulher. Um chavão que corresponde bem ao senso comum de procurar qualidades quase abstratas: maternidade, beleza, suavidade, doçura e outras, num ser que é histórico. Justamente aí está a falha que desvincula a mulher de sua época e seu contexto, que a transforma num ser à parte, independente de circunstâncias concretas.

A separação entre qualidades ideais e realidade, que já é uma constante cultural, também está na imprensa feminina. Aliás, sem adiantar conclusões, essa imprensa tem colaborado para que a separação permaneça e aumente. Anteriormente, comentamos que o jornalismo informativo não é muito usado pela imprensa feminina: logo, o próprio tratamento da matéria não favorece a ligação mulher-mundo. Nesse sentido, outro chavão é o "mundo da mulher". Realmente, tenta-se criar um mundo da mulher para que ela fique só dentro dele e não saia.

Outras características gerais da imprensa feminina, que aparecem numa análise panorâmica, são: os assuntos (ou editorias) predominantes e o desprezo pela atualidade. Ambas estão correlacionadas com o tratamento das matérias.

Os temas tradicionais da imprensa feminina resumem-se a meia dúzia de itens: moda, beleza, culinária, decoração, comportamento, celebridades, um conto etc. Naturalmente, esses assuntos privilegiados pela imprensa feminina apresentam pequena ligação com o momento atual. Moda seria o mais dependente de época, tendo em vista que as estações do ano ocasionam mudanças nesse campo. As revistas costumam publicar matérias como maquilagem de inverno, culinária de verão e assim por diante. No entanto, são ligações temporais fracas: um refresco que serve num verão pode ser republicado dois anos depois.

Atualidade e imprensa feminina não mantêm laços muito estreitos. Mesmo quando tratam da realidade, a indeterminação temporal é muito grande. Os artistas, as pessoas famosas que ocupam a maioria das páginas de "realidade" de uma revista feminina também atingiram uma certa atemporalidade. Um perfil de um ator pode ser publicado num mês ou no próximo. Quase sempre a imprensa feminina utiliza matérias que no jargão jornalístico são chamadas de "frias": matérias que não têm uma data certa de publicação, que podem aparecer hoje ou semanas depois. A atualidade passa longe da imprensa feminina. Isso acentua o seu desligamento com o mundo real e o seu caráter mais "ideológico".

Como num quebra-cabeça, as peças vão se juntando. Todos esses elementos favorecem a utilização da mulher como um mito na imprensa feminina. Essa transformação da mulher em mito (geralmente correspondendo à ideologia dominante ou, quando surgem sinais de mudança, servindo para reforçar o conceito tradicional) é algo que surge logo numa primeira análise. Pretendemos discutir essa questão do mito ao longo de nosso trabalho, mas faremos agora algumas considerações.

Roland Barthes, em *Mitologias* (1972), traça os contornos do mito contemporâneo, que seria uma espécie de "representação coletiva", nos moldes da sociologia de Durkheim. O mito se deixa ler nos enunciados anônimos, na publicidade, nos objetos de consumo. Em consequência, só por ser imprensa (e por apresentar incontáveis enunciados anônimos), a imprensa feminina é mítica. Mas há graus e graus.

O mito é um "reflexo" social que inverte, pois transpõe a cultura em natureza, o social em cultural, o ideológico, o histórico, em "natural". Um fato contingente, por exemplo, aparece como sempre tendo acontecido na sociedade. Apesar de formado pela cultura, apresenta-se como se fosse um fato da natureza. Ora, a imprensa feminina privilegia o ser mulher, propõe modelos culturais como sendo lógicos e naturais. "O eterno feminino sempre foi assim". Como diz Barthes (1977, p. 11):

> O que é apenas um produto da divisão das classes e de suas sequelas morais, culturais, estéticas, é apresentado (enunciado) como "evidente por si mesmo";

os fundamentos absolutamente contingentes do enunciado tornam-se, sob o efeito da inversão mítica, o Bom Senso, a Norma, a Opinião corrente.

A imprensa feminina é duplamente mítica. Primeiro, porque apresenta diversos conteúdos, senão todos, de forma mítica. Segundo, porque o conteúdo que a identifica mais de perto com seu público – isto é, a representação subjacente do feminino – aparece sempre como mito. Então, decifrar esse duplo mito seria o objetivo do nosso trabalho. Onde estão as unidades que formam o mito? Como se articulam? A constatação, quase intuitiva, de que a imprensa feminina é mítica precisa ser exemplificada, demonstrada. Mas não podemos fazer uma semiologia apenas descritiva.

Descobrir as articulações, os significados profundos é parte da tarefa crítica. Aliás, o deciframento já envolve componentes críticos. No entanto, precisamos ir mais além. A semiologia tem desenvolvido sofisticados instrumentos de interpretação que às vezes não chegam muito além da descoberta do sentido básico de um texto. Daí, a passagem, a ponte para uma avaliação mais profunda, é muito difícil. Esses obstáculos também não são novos: a ciência da literatura sempre se defrontou com o problema de passar do texto à série social.

Se usarmos o mito como ponto de partida, já teremos algumas conexões prévias, uma vez que ele toma o social por natural: o social é imprescindível ao mito. Então é preciso desmontar a inversão mítica e mostrar o significado que está por trás. Ou, como diz Barthes (1977, p. 12):

> [...] "retificar" a inversão mítica, decompondo a mensagem em dois sistemas semânticos: um sistema conotado, cujo significado é ideológico (e por conseguinte "direito", "não invertido", ou, para ser mais claro, consentindo em falar uma linguagem moral, cínico) e um sistema denotado (a literalidade aparente da imagem, do objeto, da frase), cuja função é de naturalizar a proposição de classe dando-lhe a caução da mais "inocente" das naturezas: a da linguagem (milenar, materna, escolar etc.).

Esse é o procedimento, já proposto em *Mitologias*, escrito por Barthes entre 1954 e 1956. Só que não se deve parar aí, segundo ele. A nova semiologia – ou a nova mitologia (estas considerações são de 1971) não poderá mais separar tão facilmente o significante do significado, o ideológico do fraseológico: "Hoje em dia, a tarefa que está diante dela é de ordem sintática (de quais articulações, de quais deslocamentos é feito o tecido mítico de uma sociedade de alto consumo?)" (Barthes, 1977, p. 13-4).

Mais adiante, Barthes (*ibidem*) continua a insistir nessa nova linha:

> Se a alienação da sociedade obriga sempre a desmistificar as linguagens (e especialmente a dos mitos), a via deste combate não é mais o deciframento crítico, é a *avaliação* [...] As linguagens são mais ou menos *espessas*; algumas, as mais sociais, as mais míticas, apresentam uma homogeneidade inabalável (há uma força do sentido, há uma guerra dos sentidos). Tecida de hábitos, de repetições, de estereótipos, de cláusulas obrigatórias e de palavras-chave, cada uma constitui um idioleto, ou mais exatamente ainda um socioleto (noção que há vinte anos eu designava pelo nome de escritura); mais, portanto, do que mitos, são hoje em dia socioletos que é preciso distinguir, descrever; às mitologias sucederia, mais formal e por isso mesmo, creio, mais penetrante, uma idioletologia cujos conceitos operatórios não seriam mais o signo, o significado e a conotação, mas a citação, a referência, o estereótipo. [grifos do original]

Barthes conclui que o mito deve ser tomado numa teoria geral da linguagem e que esta teoria, apoiada sobre a etnologia, a psicanálise, a semiologia e a análise ideológica, devia alargar o seu objeto até a *frase* ou melhor, até as *frases*. Uma proposta ampla, que ele considera um programa, ou talvez apenas um "desejo". Nós não temos tanta ambição. É certo que não queremos ficar apenas no deciframento. Pretendemos ir mais além: desmontar a inversão mítica, analisar as articulações, tratar de estereótipos e *frases* (no sentido de Barthes) usando semiologia, linguística, teoria literária. Sabemos que o mito exige uma multiplicidade de tratamento que abrange várias áreas do conhecimento humano. Na medida de nossas limitações, procuraremos sair do simples desvendamento.

1

ORIGENS DA REPRESENTAÇÃO – SÉCULO XIX

Houve um momento em que apareceu, na civilização ocidental, um tipo de veículo impresso dirigido às mulheres. Provavelmente o surgimento de jornais ou revistas femininos estava relacionado com a ampliação dos papéis femininos tradicionais, circunscritos até então ao lar ou ao convento. E também com a evolução do capitalismo, que implicava novas necessidades a serem satisfeitas. De qualquer modo, entre a literatura e as chamadas artes domésticas, o jornalismo feminino já nasceu complementar, revestido de um caráter secundário, tendo como função o entretenimento e, no máximo, um utilitarismo prático ou didático.

Evelyne Sullerot (1963, p. 5), a grande estudiosa do fenômeno imprensa feminina na França, diz que a história global da imprensa destinada às mulheres ainda está por fazer. Sua obra, *La presse féminine*, é o estudo mais abrangente feito sobre o assunto. Em nenhum outro país há livros do mesmo porte. A autora francesa tem a percepção da importância desse fenômeno, como reflexo da vida social:

> A história desta imprensa é apaixonante porque nela lemos a história dos costumes: não a "pequena história" feita de anedotas sobre os grandes deste mundo, mas um reflexo significativo da vida cotidiana, da economia doméstica, das relações sociais, das mentalidades, das morais e dos esnobismos apaixonados, no seu monótono frenesi de novidade. (1963, p. 6)

O novo, o moderno: eis a ilusão perseguida a qualquer custo pela imprensa feminina. A imprensa feminina corre atrás do novo. Mas não é o novo da notícia. É um novo que lhe confere toda uma ideologia, que faz parte de sua natureza. Esse novo será discutido mais amplamente nas conclusões finais.

É um novo que lhe dá um caráter ambíguo, no dizer de Evelyne Sullerot (1963, p. 6):

> esta busca inquieta do *dernier cri* na arte de se vestir, de as julgar, de viver, se reveste quase sempre de um conservantismo moral de uma inalterável seriedade. As mulheres sabem que a estabilidade de uma sociedade, ou sua continuidade por meio das agitações, repousa entre suas mãos de mães. Aparentemente frívolas, sérias às vezes, moralista constantemente, elas inspiraram uma imprensa que devia, para lhes agradar, ser à sua imagem. Jamais um único periódico feminino cômico ou humorístico saiu à luz do dia.

La Documentation Française, órgão do secretariado geral do governo francês, publicou, em 1969, um estudo sobre a imprensa feminina nos Estados Unidos e Europa Ocidental. E localiza, nos fins do século XVII, o primeiro periódico feminino: é o *Lady's Mercury*, editado na Grã-Bretanha em fevereiro de 1693. Nele, a presença do consultório sentimental, que se tornaria uma das marcas registradas da imprensa feminina: uma jovem correspondente narra sua sedução por um "infame e lúbrico". O primeiro periódico francês, segundo Sullerot, surgiu em 1758; trata-se do *Courrier de la Nouveauté, Feuille Hebdomadaire à l' Usage des Dames* [Correio da Novidade, Folha Semanal para Uso de Damas], do qual restaram apenas os prospectos. *Le Journal des Dames* (1759-1778) deixou mais memória e exemplares. No princípio, era apenas literário, abrangendo outros assuntos somente a partir de 1774. Os precursores da imprensa feminina francesa foram os almanaques que continham conselhos de economia doméstica e de medicina caseira, fato que aconteceu também em outros países.

A imprensa feminina ia surgindo pela Europa. Por exemplo, na Alemanha: *Akademie der Grazien* (1774-1780), que divulgava para a leitora a literatura de seu tempo – *Werther*, de Goethe; e *Nathan*, de Lessings. Na Itália, *Toilette* (1770), *Biblioteca Galante* (1775) e *Giornale delle Donne* (1781). Nos Estados Unidos, um dos primeiros magazines femininos foi o *American Magazine*; mas o mais conhecido foi o *Ladies' Magazine* (1828), de Sarah Hale, mulher que lutava por uma vida melhor para suas companheiras de sexo. Sua filosofia de imprensa feminina se resumia em três pontos: entretenimento, esclarecimento e serviço. Era uma feminista que não falava em política; apenas defendia o direito da mulher à educação, como o mais essencial de todos: os outros viriam por acréscimo.

No Brasil, a imprensa feminina começou no século XIX. Um dos principais motivos desse retardamento foi o fato de não termos imprensa, o que só nos foi concedido com a vinda de D. João VI. Logicamente, o surgimento da imprensa feminina refletia as transformações pelas quais passava nossa sociedade. No período colonial, a participação ativa da mulher fora dos limites do lar era bastante pequena. Além disso, sendo a historiografia toda calcada em personagens masculinas, encontramos poucas referências sobre a mulher. E, quando aparecem, descrevem mais os aspectos pitorescos ou de indumentária, raramente mostrando sua atuação como ser social. A historiadora americana June Hahner reúne no seu *A mulher no Brasil* alguns textos sobre esta época, que comprovam tal perspectiva. Estudos mais recentes têm abordado o papel das mulheres brancas das camadas dominantes e de outras menos privilegiadas, tentando documentar até que ponto elas saíram das tarefas domésticas. Mas no geral, o campo dominava a cidade, e a mulher brasileira ainda não tinha uma vivência urbana significativa.

Não pretendemos, aqui, fazer a história completa da imprensa feminina no Brasil. Além de não ser o objetivo do nosso trabalho, não tivemos tempo nem recursos financeiros que possibilitassem um levantamento dessa ordem. Assim como um estudo desse nível exigiria conhecimentos e metodologia específicos, que não dominamos. Apenas queremos situar, dar alguns elementos que proporcionem um melhor relacionamento texto-contexto, permitindo uma visão evolutiva do fenômeno. Os dados que apresentamos foram obtidos ao longo de alguns anos em pesquisas individuais, que compreenderam levantamentos de bibliografias históricas e de referência, consultas a catálogos de bibliotecas, exame de coleções de periódicos pertencentes a instituições ou a colecionadores particulares, sempre em São Paulo. Por todas essas razões, não enumeraremos tudo que já foi publicado periodicamente para a mulher, no Brasil. Citaremos jornais e revistas para compor um quadro de referência; e a maioria deles é do Rio de Janeiro e de São Paulo, não só pela maior facilidade de acesso aos dados, mas também porque estes foram os dois centros editores de maior importância. Recentemente, a tese de doutorado de Carlos R. Costa (2007) fez um levantamento das revistas brasileiras do século XIX, resultado de minuciosa pesquisa histórica e iconográfica.

O século XIX foi acompanhado de mudanças na estrutura de nossa sociedade, processo deflagrado principalmente com a vinda da família real para o Brasil. Novos elementos, como a passagem da sede do governo de Salvador para o Rio de Janeiro, aceleraram as transformações. As áreas urbanas começam a ganhar vida própria, libertando-se pouco a pouco da supremacia rural. Surgem ferrovias, intensifica-se a navegação a vapor, e depois de 1850 o cabo submarino substitui a comunicação por paquetes e traz informações mais rápidas do exterior. A existência da corte passou a influir na vida da mulher do Rio de Janeiro, exigindo-lhe mais participação. O Rio estava deixando seu caráter provinciano para ser uma capital em contato com o mundo. Dentro deste contexto, a moda assumiu grande importância para a mulher que morava nas cidades, ainda mais se fosse na corte. As tendências europeias eram copiadas e aí entra o fator imprensa, primeiro com a importação de figurinos vindos de fora e depois com a publicação, aqui, de jornais e revistas que reproduziam gravuras de moda. A necessidade estava criada; havia, portanto, um mercado. Foi por isso que as primeiras publicações dirigidas à mulher, no Brasil, traziam moda. Jornalismo feminino, nessa época, significava basicamente moda e literatura.

Pelas pesquisas bibliográficas feitas, o mais provável é que o primeiro periódico feminino brasileiro tenha sido o carioca *O Espelho Diamantino*, publicado em 1827, com o subtítulo "periódico de política, literatura, belas-artes, teatro e modas, dedicado às senhoras brasileiras". Carlos R. Costa (2007, p. 68) informa que era uma publicação quinzenal e teve 14 edições.

Os *Anais da Biblioteca Nacional* (1965) se referem ao periódico como sendo de "política, literatura, belas-artes, teatro e modas", sem especificar o tipo de público. Mas, pelo fato de incluir modas, pelo menos essa seção era feminina. Além do Rio de Janeiro ser o centro polarizador dos movimentos culturais da época, o mesmo Gondin, que não diz nem que *O Espelho Diamantino* foi o primeiro carioca, ao se referir ao *Correio das Modas* (1839), cita sua qualidade de segunda revista de modas do Rio. Então, pelo menos do Rio, *O Espelho* é o primeiro. Depois, talvez não seja tão importante localizar o primeiro. O fato é que a imprensa feminina brasileira começava a nascer por volta de 1820, junto com a efervescência política da independência, constituinte etc.

O Correio das Modas saía aos sábados; trazia moda, literatura, bailes e teatros. Durou até 1841 e foi uma das publicações mais constantes do período. No Instituto Histórico e Geográfico de São Paulo há um exemplar do *Correio das Modas*, de 1841, com o subtítulo "Jornal crítico e litterario das modas, bailes, theatros etc." e a citação em francês (que aliás caracteriza admiravelmente a imprensa feminina): "Tout change, la raison change, [...] ssi de methode/Écrits, habillemens, système, tout est mode!" [Tudo muda, a razão muda, (...) método / Escritos, roupas, sistema, tudo é moda.] Há falhas no texto, devido a buracos roídos por insetos. São oito páginas, pequenas, como as de um livro de bolso, com alguns trechos literários, dois poemas – "A sepultura do jovem Adolfo", de J. A. de Lemos M. e "A Fanirza" de D. J. d'Azevedo – e a seção "Malla do correio" com informações sobre óperas e uma bailarina famosa na época.

O formato panfleto dominava o ambiente jornalístico, fruto do clima de transformações da época. Era comum surgirem novos jornais todas as semanas, que não passavam de dois ou três números. O jornalismo era a voz das correntes políticas que se defrontavam em polêmicas impressas, muitas vezes fundadas em boatos e difamações.

No Recife, temos *O Espelho das Brazileiras*, lançado em 1º de fevereiro de 1831, que saiu às terças e sextas-feiras, durante trinta edições. Dias antes, fora publicado um anúncio no *Diário de Pernambuco*:

> O Redator, animado pelo seu ardente desejo de contribuir para a instrução de suas compatriotas, espera que as pessoas sensatas, longe de admitirem as obje-

ções fúteis dos inimigos da civilização, auxiliarão seus esforços, promovendo no seio de suas famílias a leitura desta folha, cujo único fim é oferecer às senhoras exemplos capazes de desenvolver seus talentos e lhes inspirar o amor de seus deveres. (Nascimento, 1969)

Os títulos vão se sucedendo, no Recife, nesta primeira metade do século XIX, e veiculavam modas, literatura, variedades: *Jornal de Variedades* (1835); *Relator de Novellas* (1838), destinado "ao entretenimento de todas aquelas pessoas apaixonadas por ler novelas, com especialidade o belo sexo, de quem esperava toda a proteção"; *Espelho das Bellas* (1841), que trazia sob o título dois versos de Richardson: "Nada é belo, nada é amável/ Sem modéstia e sem virtude"; *A Violeta*, *O Recreio das Bellas* e *O Brinco das Damas* (1849), jornais literários; *A Grinalda* (1849), cujo primeiro número continha a introdução e o começo de um romance: *A freira*; *Revista do Recife* e poesias; *O Bello Sexo* (1850), periódico literário e recreativo, que circulou regularmente durante alguns meses. A maioria desses jornais não passava de cinco ou seis números; às vezes ficavam apenas no primeiro, como *O Jasmim* e *A Esmeralda* (1850). Seus nomes já caracterizavam sua destinação (o uso de flores, pedras, ou a menção à mulher no título). A denominação "espelho", bastante empregada deve ter vindo da França, onde existiam alguns jornais com o mesmo substantivo: por exemplo, *Le Miroir des Dames* (na década de 1830). Assim, a continuação do *Correio das Modas* carioca chamou-se *O Espelho Fluminense* (1843) – com modas, literatura e charadas –, publicado por E. e H. Laemmert. E, em 1859, foi lançado *O Espelho*, revista de literatura, modas, indústria e artes, tendo Machado de Assis como colaborador desde o primeiro número.

Na década de 1840, inicia-se o governo de D. Pedro II, e a imprensa começa a se estabilizar, principalmente em relação aos jornais maiores. Já estão definidos os partidos conservador e liberal. Do lado liberal, postava-se o *Correio Mercantil*, de Moniz Barreto; o conservador é *O Brasil*, de Justiniano José da Rocha. Sem perder o caráter comercial (e por isso mesmo cada vez mais prósperos), continuavam o *Diário do Rio de Janeiro* e o *Jornal do Commercio*, num crescendo da parte informativa. O telégrafo ia integrando as regiões; desenvolvia-se o comércio, a indústria, a agricultura. Letras e artes tomavam impulso e paralelamente apareciam folhas literárias de muita significação. A indústria gráfica mais apurada fazia-se representar pelos irmãos Laemmert, Eduardo e Henrique, responsáveis pela publicação de uma folhinha famosa e periódicos bonitos e bem impressos com belas ilustrações, assim como livros de autores reputados. É da Casa Laemmert o *Correio das Modas*, cujos figurinos vinham da Europa e eram pintados à mão. Uma iniciativa das mais importantes foi o *Almanaque Laemmert*, que começou em 1844 com o nome de *Almanaque Administrativo, Mercantil e Industrial da Corte e da Província do Rio de Janeiro*, excelente coletânea de informações sobre o país, com dados administrativos, econômicos e sociais. O *Almanaque Laemmert* gozou de muito prestígio, sendo o protótipo desse tipo de publicação.

Estava chegando a hora da imagem surgir no jornalismo brasileiro, com o lançamento da *Semana Illustrada*, de Henrique Fleiuss, em 1860. Nelson Werneck Sodré nos diz que até então só haviam circulado pequenos e toscos jornais de caricaturas, havendo litografias que tiravam estampas avulsas:

> O que não havia era uma revista ilustrada: nesse sentido, Fleiuss foi, realmente, pioneiro. A *Revista Popular*, antes, era mensário com figurinos intercalados no texto e uma e outra estampa, mas eram impressas na França e remetidas ao Garnier, que as inseria na revista. (Sodré, 1966)

Na *Semana Illustrada* colaboraram escritores e jornalistas da época: Quintino Bocaiúva, Joaquim Nabuco, Pedro Luís, Bernardo Guimarães, Machado de Assis, Joaquim Manuel de Macedo, entre outros. As publicações ilustradas foram se sucedendo: o *Charivari Nacional*, de 1859, que durou 17 números, substituído em 1862 pelo *Charivari*; o *Merrimac* e o *Bazar Volante*, de 1863, com desenhos de Joseph Mill; o *Bazar* passou a chamar-se *O Arlequim* em 1867, contando com as ilustrações de V. Mol e depois do italiano Angelo Agostini, um artista sensível e crítico que teria presença marcante na imprensa nacional. Angelo colaboraria ainda na *Vida Fluminense*, que foi de 1868 até 1876.

Em 1º de janeiro de 1876 surgiu a *Revista Illustrada*, fundada por Angelo Agostini, um verdadeiro acontecimento no jornalismo brasileiro. Chegou a atingir 4 mil exemplares (tiragem até então não alcançada por nenhum periódico ilustrado da América do Sul) e tinha enorme popularidade, com muita penetração na cidade e no campo. Suas litografias constituem-se um verdadeiro documentário ilustrado de uma época, com a vantagem de não ser apenas descritivo como Rugendas e Debret, mas trazendo também uma visão crítica. Não seria exagero falar-se em "arte engajada", e mais: Angelo Agostini poderia ser considerado um precursor da história em quadrinhos, uma vez que suas caricaturas apresentavam uma sequência narrativa em cenas com o texto correspondente, incluindo diálogos, embaixo de cada quadro. A dinâmica entre um e outro quadro dá uma surpreendente ilusão de movimento.[3] Essa arte crítica, fruto de uma sensibilidade que filtrava humoristicamente a sociedade de seu tempo, num traço fino,

---

3. Nelson Werneck Sodré (1966, p. 252) atribui-lhe essa característica de verdadeiro precursor da história em quadrinhos com as "Aventuras do Zé Caipora", publicadas na *Revista illustrada* a partir de 1884.

dotado de grande beleza, configura um registro sociológico de inegável valor. E que contava com a receptividade do público, mais um elemento a comprovar seu papel de reflexo pertinente da realidade, que se prolongou até o ano de 1898.

A *Revista Illustrada* era a melhor de seu tempo. Para exemplificar a ideologia da época sobre a mulher, reproduzimos um artigo "O eterno feminino" de 1886,

O eterno feminino

Nota-se, em toda a empresa, tanto da côrte como das privincias, um principio de propaganda, sobre as revindicações do sexo gentil.

Muitos jornaes discutem as aptidões da melhor metade do genero humano, para as profissões liberaes, para um circulo mais vasto de trabalho e de actividade, do que esse, que até hoje tem limitado as ambições da mulher brasileira.

Não vão longe os tempos em que os honrados paes de familia, cheios de preconceitos e horror á letra redonda, se oppunham a que as filhas aprendessem a lêr, sob o pretexto de que assim, não se corresponderiam com os namorados.

Esqueciam-se de que os mercurios, são muito mais perigosos, quando exercem as suas funcções de viva voz, do que por intermedio dos gelidos carimbos do correio indifferente.

Os amantes analphabetos, dos seculos passados, á falta de calligraphia, valiam-se de outros recursos, e, tão efficazes — que as populações não tem deixado de augmentar, sempre n'uma proporção assustadôra.

A abstenção da leitura e da escripta, não impedia os romances de amor de se complicarem extraordinariamente, até que a reluctancia foi vencida, e uma certa instrucção passou a ser, antes, um preservativo, do que um perigo á paz das familias.

***

Estamos, pois, no periodo de verificar se esses meios de educação devem ser ampliados; se á mulher devem ser conferidos direitos, e estabelecida a igualdade com o homem, para o exercicio de um certo numero de cargos.

Crêmos que a esphera de acção do sexo gentil deve ser ampliada; mas tambem nos parece que o circulo não póde ter um grande raio.

Ha, incontestavelmente, cem industrias e profissões, exclusivamente exercidas pelo homem, entre nós, e aonde a mulher póde exercitar-se com vantagem.

E, de facto, ella começa a mostrar-se muito apta para o professorado, para as industrias delicadas, para certos ramos do commercio, e até para o funccionalismo, nas repartições em que o serviço é, antes, minucioso do que pesado.

***

Na politica, porém, o bello sexo só deve passar *a vol d'oiseau*, n'um ambito largo, que lhe deixe vêr os factos de longe. Nada de se intrometer em luctas eleitoraes, de pedir votos, de formar *comités*, de patrocinar candidatos.

Desgostos e decepções, viriam azedal-a, dar-lhe uma forte preocupação de exito, encarar factos passageiros, como acontecimentos momentosos, aos quaes seria um dever sacrificar o bom têmpêro do jantar do marido, e até os vagidos desesperados do seu filhinho mais moço.

E, senão, veja-se:

O candidato X está em perigo. É preciso sem perda de tempo fallar com 5 ou 6 eleitores e convencel-os. Para isso é forçoso andar, de casa em casa, durante algumas horas. Mas o seu bebê de mezes, não póde tolerar essa ausencia. Chora desesperadamente. A mãe entre os grandes interesses sociaes, e a berraria do pequerrucho, não póde vacillar. A creança chora, mas calar-se-ha.

E, entretanto, os visinhos, com essa musica calamitosa, estão amaldiçoando a hora em que as mulheres se metteram na politica, e o marido, cujos trabalhos eleitoraes seriam muito mais efficazes, lá está, agarrado ao berço, a vêr se a creança socega.

Nada! Isto seria um horror.

***

Depois, muitos publicistas veem um perigo em se envolver a mulher n'esses episodios pelas tendencias despoticas que teem quasi todas as senhoras. Haverá por exemplo, despota que tenha gozado de uma fama oppressóra igual á das sogras? Qual! Imagine-se a presidencia do conselho de uma situação conservadora em mãos de uma d'essas rivaes de Attila, e um povo de genros liberaes, curvado aos arbitrios e desmando do poder, em quadra eleitoral. É horroroso! As tragedias gregas passariam a ser uma futilidade, e os grandes lances de desespero, dos povos antigos, desappareceriam, ante a invenção de sublimes torturas moraes, não sonhadas ainda.

***

Verifica-se, também, que é dos rostos imberbes, como os do sexo gentil, que até hoje teem vindo as maiores desgraças ao mundo e os mais atrozes soffrimentos á humanidade.

Napoleão 1º, Luiz XIV, e uma serie de estadistas, levados do diabo, sempre dispostos a lançar os povos uns contra os outros, como mastins, – não tinham signaes de barba.

Ao contrario, os homens de maior coração, os prototypos da bondade, os sabios e os patriarchas, em todos os tempos, uzavam longas barbas apostolicas.

A historia nos mostra, que do lado dos rostos imberbes, ha um serio perigo de despotismo, e de oppressão, de que dão testemunho, no passado, os imperadores romanos e, modernamente – as sogras.

Voltaremos ao assumpto.

BLCK

n. 425, em que se diz que sua esfera de ação profissional deve ser ampliada, mas não muito. E que a mulher não deve se intrometer em lutas políticas.

Outra publicação ilustrada foi a *Illustração do Brasil*, lançada em 1876 por Carlos de Vivaldi, com gravuras feitas em aço e cobre, algumas aqui, outras mandadas fazer nos Estados Unidos. Era uma revista luxuosa para a época, trazendo textos selecionados e belas gravuras. Apesar do apuro técnico, a revista não estava tão ligada à realidade nacional quanto a de Agostini. Já começava a se formar um público que, sentindo a efervescência da segunda metade do século XIX, tinha necessidade de algo mais que uma publicação bonita. Por isso, a *Illustração do Brasil* durou apenas até 1880, enquanto a *Revista Illustrada* continuaria correspondendo às expectativas dos leitores.

Listaremos agora as publicações femininas, do Rio de Janeiro, a partir de 1850, tecendo algumas considerações a respeito de uma ou outra mais significativa:

- *Novellista Brasileiro ou Armazem de Novellas Escolhidas*

Localizamos uma coleção de fascículos publicados em 1851; não sabemos quando se iniciou. Publicado por Eduardo e Henrique Laemmert, o *Novellista* continha, conforme a capa, "as composições mais afamadas dos melhores autores modernos da escola romântica sobre novellas, assumptos e recordações dos mais brilhantes factos da historia dos povos, viagens, memorias, anedotas e charadas; poesias; revista das ultimas modas, theatros, bailes, reuniões etc.".

Trazia belas gravuras, a cores, de trajes para festas, passeio etc. Internamente, havia outro título: *Folhetim do Novo Gabinete de Leitura ou Revista das Modas, dos theatros, bailes, reuniões e outros acontecimentos da quinzena*. O redator se autoapelidava de folhetinista, e escrevia sobre modas, descrevendo em tom de crônica as vestimentas da gravura; a *Revista da Quinzena* (1851) era uma espécie de colunismo social, com os bailes e espetáculos daquelas duas semanas. Eis alguns exemplos das duas seções:

> Damos hoje quatro toilettes differentes às nossas leitoras, qual delles mais elegante, mais fresco e mais encantador!
>
> São moda as flores naturais, a ponto que é bem difficil encontrar-se uma senhora n'um baile sem trazer o seu bouquet.
>
> A moda é a cousa que tem mais poder nesse mundo: se zombar com a gente entala o pobre vivente n'uma casaquinha bicuda esticada, e amanhã deixa-o à larga dentro de uma japona imensa [...]
>
> Vivão para sempre os bellos dias do verão: é a época das cassas, das cambraias e dos bordados; é a época em que a simplicidade impera mais no toilette das moças.
>
> Melhor ainda que o antecedente esteve o baile do Cassino: perto de duzentas elegantes adornavão a sala perfeitamente illuminada do nosso baile valido, a musica alegrava todas as almas, e os olhos das moças fazião pular muitos corações ao mesmo tempo.

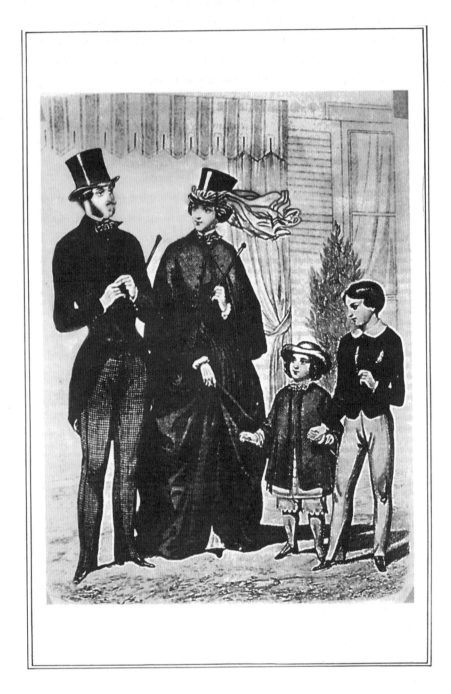

FOLHETIM

DO

NOVO GABINETE DE LEITURA

OU

REVISTA DAS MODAS

DOS THEATROS, BAILES, REUNIÕES E OUTROS ACONTECIMENTOS DA EPOCA.

MODAS.

Vamos apresentar ás nossas leitoras um lindo traje para uma senhora montar a cavallo, e vamos assegurar-lhes que ha tres modos como as mulheres ainda são mais interessantes e inspiradoras: a mulher dormindo com os cabellos caidos e dispersos sobre a dobra do seu lençol, os olhos marcados pela reunião das pestanas, os labios entreabertos e o seio oscillando brandamente, é uma cousa divina. Dizia Lord Byron que o menino admirando a luz, o marinheiro fazendo uma rica preza, o avaro enchendo seu cofre de ouro, não experimentarão uma sensação tão agradavel como aquelle que contemplava de manhã o somno da mulher que ama.

A mulher no banho tem alguma cousa tambem fascinador, tem mesmo muito!... não sei que effeito fazem as aguas brincando docemente na tez finissima e nevada de uma bonita mulher!!!! Um dos melhores quadros de Urbino é sem duvida a nympha no banho: o insigne pintor tinha muito gosto, o seu pincel era franco, a simplicidade é sua deusa; Urbino nunca achou velludo ou seda, linho, gorgorão ou musselina, que podesse comparar á pelle de uma mulher: eu tambem sou assim; mas já que me vejo condemnado a ser escriptor de modas, não posso deixar de me importar, e muito, com essas ninharias.

É elegantissima tambem a mulher a cavallo n'um cavallo lindo! Quando, ao descahir da tarde, passo ao lado de alguma bonita moça guiar o meu crioulo, quasi transparente de magreza pelo muito que me tem aturado, então eu contemplo e digo comigo que a mulher é sobre a terra a prova mais evidente da Divindade! Quem me vir tão acerrimo defensor de mulheres, dirá que tenho sido sempre bem tratado por ellas: pois não, senhor, sempre tenho levado de taloa, e não ha ninguem mais serviçal do que eu para as moças: ensino-as a cantar, canto com ellas quando estou em voz, conto-lhes historias; mas nada, por mais que eu ande aos saltinhos e estude ao espelho, um sorriso nervoso, nem me torno mais agil, nem posso occultar as rugas que em minhas faces os annos escreverão.

A nossa gravura apresenta, para montar a cavallo, o seguinte modelo.

Casaquinha de panno muito leve verde-escuro, muito comprida e com bastante roda, corpo justo é aboteado, colarinho de rendas em pregas cingido com um lenço de setim côr de rosa, chapeo como de homem e véo branco.

O *toilette* de homem é serio e *confortavel*, mas não carece de explicação; mais importancia ainda nos merecem os meninos; por isso lhe offerecemos o lindo modelo de uma *bluse* ou *pardessus*, e um vestido á ingleza de novo córte!......

REVISTA DA QUINZENA.

A semana passada tivemos uma reunião tão linda no Cattete, que nos deixou entrar com má boca por esta semana toda sem sabor e cheia de promessas; tem sido esta uma semana de esperanças lisongeiras, talvez a negra fenda da rocha que dá entrada a um paraiso encantado! Tudo quanto ha de melhor nesta terra espera ancioso pelo beneficio do Sr. Amat e pela primeira representação da *Rainha de Chypre*. O beneficio do Sr. Amat tem lugar talvez no domingo, na sala da Academia Philarmonica, onde julgo que nessa noite só opera uma agradavel revolução, isto é, poderemos estar ao pé das senhoras, e temos licença de conversar, passear e dansar. Deos queira que essa maldita divisão, que por nosso mal nos apartava dos anjos, se quebre para sempre! Permitta o Ceo que debaixo desses tectos, onde tantas vezes se tem escutado a voz portentosa da philomela brasileira, cesse para sempre o supplicio de Tantalo! Permitta Deos que eu esteja disposto a cantar!!!

Dizem-nos que a Sra. condessa Ida toma parte nesta reunião para que foi convidada. Se assim é, sentiremos por mais uma vez a sensação agradavel que nos causa a sua voz sublime.

O *Jornal do Commercio* annuncia para segunda-feira, 7, a *Rainha de Chypre*: dizem que a direcção do Theatro se tem esmerado em que esta opera vá á scena

Esta semana não fui a nenhum baile; mas vou ver se as minhas amáveis leitoras adivinhão quem me inspirou esses versos que se seguem, n'um baile deste anno:

Que fiz eu p'ra divertir-vos
Ano inteiro a rabiscar?
Chamei-vos ternas, formosas,
Bellas, meigas e bondosas
Que todos sabem chamar

Recomendei o bordado
Entre as obras de lavor,
Fallei de bailes e modas,
Queimei as pestanas todas
P'ra ser menos semsabor!...

- *Jornal das Senhoras* (1852-1855)

Jornal ilustrado, com modas, literatura, belas-artes, teatros e crítica. Gondin da Fonseca diz que era redigido por D. Cândida do Carmo Souza Menezes, "talvez a primeira mulher jornalista do Brasil" (Fonseca, 1941, p. 321).

Já Nelson Werneck Sodré (1966, p. 214) afirma que este jornal foi lançado pela baiana Violante Ataliba Ximenes de Bivar e Velasco, de quem não há menção em Gondin. Outra redatora é citada nos *Anais da Biblioteca Nacional* (1965, p. 73): Joanna Paula Manso de Noronha. De qualquer modo, o *Jornal das Senhoras* parece ter sido um dos primeiros a contar com mulheres na redação.

- *Recreio do Bello Sexo* (1856)

Modas, literatura, belas-artes, teatro.

- *O Espelho* (1859-1860)

Literatura, modas, indústria e artes. Teve Machado de Assis como colaborador desde o primeiro número.

- *A Primavera* (1861)

Revista semanal de literatura, modas, indústria e artes.

- *Bello-sexo* (1862)

Periódico religioso, de instrução e recreio, noticioso e crítico moderado. Redigido por várias senhoras, a redatora-chefe era Júlia de Albuquerque Sandy Aguiar.

- *A Bella Fluminense* (1863-1864)

Jornal variado dedicado ao belo sexo e a todas as classes da sociedade.

- *O Jornal das Famílias* (1863-1878)

Nele colaborou Machado de Assis. Era impresso em Paris, a mandado de Garnier. Lúcia Miguel Pereira (1949, p. 102) fala sobre o jornal:

> Como o nome indica, era dedicado às mulheres; entre figurinos, receitas de doces, moldes de trabalho e conselhos de beleza, para ocupar os ócios e a imaginação das senhoras elegantes, um pouco de literatura, quase sempre da lavra de Machado de Assis. E a despeito do nome do autor, correspondia, certamente, à expectativa das leitoras: literatura amena, de pura fantasia, sem nenhum fundamento na realidade.

- *O Domingo* (1873-1875)

Jornal literário e recreativo, com sonetos, cartas de amor, modas, de D. Violante A. X. de Bivar e Velasco, uma das primeiras jornalistas do Brasil.

- *O Sexo Feminino* (1875-1877)

Semanário dedicado aos interesses da mulher. Redatora e proprietária: Francisca Senhorinha da Mota Diniz, que defendia os direitos da mulher, lançando posteriormente jornais mais engajados politicamente. O nome da publicação já mostra seu caráter mais comprometido, e o tom das matérias demonstra esse espírito. É o que podemos notar no fim da matéria "O que queremos", publicada em O Sexo Feminino (25 out. 1873, p. 1-2), trecho colhido por Jane E. Hahner, historiadora americana que publicou uma antologia de textos relativos à mulher brasileira:

> Queremos a nossa emancipação – a regeneração dos costumes;
> Queremos reaver nossos direitos perdidos;
> Queremos a educação verdadeira que não se nos tem dado a fim de que possamos educar também nossos filhos;
> Queremos a instrução para conhecermos nossos direitos, e deles usarmos em ocasião oportuna;
> Queremos conhecer os negócios de nosso casal, para bem administrá-los quando a isso formos obrigadas;
> Queremos enfim saber o que fazemos, o porque, o pelo que das coisas;
> Queremos ser companheiras dos nossos maridos, e não escravas;
> Queremos saber o como se fazem os negócios fora de casa;
> Só o que não queremos é continuar a viver enganadas. (Hahner, 1978, p. 82)

- *Jornal das Moças* (1876) e *O Recreio das Moças* (1876-1877)

- *O Echo das Damas* (1879-1880)
  Propriedade de Amélia Carolina da Silva e Cia.

- *A Estação* (1879-1904)
  Jornal ilustrado para a família; basicamente uma revista de modas com figurinos e bordados que foi precedida de uma outra impressa em Paris (1872), denominada *La Saison*. Em 1879, passou a ter uma parte literária e a chamar-se *A Estação*. Trazia a inscrição "jornal illustrado para a família" nas páginas internas. Na capa, a caracterização mais específica: "jornal de modas parisienses dedicado às senhoras brasileiras", acompanhado do seguinte texto descritivo do seu conteúdo:

> Um anno do jornal, além de 350 paginas de texto in 4º, contem cerca de 2.000 gravuras de modas e delicados trabalhos de senhora, 24 lindos figurinos coloridos a aquarela, 12 folhas grandes reproduzindo 300 moldes em tamanho natural e grande número de riscos, monogrammas, modelos etc. O texto, clara e minuciosamente explica todos esses desenhos, indicando os meios de executal--o de per si; alem da parte litteraria, noticiosa, recreativa e util escrita especialmente para as leitoras deste jornal.

Em 1883, o número de 30 de novembro (o jornal saía a 15 e 30 de cada mês) traz um poema de Raymundo Corrêa, um texto de Machado de Assis ("Cantiga velha"), em fascículos; uma crônica de moda, que fala das novidades e também critica certos exageros; uma crônica "A cidade e os theatros", em que J. D. conta o que se passa nos palcos do Rio (e diz que a única cena em que se fala português é no São Luiz; o resto é só peça em língua estrangeira), mencionando também as férias – "o Rio se divide pelas praias e montanhas" –, sem faltar uma dose de ufanismo – "nós possuímos a mais bela baia do mundo" – e uma certa crítica – "a energia que não tem os nossos ministros". *A Estação* publicava gravuras de traços finos de trajes completos e de detalhes: golas, chapéus, botões, bordados etc.

Com o passar do tempo, o periódico abria mais espaço para entretenimento – com mais literatura, jogos, charadas etc. – e textos utilitários – receitas de cozinha, conselhos de economia doméstica e afins. Ao lado de como fazer conservas de figos, Ignez Sabino escreve "Esboços femininos", uma série de perfis de mulheres famosas da história. Apresenta ainda gravuras com cenas europeias, de página inteira. Júlia Lopes de Almeida colabora frequentemente em *A Estação*: são textos que procuram dar um toque romântico à vida doméstica, ou salientar certas virtudes práticas, como a necessidade de uma escola de cozinha para mulheres – "É da cozinha que depende muitas vezes a felicidade do homem" (edição de 31 de maio de 1891).

Outro colaborador sempre constante nas páginas de *A Estação* é Machado de Assis. Seu *Quincas Borba* iniciou-se em 15 de junho de 1886, terminando em 15 de setembro de 1891. Presciliana Duarte também apareceu de quando em quando. Sua poesia "Silente" foi publicada em 31 de janeiro de 1889, ano da Proclamação da República. Em 15 de novembro de 1889, o cronista convidava as leitoras a irem ao Baile da Ilha Fiscal.

- *A Mãe de Família* (1879-1888)
Revista ilustrada, que tratava da educação da infância e da higiene da família. Os *Anais da Biblioteca Nacional* (1965, p. 81) falam em "jornal quinzenal científico, literário e ilustrado".

- *República das Moças* (1879)
Trazia desenhos de Belmiro.

- *Primavera* (1880)
Revista semanal instrutiva e noticiosa, de Francisca Senhorinha da Mota Diniz.

- *O Beijo* (1881)
Publicação semanal de modinhas, recitativos, lundus e poesias diversas dedicadas ao belo sexo.

- *Echo das Damas* (1885-1888)
Reaparecimento da anterior, de 1879.

- *O Sexo Feminino* (1887-1889)
Reaparecimento da anterior, de 1876. Segundo Gondin da Fonseca, foi o primeiro jornal do Brasil a defender com energia e bom senso os direitos da mulher, querendo-os iguais aos do homem.

- *A Família* (1889-1897)
Fundado por Josephina Alvares de Azevedo (irmã de Alvares de Azevedo); defendia a emancipação da mulher. O jornal foi publicado também em São Paulo. Josephina Alvares de Azevedo percorria as principais cidades do país em sua pregação feminista, o que era noticiado em outros periódicos do gênero e nas páginas do seu próprio. O *Jornal das Damas*, de São Paulo, anunciava no n. 1, de 6 de janeiro de 1890, o seu adiamento de um ano em virtude de *A Família* ter sido

lançado. Em 25 de maio de 1889 (n. 25), *A Família* trazia a epígrafe: "'Veneremos a mulher! Santifiquemol-a e glorifiquemol-a!' – Victor Hugo", e artigos como "A nossa educação", de Anália Franco; "Mulher e liberdade" de Mlle. Renotte e "O retrato da avó" de Júlia Lopes de Almeida.

- *O Quinze de Novembro do Sexo Feminino* (1890-1896)

Periódico quinzenal, literário, recreativo e noticioso, sendo redatora e proprietária Francisca Senhorinha da Mota Diniz, uma das grandes pioneiras do feminismo no Brasil, no dizer de Gondin da Fonseca.

- *O Mimo* (1896)

Revista literária dedicada ao belo sexo.

Como vemos, os polos da imprensa feminina eram moda e literatura. A rubrica "noticioso" aparece em raros exemplos. Em São Paulo, a situação não é diferente:

- *A Violeta* (1848)

O primeiro número é de 11 de agosto de 1848; e o último, o n. 12, de 23 de outubro do mesmo ano. Exclusivamente literário, dedicado às senhoras, sua divisa era "Dames et fleurs".

- *A Camélia* (1854)

Jornal acadêmico dedicado à mulher.

- *O Lírio* (1860)

Jornal de variedades dedicado às famílias.

- *A Crisálida* e *A Borboleta* (1868)

- *O Leque* (1886)

Órgão literário dedicado ao belo sexo.

- *A Violeta* (1887)

Folha literária dedicada ao belo sexo. Nela colaboraram Raymundo Corrêa, Olavo Bilac, Felisardo Júnior e outros.

- *A Família* (1888-1889)

Jornal literário dedicado à educação da mãe de família, também de Josephina Alvares de Azevedo; o primeiro número saiu a 18 de novembro de 1888.

- *A Pérola* (1889)

    Folha literária bissemanal dedicada ao belo sexo.

- *Jornal das Damas* (1890)

    O número 1 é de 6 de janeiro de 1890. Na página 1 trazia a polca "Queridinha" e na página 2 o editorial explicava por que o jornal era apenas literário e recreativo, uma vez que já existia *A Família* para defender os direitos da mulher.

- *A Camélia* (1890)

- *Revista das Modas* (1892)

- *A Mensageira* (1897-1900)

    Revista mensal de tendência feminista, fundada por Presciliana Duarte de Almeida, esposa do filólogo Sílvio de Almeida. Poetisa, foi a primeira mulher a entrar na Academia Paulista de Letras. Trazia principalmente literatura, alguns artigos sobre a condição feminina e notas culturais. O primeiro número é de 15 de outubro de 1897.

- *O Ramilhete* (1898)

    Órgão dedicado ao belo sexo. Tinha quatro páginas e conseguiu dobrar o século.

- *A Borboleta* (1898)

- *Álbum das Meninas* (1898)

    Revista literária e educativa dedicada às jovens brasileiras, de propriedade e redação de D. Analia Franco. Mensal, era distribuída gratuitamente a todas as escolas públicas do sexo feminino do Estado de São Paulo.

- *O Beija-flor* (1899)

Citamos, também, alguns exemplos de periódicos femininos no interior de São Paulo, como *A Grinalda* (1896), de Bragança Paulista, em homenagem ao belo sexo; *A Luva* (1896), de Lorena; *O Leque* (1900), de Dois Córregos; e de outros estados: *A Palavra* (1889), de Pão de Açúcar, Alagoas, revista literária dedicada à instrução e recreio da mulher; *O Jardim* (1888), de Curitiba, "orgam litterario dedicado às moças brasileiras"; *O Abano* (1892), de Paranaguá, Paraná, "órgão dedicado às esbeltas paranaguenses".

Esses títulos são alguns dos que tivemos notícia, a demonstrar que a imprensa feminina não era apenas um fenômeno do Rio de Janeiro e São Paulo, mas que também representava uma aspiração concretizada em vários pontos do país. O primeiro jornal "para senhoras" do Piauí foi *A Violeta*, editado em 1864 na cidade de Parnaíba. Em 1880, em Teresina, surgiu o *Jornal das Moças*, literário e noticioso, e, em 1888, *A Borboleta*, literário que durou onze anos. Outro jornal literário com o mesmo nome, *A Borboleta* (1904 a 1907), também da capital, foi o primeiro do Piauí a ter corpo redacional inteiramente feminino: Helena e Alaíde Burlamaque e Maria Amélia Rubini.

O século XIX foi um século de imprensa artesanal, das folhas tipográficas, que raramente ultrapassavam quatro páginas, a maioria de curta duração. Era ainda a pequena imprensa combativa, feita mais de ideias e polêmicas do que de informações. Aliás, seguindo a tendência mundial, nossa imprensa começou muito mais opinativa do que informativa. Havia fluxo de informações, ainda um tanto precário (no campo internacional, foi o jornal *A Notícia* (RJ), que primeiro utilizou o serviço telegráfico, em 1895, com informações sobre a luta em Cuba), mas o que predominava eram os artigos assinados, as críticas políticas, as charges. Toda caricatura e humorismo também configuram o gênero eminentemente opinativo.

Alguns jornais diários e outros periódicos já possuíam uma certa estrutura de empresa, e, por isso mesmo, sobreviveram por mais tempo. É o caso dos jornais do Rio e de São Paulo que estavam solidificando suas bases econômicas, ao mesmo tempo que já contavam com um público fiel. As revistas ilustradas também atingiam dez ou mais anos de vida.

Em 1865, surgira o *Diário de São Paulo*. Dez anos depois, *A Província de São Paulo*, jornal fundado por Rangel Pestana e Américo de Campos. A capital paulista tinha na época, 30 mil habitantes, com uma vida cultural bem menor que a do Rio. Em 1890, por causa da República, *A Província de São Paulo* passa a chamar-se *O Estado de S. Paulo*, nome que conserva até hoje. Nessa época, os grandes jornais do Rio eram a *Gazeta de Notícias* e *O Paiz*, de Quintino Bocaiúva. São antigas folhas que sobreviveram à mudança de regime, incorporando novas técnicas jornalísticas, como a reportagem, que praticamente começa a se afirmar como gênero jornalístico, ganhando o interesse do público. Na *Gazeta*, João do Rio é o iniciador da moderna reportagem. O *Jornal do Commercio* passa para José Carlos Rodrigues, com melhorias evidentes.

Rodolfo Dantas funda, em 1891, o *Jornal do Brasil* que manteria a tradição de folhetim e seria pioneiro em utilizar o jornalismo de modo mais moderno. Às vésperas do novo século, as publicações especializadas se multiplicam, atestando a efervescência cultural do período: jornais religiosos, jornais em italiano, alemão, francês, inglês etc.; revistas de esportes, como *A Semana Esportiva* (1891-

-1902), além das de medicina, direito, música, literatura – como *A Semana* (1893--1895), de Valentim Magalhães, e *Revista Brasileira* (1895-1899), dirigida por José Veríssimo, em sua terceira fase. Na primeira fase (1857-1861), foi mantida por Cândido Batista de Oliveira, e na segunda (1879-1881), por Nicolau Midosi.

Por outro lado, o mundo operário começava a se fazer ouvir com veículos próprios, como *O Operário* (1891-SP). Jornais intitulados *O Trabalho* ou *O Operário* surgiam nas capitais e no interior de alguns estados.

Mas os grandes veículos é que se consolidariam. Em certas capitais de estado e principalmente na capital do país, já começava o fenômeno de formação de público em níveis mais próximos dos de hoje. Mudavam-se as relações de produção. A política e a publicidade, agora com mais influência, a publicidade representavam fatores que interferiam na comunicação jornal-leitores. Se o século XIX assistiu ao nascimento e à vida efêmera de centenas de jornais, o século XX veria a redução do número de periódicos. Sobrevivem apenas alguns; da mesma forma funda-se um ou outro. Nelson Werneck Sodré (1966, p. 315) diz que essa transformação da imprensa é um dos aspectos do avanço das relações capitalistas: "O jornal será, daí por diante, empresa capitalista, de maior ou menor porte. O jornal, como empreendimento individual, como aventura isolada, desaparece nas grandes cidades. Será relegado ao interior, onde sobreviverá, como tal, até os nossos dias".

DUAS REPRESENTAÇÕES

No século XIX, encontramos duas direções bem definidas na imprensa feminina: a tradicional, que não permite liberdade de ação fora do lar e que engrandece as virtudes domésticas e as qualidades "femininas"; e a progressista, que defende os direitos das mulheres, dando grande ênfase à educação.

Transcrevemos, a seguir, alguns trechos de jornais e revistas que ilustram bem essa polaridade:

> Eu li um d'estes dias um fragmento do feroz J. de Maistre, que é uma profunda licção.
>
> É uma passagem d'uma carta d'elle dirigida a sua filha:
>
> Voltaire disse, segundo tu me affirmas, porque eu nada sei, que as mulheres são capazes de fazer tudo quanto fazem os homens.
>
> É de certo modo um comprimento feito a alguma mulher bonita, ou então uma das cem mil e mil tolices, que elle disse na sua vida.
>
> A verdade é precisamente o contrário.
>
> As mulheres não fizeram nenhum chefe d'obra, em gênero nenhum.

Não fizeram a Illiada, nem a Eneida, nem a Jeruzalem libertada, nem Athalia, nem o Pantheon, nem a Igreja de São Pedro, nem a Venus de Medicis, nem o Apollo do Belvedere.

Não inventaram a algebra, nem o telescopio, nem as lunetas chromaticas, nem as machinas a vapor etc.

Fazem porem alguma cousa de maior do que tudo isso: é sobre seus joelhos que se forma o que há de mais excelente no mundo, um homem de bem, e uma mulher honesta.

Conquistar o homem, leitoras, é ainda a melhor conquista para a mulher.

J. D.

(Trecho final de um comentário sobre o trabalho da mulher nos correios, publicado em *A Estação*, n. 22, 30 nov. 1883)

Com as mãos sujas de carvão, na cosinha, accendendo o fogo para fazer o almoço do marido, cozendo-lhe a roupa, amamentando os filhos, varrendo a casa ou enterpretando Chopin; pintando uma aquarela ou amarrando um bouquet, a mulher tem a mesma poesia: a de trabalhar para ser agradável, util, bôa, de satisfazer uma necessidade moral ou intellectual do esposo e da família, revelando-se amorosa e digna do doce e pesado encargo que a sociedade lhe destinou!

[...]

Enfim:

A poesia da vida consiste em tudo; agora a do casamento, esta consiste principalmente no amor!

(Trecho de "A poesia da vida", texto de Júlia Lopes de Almeida em *A Estação*, 31 ago. 1889)

Houve d'esta vez, ainda em maior escala que nos outros annos, escandalosa exhibição de meretrizes seminuas, figurando triunfalmente nos carros denominados allegoricos, como se o vicio e a miseria d'essas infelizes creaturas fossem dignos de uma apotheose.

Pernicioso exemplo para essas moças levianas, que, vendo passar essas bofarinheiras de amor, se deixam naturalmente iludir por aquelles ouropeis ephemeros, e levam o seu desproposito ao ponto de invejal-as!

Quem quizer auferir da nossa moralidade social pelo que se vê nos dias gordos, triste idéa fará do Brasil e dos brasileiros.

(Trecho de "Chroniqueta", publicado em *A Estação* 15 mar. 1889)

Nos jornais que lutavam por uma maior participação da mulher na vida social o tom é outro, embora ainda bastante laudatório:

> O Brasil atravessa neste momento uma das phases mais importantes do seu desenvolvimento; isto é, a generosa propaganda em favor da mulher.
> Porém a base principal do verdadeiro progresso é a educação e só se poderá realizar esse gigantesco passo de tão sublime evolução, com a educação das mulheres. [...]
> É indispensável educal-a: sem instrução ela continuará a representar o tristissimo papel que na maioria tem feito, como esposa principalmente e nos outros estados da vida. [...]
> E não é só isso!: – A Mulher que rodeiada de sua familia, se instrue para instruir, que engrandece sua alma para exercer toda a sua influência pela prática das virtudes torna-se digna do respeito dos homens, e será nesse culto sempre moça e bella.
> (*A Família*, ano I, número especial, Rio de Janeiro)

> Formem gremios e associações, fundem jornais e revistas, levem de vencida os tirocínios academicos, procurem as mais illustres e felizes, com a sua influencia, aviventar a campanha em bem da mulher e seus direitos, no Brasil: e assim terão as nossas virtuosas e dignas compatriotas pelejado, com o recato e moderação naturaes ao seu delicado sexo, pela bella idéa "Fazer da brasileira um modelo feminino de educação e cultura espiritual, activa, distincta e forte".
> (Trecho de "Ainda um assumpto feminino", comentário de Pelayo Serrano, de Ouro Preto, publicado em *A Mensageira*, n. 9, 15 fev. 1898)

> Não queremos representar na sociedade o papel de adorno dos palácios dos senhores do sexo forte, não devemos continuar na semi-escravidão em que jazemos, vendo-nos mutiladas em nossa personalidade, em seus códigos ou leis por eles legisladas, tal como a da outrora escravidão, sem que pudesse ser pela escrava protestada.
> Não nos perturba a negativa. Seu sofisma é tal, que nos tratando de rainhas só nos dão o cetro da cozinha, da máquina de procriação etc. Não nos consideram senão como objeto de incrível necessidade! Somos a flor de Cactus e nada mais.
> A emancipação da mulher pelo estudo, é o facho luminoso que pode dissipar-lhe as trevas pela verdade em que deve viver, e que levá-la-á ao templo augusto da ciência, de bem viver na sociedade civilizadora.
> (Trecho de "Igualdade de direitos", jornal *O Quinze de Novembro do Sexo Feminino*, Rio de Janeiro, 6 abr. 1890. Reproduzido por Jane Hahner em *A mulher no Brasil*).

2

FORMAS DA REPRESENTAÇÃO – SÉCULO XX

A MULHER-OÁSIS

Contexto: Década de 1900

Esta década assiste ao crescimento e à popularidade das revistas ilustradas. A imprensa brasileira dos grandes centros já havia ingressado na era capitalista, e os jornais já eram considerados empresas industriais e comerciais. Continuavam as folhas operárias, de vida curta, a pipocar em todo o país. Revistinhas humorísticas efêmeras apareciam no Rio e em São Paulo. Paulo Barreto, o João do Rio, faz uma série de reportagens na *Gazeta de Notícias*, depois reunidas no livro *Religiões do Rio*.

No Rio, já havia jornais vespertinos, como *A Notícia* e *A Cidade do Rio*; e, no começo do século, o *Jornal do Brasil*, com o melhor equipamento gráfico da época, com tiragem de 62 mil exemplares diários, lançando depois um vespertino também. Em 1901, apareceu o *Correio da Manhã*, fundado por Edmundo Bittencourt, jornal que começou decididamente numa linha de oposição bastante combativa. Em suas páginas, Lima Barreto escrevia boas reportagens.

Em 1º de agosto de 1906, o *Jornal do Brasil* publica pequenos anúncios na primeira página, à semelhança de diários como o *New York Herald*, *The Times*, *La Nación*, ganhando o aspecto que o tornou característico. O Rio de Janeiro começava a ser rasgado pela Avenida Central (hoje Rio Branco); o *Jornal do Brasil* muda-se para a nova artéria, em edifício próprio.

A capital da República estava ficando cada vez mais cosmopolita. A população aumenta, a cidade se espalha, surgem os jornais de bairro. Já havia público para revistas mundanas, ricas e luxuosas que, favorecidas pelo desenvolvimento das artes gráficas, apresentavam belas ilustrações e até fotografias. Aliás, o novo século marca o início da utilização da fotografia na imprensa brasileira. A imagem tomava mais e mais espaço ao texto, e já não dependia somente da litografia e da xilogravura.

É a fase de crescimento das revistas ilustradas. A *Revista da Semana*, fundada por Álvaro de Tefé, começou a circular em 20 de maio de 1901, passando logo a pertencer ao *Jornal do Brasil*, sendo vendida em 1915 a Carlos Malheiros Dias, Aureliano Machado e Artur Brandão. Naquele ano, aparecia ainda, mas em Paris, a *Ilustração Brasileira*, inspirada em *L'Illustration Française*, morrendo em 1902, para ressurgir, agora no Rio, em janeiro de 1909, com a colaboração, entre outros, de Olavo Bilac, Paulo Barreto, Júlia Lopes de Almeida, Medeiros e Albuquerque.

Kosmos, com excelente apresentação gráfica, surgiu em janeiro de 1904, dirigida por Mário Behring; Olavo Bilac escrevia a crônica de abertura, assinando apenas O. B.; Artur de Azevedo tratava de teatro, sendo depois substituído por Paulo Barreto; José Veríssimo fazia a crítica literária. Os grandes nomes não paravam aí: Gonzaga Duque, Coelho Neto, Capistrano de Abreu, João Ribeiro, Euclides da Cunha, Raul Pederneiras e outros. Para competir com a *Kosmos*, apareceu dois meses depois a *Renascença*, dirigida por Rodrigo Otávio e Henrique Bernadelli, com praticamente os mesmos colaboradores.

Os literatos passavam a concentrar-se nas revistas ilustradas, deixando um pouco os jornais que vão acentuar o caráter "jornalístico" propriamente dito. Assim, as revistas ilustradas quase sempre são também literárias: às vezes mundanas e algumas críticas. Um exemplo é a revista *Fon-Fon*, publicada a partir de 1907, que contava com excelentes ilustradores: Raul, Calixto e J. Carlos na primeira fase; e Correia Dias, na segunda. *Fon-Fon* refletia o esnobismo carioca, com certa dose de crítica, e apresentava perfis e flagrantes da cidade, tudo com muita fotografia e muita ilustração. E muita literatura, principalmente na primeira fase. Nair de Tefé (Rian) surgiu em *Fon-Fon*, com suas ótimas caricaturas.

Em 1902, Luís Bartolomeu fundara *O Malho* – a princípio humorístico, tornando-se, depois de dois anos, bastante político –, ilustrado pelos maiores caricaturistas da época. *O Malho* teve uma atuação combativa, chegando até a causar a renúncia do presidente da Câmara; também desenvolveu campanha contra a candidatura de Rui Barbosa à presidência. Literatura e imprensa conviveram de maneira expressiva na revista *Careta*, surgida em 1908, fundada por Jorge Schmidt, que, à semelhança da *Kosmos*, também inovou os padrões de imprensa. J. Carlos é o grande criador que trabalhou na *Careta*, transformada numa espécie de reduto parnasiano, enquanto *Fon-Fon* era mais simbolista. A obra de J. Carlos, além da crítica política, fornece uma verdadeira história de costumes da sociedade carioca.

A arte da caricatura representava um caminho próprio, bastante original, para as revistas ilustradas. Podemos dizer que traduzia caracteres brasileiros em desenhos quase sempre criativos. E representava uma alternativa nacional no que diz respeito a modelo de imprensa. A caricatura consubstanciava a visão crítica que validava uma publicação. Pois, se não fosse a caricatura, muitas delas seriam apenas mundanas, espelho da burguesia que se formava. As revistas ilustradas apareceram na época em que imprensa e literatura se confundiam. Depois, buscando uma feição particular, elas foram se afastando da literatura para se tornarem revistas mundanas, de variedades, ou femininas. Algumas permaneceram bem críticas, como *O Malho*. Mas, sem dúvida, a grande catalisadora da consciência crítica era a caricatura.

O jornal *Voz Feminina*, fundado em 1900 por três moças de família tradicional de Diamantina, lança em 1901 a campanha pelo voto da mulher. Em 1905, três mulheres mineiras alistam-se e votam (Fundação Carlos Chagas, 1979).

Continuam ainda a surgir pequenos jornais femininos, todos de curta existência, como estes, de São Paulo: *O Chromo* (1901), revista mensal de literatura, arte e ciência dedicada ao belo sexo; *O Colibri* (1904), mensal, redigido por Zoraide M. Siqueira e Olympia D. Ribeiro; *O Sorriso*, órgão literário mensal, com a colaboração de Ida Scholoembach, Isabel de Serpa Vieira e Adélia Vaz. Não há ainda veículos femininos de maior porte e duração. Sobrevivem apenas as formas do século passado, ligados a uma imprensa artesanal, muitas vezes criadas por uma ou duas pessoas.

Tais folhas serviam até para brincadeiras: *O Beijo*, de Araras (São Paulo), caracteriza bem esse espírito. Editado em 17 de setembro de 1908, seu redator-chefe é "Paulo de X". Com "propriedade e direcção dos redactores anonymos", era um órgão literário dedicado ao belo sexo: "*O Beijo* é para vós, moças de Araras. Recebei-o com carinho e confiança, e deixai-o viver celebrando o vosso encanto e a vossa graça, em torno dos quaes, como irriquieto cuitelo, elle vae revoar e fulgir".

Havia poesias e um perfil de uma moça da cidade: "Baixinha, não direi tanto, de estatura regular; busto leve, gracioso, ondulante – eis os traços geraes da gentil senhorita que minha penna indiscreta (adivinham?) escolheu para estrear esta secção", e por aí vai, sem identificar a jovem descrita; e uma curiosa matéria intitulada "Corso d'o beijo", que começa de um jeito irônico e até moderno: "Ei-nos caríssimas leitoras e leitores de Kodak em punho, aguardando a hora de extrair algumas chapas para enviar para o grande certamem nacional [...]".

Seguem-se caricaturas (em texto) de tipos da cidade. A referência "de Kodak em punho" para introduzir algumas personagens engraçadas denota uma certa modernidade. E o resto do texto é bastante ágil, não tendo o ranço costumeiro das satirizações feitas dentro de uma comunidade interiorana.

Contudo, havia perspectivas mais sérias em relação à mulher, só que na imprensa em geral, não na especificamente feminina. Nessa época, por exemplo, a imprensa anarquista começa com seus jornais efêmeros e veementes. Rio e

São Paulo já estavam se tornando grandes centros manufatureiros, e o número de operárias crescia ano a ano, principalmente no setor têxtil. As mulheres recebiam bem menos que o já magro salário dos homens. O número excessivo de horas de trabalho por dia, as más condições, a industrialização etc., tudo gerava um clima reivindicatório. O movimento trabalhista brasileiro nascia, e a atividade dos anarquistas europeus tinha reflexos aqui, uma vez que muitos operários eram imigrantes.

No jornal anarquista *Terra Livre* de 29 de julho de 1906, três costureiras – Tecla Fabri, Teresa Cari e Maria Lopes – pedem união contra os patrões exploradores:

> Companheiras! É necessário que recusemos trabalhar também de noite, porque isto é vergonhoso e desumano: [...]
>
> E nós também queremos as nossas horas de descanso para dedicarmos alguns momentos à leitura, ao estudo, porque quanto à instrução, temos bem pouca; e se esta situação continua, seremos sempre, pela nossa inconsciência, simples máquinas humanas manobradas à vontade pelos mais cúpidos assassinos e ladrões.
>
> Como se pode ler um livro, quando se vai para o trabalho às 7h da manhã e se volta para casa às 11h da noite? [...] (Hahner, 1978).

Em 1910, morre Angelo Agostini; sua última revista, *Dom Quixote*, terminara em 1903. Um espírito tão crítico e irreverente como o de Agostini não conseguiria ser absorvido pela imprensa industrial.

Texto/análise

Texto: "A mulher" (assinado por Saphira)
Veículo: *O Ramilhete*, São Paulo, n. 4, ano IV, 26 de maio de 1901, p. 2.

O Ramilhete é mais um "órgão dedicado ao bello sexo", remanescente dos inúmeros similares do século passado, que surgem nas capitais e até no interior. Apesar da data (1901), ele pertence, no que diz respeito a forma e conteúdo, mais ao século XIX (começara em 1898). De tamanho pequeno (19 × 28 cm), apenas quatro páginas com poemas, alguns artigos, crônicas curtas, vários deles assinados por nomes ou pseudônimos femininos. A direção é de Alfredo Durval e Silva e Antonio José Corrêa. No seu número 4, ano IV, encontramos o seguinte texto:

> "A Mulher"
>
> A mulher é na vida o que a flor é no campo, o aroma na flor, o oásis no deserto, a frescura no oásis, o desenho na pintura, o colorido no desenho, o trinado na música, a melodia no trinado, o balsamo na chaga, a suavidade no

balsamo, a lagrima no marty-rio, a poesia na lagrima, a esmola na indigencia, a modestia na esmola, o mavioso sorriso da aurora na madrugada e a lava refrigerante no vulcão.

Saphira

Metáfora em cima de metáfora, a mulher é o que há de melhor na natureza, na pintura, na música e em certas virtudes. Compara-se a mulher a elementos positivos e às vezes essenciais à ideia expressa: flor no campo – a beleza; aroma na flor – perfume (que graça tem a flor sem perfume?); o oásis no deserto (um lugar necessário); e a melhor qualidade do oásis – frescura. A mulher traz mais encanto à natureza e, no caso do oásis, é o consolo na aridez.

Depois, a metáfora da pintura e da música envolve qualidades desejáveis, mas não necessárias; talvez o algo mais que instaure a arte. As próximas comparações ligam-se a qualidades morais, em que se acentuam virtudes passivas, dentro de um eixo de aceitação de sofrimento. Finalmente, mais duas metáforas de natureza: aurora e lava, sendo que esta última, apesar de "refrigerante", poderia alcançar uma certa conotação de virtude ativa. Mas a atenuação geral do texto vence.

A mulher é a parte boa (ou melhor) da natureza, da arte, de virtudes. No entanto, não se fala em ser humano. O texto conclui para as qualidades morais da mulher, reforçadas numa linha de passividade, suavidade, falta de ação. E quando há ação (na esmola), pende-se para o assistencialismo. A mulher é qualidade das qualidades – só que as aceitas tradicionalmente como femininas – um ser abstrato, incorpóreo, não personificado. Não se trata da mulher pessoa de carne e osso, e sim de uma metade ideal do gênero humano.

O texto é simplório, pueril, mas ilustra bem a imagem da história da mulher como um ser fora do tempo, ao qual se atribuem qualidades belas e agradáveis, que, aliás, podiam servir em todas as épocas e para qualquer mulher, independentemente de idade, classe, nacionalidade e outras condições "terrenas".

A MÃE SOFREDORA

Contexto: Década de 1910

O início da década seria marcado pela campanha civilista, em que Rui Barbosa defrontava-se com Hermes da Fonseca pela presidência. A imprensa dividiu-se entre os dois candidatos. Do lado de Rui, estavam o *Correio da Manhã*, o *Diário de Notícias*, *O Século*, *A Careta*, *A Notícia*, do Rio e o *O Estado de S. Paulo*, que produziu excelentes editoriais políticos. Do lado de Hermes, encontravam-se: o *Jornal do Brasil*, o *Jornal do Commercio*, *O Paiz*, *A Tribuna*, *O Malho* e a *Revista da Semana*. Ganhou Hermes, depois de uma eleição tumultuada.

J. Carlos, em *A Careta*, criticava os desgovernos em suas maravilhosas caricaturas, fazendo um grande sucesso. Irineu Marinho lançava em 1911 *A Noite*, um jornal novo, moderno, com boa diagramação, que logo conseguiu muitos leitores. Hermes deixa o poder em 1915, sob o repúdio da população. Lima Barreto publica, em folhetins de *A Noite*, o romance satírico *Numa e a ninfa*. Em 1918, o conde Pereira Carneiro adquire o *Jornal do Brasil* e imprime ao veículo sua mentalidade empresarial e progressista, que pensava na imprensa como indústria.

A imprensa paulista também se desenvolvia bastante. Gelasio Pimenta lança a revista ilustrada *A Cigarra* em março de 1914; em 1912, saíra a *Revista dos Tribunais* de Plínio Barreto. Monteiro Lobato começa sua carreira literária com uma carta que escrevera à seção "Queixas e Reclamações" do *Estado de S. Paulo*.

Surge ainda em São Paulo um veículo dirigido especialmente às mulheres: é a *Revista Feminina*, fundada por Virgilina de Souza Salles, sendo secretária Avelina de Souza Salles. A redação era no Palacete Briccola, na Praça Antonio Prado, e a revista mensal alcançou a tiragem de 30 mil exemplares, que foi mantida durante anos, com distribuição por todo o Brasil (naturalmente, concentrando-se em São Paulo, capital e interior). Foi publicada em 1914 até 1935, o que demonstra a sua carreira sólida. Fundada por mulheres, e "especialmente dedicada às senhoras, ocupando-se de artes, letras, modas, poesia, contos, informações, conhecimentos úteis etc.", apresentava as seções tradicionalmente femininas e incluía uma filosofia editorial que defendia os direitos da mulher, por exemplo, o voto feminino (veja figura a seguir), em editoriais na página de abertura. Não era, portanto, um veículo meramente comercial, apesar de ser um produto bem-acabado, bem diagramado, com boa diversidade de assuntos. Além de proporcionar o conteúdo comum a publicações com tal destinação de público, havia um certo ideário a defender.

Como produto editorial, a *Revista Feminina* se destaca pela sua formulação mais "completa", qualidade que os veículos até então dedicados às mulheres ainda não haviam encontrado. Com efeito, as folhas e revistas femininas normalmente traziam moda e literatura; algumas traziam conselhos na área de educação e higiene e seções pequenas de beleza, culinária etc. Mas não existia nenhuma "revista" dedicada inteiramente à mulher, com um número razoável de páginas. Não nos esqueçamos que os jornais e revistas femininos do século XIX não ultrapassavam 10 ou 16 páginas. Encontramos veículos com mais páginas, como *A Estação* (no entanto, ela era, antes de mais nada, moda e literatura); ou então seções femininas dentro de revistas ilustradas de maior porte.

Portanto, a *Revista Feminina* foi um veículo que explorava mais a potencialidade de seu público, ao oferecer uma variedade maior de seções, que ocupavam espaço razoável. Ela compartimentalizava melhor o dito "universo femini-

Assignatura annual para todo o Brasil . . . . . Rs. 10$000
Assignatura com registro 15$000
Idem para o estrangeiro 20$000

Redacção:
::: Praça Antonio Prado :::
::: Palacete Briccola :::
Telephone, 5661 (Central)

FUNDADA POR VIRGILINA DE SOUZA SALLES — Secretaria: AVELINA DE SOUZA SALLES

ANNO V — SÃO PAULO, AGOSTO DE 1918 — NUM. 51

AGOSTO

ABERTURA da presente sessão legislativa federal trouxe novamente á baila o projecto do voto politico ás mulheres, voltando o assumpto a ser retriturado no gral da critica e a ser remastigado pelos dentes da ruminação mechanica e pouco consciente do grande publico. Si ha galanteadores, que pretendem justificar o afastamento da mulher do exercicio daquelle direito, com o gentilmente dizerem que sua funcção na vida é meramente decorativa, e que seu raciocinio, pela sua brilhante frivolidade, deve apenas encantar como o aroma das flores, ha os que se baseiam em calculos de physiologistas, que pesaram cerebros masculinos e femininos, e que verificaram pesar o cerebro da mulher um terço menos do que o do homem, razão pela qual ella não deve ter o direito do voto!

Por minha parte muito me aproúve a verificação daquelles physiologistas, porque della tambem se traduz que nós, mulheres, temos concorrido com um terço menos do que os homens para a obra da sandice universal. Uns e outros, no emtanto, — sem falar nos que achincalhando o nosso sexo com tão idiotas quão insipidos remoques, não se lembram de que achincalham suas proprias mães —, ao lerem esta chronica, não se fartarão de me apodar de nova Spartacus feminina, de virágo de ruins bofes e asperas e masculinas cerdas, a quem o fado negou toda a belleza e qualquer encanto, pois assim é que os homens se representam as mulheres que reclamam direitos: — monstros de fealdade e demonios de dialectica. E assim o pensam porque lhes apavora o senso conservador o movimento de reconquista feminina que se accentúa em toda a sociedade moderna, e que se lhes affigura como um syndroma de socialismo exaltado, quando não de perigosa anarchia. Na historia da humanidade, no emtanto, a civilisação conduz-se da liberdade civil e moral do individuo para a da popularidade, mas só attinge verdadeiramente seu fastigio quando, pela cultura, desce e se propaga por todos os individuos e traz-lhes as primeiras noções de democracia, cuja germinação faz desapparecerem todos os privilegios: não mais se admittem poderes hereditarios, nem nobrezas de sangue. O individuo passa a governar-se, na expressão mais lidima de sua autonomia, elegendo e sendo eleito. Ora o individuo póde ser de dois sexos, homem e mulher, e a conquista da democracia, pela sua propria essencia egualitaria, não póde admittir distincções entre um e outro, e menos ainda usurpação e predominio. Ora a lucta por aquelles principios tem sido a caracteristica de toda a historia das correntes politicas modernas, desde a quéda do imperio byzantino até nossos dias. Si esta é a verdade historica, si as idéas liberaes atravéz do tempo conseguiram desbastar e quebrar as cadeias com que o feudalismo, o absolutismo, as dynastias e as aristocracias hereditarias procuraram manietar as forças vivas do individualismo, que razão, que argumento, que formula mesmo sophistica podem invocar os que desejam manter a mulher alheiada da direcção social, negando-lhe a vontade politica?

E' ou não é a mulher um individuo pensante e autonomo como o homem? E' ou não é uma das forças activas, permanentes e poderosas que formam a energia de conjuncto da qual nasce a soberania de cada uma das sociedades modernas?

Repugna ao espirito da democracia, entendida no senso exacto da plena communhão de idéas, interesses e poderes entre todos os individuos componentes de uma sociedade, a odiosa restricção de que é ella victima, pois que incide no privilegio e na usurpação de uma classe; e só póde ser paradoxal e nunca perfeita ou proxima de seu ideal historico, a democracia que mantiver tal privilegio e tal usurpação, apregoando no emtanto uma liberdade apenas rhetorica, uma egualdade que é uma mystificação, e uma fraternidade que é um mytho.

Aos espiritos que ainda estão blindados pela nevôa espessa do carrancismo o direito do voto ás mulheres, póde parecer uma formula absurda, porque nelles se formou tradicionalmente a noção falsa da inferioridade mental da mulher. Para elles o voto deve só pertencer aos homens porque sempre pertenceu só aos homens. E' o espirito da rotina, do empacamento, da obstrucção ao progresso, força pavorosa de inercia contra a qual devem lutar todas as idéas novas, todos os principios reformadores. No emtanto para que o homem possa gozar daquelle direito apenas exigem que elle saiba lêr e escrever. Nem mesmo tanto: basta que tenha aprendido com qualquer cabo eleitoral a pintar, a guisa de assignatura, uma desalinhada paisagem de traços cambaios, que dão idéa de um trecho de floresta incendiada... E assim o homem bronco e inculto de nossos sertões, estrangulado por um collarinho alto e pelas mandigas e figas da superstição que o engravatam, lastimado dentro de sapatos incoerciveis, que lhe difficultam a marcha já pastosa e lerda de toda as eademias que o dizimam, amanhecido no escabeche dos «civeiros» eleitoraes, onde o suborno o macera em alcool e nicotina, vexado physica e moralmente, segue escoltado pelos empreiteiros da politica até uma mesa eleitoral, e ali póde exercer o direito do voto, que se nega á mulher! E é desta farça, representada em quasi sua totalidade por tão flagrantemente typica comparsaria, que resulta a direcção desta nossa democracia caricata de Offenbach, roubalhona, matreira e espudorada, que foi facilmente tomada de assalto por vinte e uma dynastias de audaciosos, e que em suas mãos assim se perpetúa.

Negar nestas condições o voto politico ás mulheres, sob o falso pretexto de sua inaptidão, é fazer desenxabido humorismo, que resistir não póde ao menor exame do bom senso. O que o nosso paiz precisa justamente neste momento em que se cogita de regeneral-o é de que se ponham em jogo todas suas energias bemfazejas, e que se realizem todos os principios democraticos que constituem seu regimen. Ora ninguem póde negar que entre os poderosos concursos que a mulher nos póde trazer, um e maior é de sua moral, não só porque a mulher é a fonte primeira da moral, como pela posição excepcional que ella occupa em nossa sociedade. A principal causa da degradação de nossos costumes e do aviltamento profundo e crescente do nosso caracter politico, tem sido a falta de uma moral directriz. Ao sahirmos da ultima missa rezada na cathedral de nossa crença monarchica, o primeiro uso que fizemos de nossa conquista libertaria foi voltarmos contra a Egreja, contra a moral que fizera a gloria de nossos antepassados, á escopeta revolucionaria. Num furor ridiculo de creanças que se veem pela primeira vez em liberdade destruimos tudo quanto de puro crystal o passado havia accumulado no armario de nossas tradições. Este patrimonio sagrado é necessario reconstruil-o; e para sua reconstrucção a ninguem podemos pedir melhor subsidio do que ás mulheres, unicas que não tomaram parte no regabofe iconoclasta, e que souberam guardar no calor recondito de seus seios a semente da crença e da moral antiga. E é desta semente, germinando naquella terra quente e amorosa, que póde resurgir o Brasil integral, o Brasil glorioso de amanhan, reconquistando a perdida hegemonia continental, e o perdido prestigio de suas glorias. Chamemol-as, pois, quanto antes, a collaborar na grande epopéa de nossa renacionalisação. E os bons patriotas não deviam esperar que fosse ella a reclamar o direito de voto: deviam elles ir pedil-lo, ir supplicar-lhe, que vencessem sua repugnancia e que viessem varrer com sua vassoura domestica toda a podridão com que salafrarios sem alma e sem patriotismo macularam a nossa Patria... Desligada como está se acha de ambições partidarias, desinteressada por indole de conchavos ambiciosos, boa e meiga por natureza, ella pedia trazer-nos a mesma força subita e inesperada que armou de azorrague ao tambem meigo, fraco e carinhoso Jesus, a correr os vendilhões de seu templo!... E repetiremos, então, com o abbade Constantino, quando se referia aos direitos da mulher: «...on finira par comprendre que l'on a crucifié Dieu une seconde fois en vous, et l'on ombera à genoux avec des yeux pleins de larmes, et l'homme converti s'écriera · La femme est vraiment fille de Dieu...»

Anna Rita Malheiros.

(Escripto especialmente para *Revista Feminina*, de São Paulo).

Nota da redacção: — *As chronicas de nossa illustre collaboradora d. Anna Rita Malheiros são transcriptas por centenas de jornaes do interior do Brasil, mas muitos delles deixam de citar o nome de nossa Revista, para a qual são ellas especialmente escriptas. Seriamos, pois, immensamente gratos aos nossos confrades si não nos quizessem negar aquella declaração, que tem para nós a indiscutivel vantagem de propagar o nome de nossa Revista e para os nossos collegas a satisfação de um dever de lealdade cumprido.*

no" e preenchia melhor cada uma das divisões (trabalhos manuais, psicologia, beleza, notas sociais, culinária etc.). Como concepção editorial, era uma publicação mais completa e apresentava um porte respeitável. Até certo ponto, a *Revista Feminina* estava antecipando uma tendência mais tarde predominante na imprensa feminina: veículos que abarcassem uma boa variedade de assuntos (embora não saindo das artes domésticas) dentro de uma perspectiva mais voltada para o lado comercial (isto é, suprindo necessidades que aumentavam com a crescente urbanização, contribuindo para a integração numa sociedade cada vez mais industrial). A *Revista Feminina* pode ser considerada precursora dos modernos veículos dedicados à mulher. Nela, havia até um estreito intercâmbio com as leitoras a demonstrar sua vitalidade como produto editorial mais "moderno", que abre espaço para uma resposta que sempre redunda em capitalização de mais simpatias (e hoje se transforma numa arma de mercado, em que as leitoras que escrevem a uma revista têm seus nomes relacionados pelas editoras e vendidos a empresas como mailing para envio de propostas de venda por reembolso postal etc.).

Em síntese, a *Revista Feminina* era um produto mais bem dimensionado em relação a seu público específico, que estava evoluindo dentro da economia capitalista em consolidação. Outro público importante que estava sendo descoberto como mercado era o infantil. Em 1910, nascia *O Tico-tico*, protótipo de revista infantil com alto grau de nacionalização. Fundado por Luís Bartolomeu e Renato de Castro, contou com a força criativa dos melhores artistas da época. Angelo Agostini fez o cabeçalho e desenhou histórias em quadrinhos, que também eram feitas por Calixto, Luis Sá, Vasco Lima, Gil, Storni (criador de Zé Macaco e Faustina). Loureiro (responsável pelo Chiquinho), Yantok (Kaximbown e Pipoca) e J. Carlos (Juquinha, Lamparina, Jujuba e Carrapicho).

No campo da luta política, a campanha sufragista vai se firmando, com algumas mulheres tomando atitudes concretas. Não conseguindo o alistamento eleitoral, a professora Leolinda Daltro funda em 1910 o Partido Republicano Feminino, tendo organizado, em 1917, uma passeata a favor do voto feminino, no Rio de Janeiro. Em 1919, acompanhada de um grande número de mulheres, vai ao Congresso assistir à votação de um projeto que pretendia conceder o direito de voto à mulher.

E a advogada Myrthes de Campos, primeira mulher a ser aceita na Ordem dos Advogados, havia requerido seu alistamento eleitoral já por volta de 1905, sem sucesso. As mulheres movimentavam-se, e a imprensa noticiava e comentava esses eventos, que também se refletiram em revistas femininas.

Bertha Lutz, bióloga e advogada, foi uma das mulheres que alcançou grande projeção pela sua luta em favor dos direitos da mulher. Na *Revista da Semana* de 28 de dezembro de 1918, tratava da condição feminina, dizendo que a emancipa-

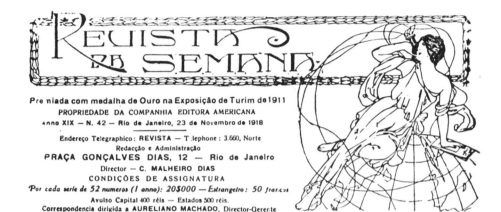

REVISTA DA SEMANA

Premiada com medalha de Ouro na Exposição de Turim de 1911
PROPRIEDADE DA COMPANHIA EDITORA AMERICANA
Anno XIX — N. 42 — Rio de Janeiro, 23 de Novembro de 1918

Endereço Telegraphico: **REVISTA** — Telephone: 3.660, Norte
Redacção e Administração
PRAÇA GONÇALVES DIAS, 12 — Rio de Janeiro
Director - **C. MALHEIRO DIAS**
CONDIÇÕES DE ASSIGNATURA
Por cada serie de 52 numeros (1 anno): 20$000 — *Estrangeiro:* 50 francos
Avulso Capital 400 réis — Estados 500 réis.
Correspondencia dirigida a **AURELIANO MACHADO**, Director-Gerente

Pelos exercitos da Civilisação

Sete grandes associações, umas americanas, outras cosmopolitas, a Associação Christã de Moços, a Associação Christã de Moças o Conselho Catholico Nacional de Guerra, a Junta Philantropica Hebraica, o War Camp Community Service, a Associação Bibliotecaria Americana e o Exercito de Salvação, instituições cada qual a mais admiravel, cujos beneficios, durante estes annos tenebrosos, se têm sentido em todos os campos de batalha e são proclamados pelos Governos das potencias belligerantes, estão, neste momento, reunidas em um vasto esforço cooperativo, afim de, numa rapida campanha de alguns dias, obterem da generosidade publica os avultados capitaes que a occasião exige, para acudir ao bem-estar physico, intellectual, social e moral dos Exercitos, não só da Republica norte-americana, mas de todos os outros que, na luta contra os Imperios Centraes, votaram a sua vida á reivindicação dos nossos direitos, de todos os direitos humanos.

A' frente dessa alliança incruenta, cujas virtudes o Senhor contemplará na sua balança em desconto dos crimes de tanto sangue derramado, se acha o homem superior que se ver na sua presidencia, medindo-se com os espiritos superiores nas mãos dos quaes permittio Deus que estivessem os destinos de cada um dos povos da Europa liberal envolvidos no terrivel conflicto, mostrando, pelo contraste com o sossobro dos grandes imperios na incapacidade politica e moral dos seus estadistas, que só ao merecimento, acendrado no culto do bem, está reservado o privilegio de governar legitimamente as sociedades humanas.

A presença de summidade tal na direcção de tal commettimento bastaria para lhe denotar a utilidade, a seriedade, a immensidade, que a importancia da somma taxada como objecto dessa operação apenas deixa transparecer, pois a grandeza dos seus intuitos e a excellencia dos seus resultados ultrapassam o valor de quaesquer sacrificios que a troco delles se nos viessem pedir.

Monta a cento e setenta milhões de dollars essa quantia, que a liberalidade christã das almas, a quem se dirige o Presidente dos Estados Unidos, vai cobrir, num desses movimentos de maravilhoso enthusiasmo a que os portentos de la guerra nos têm acostumado. Mas o de que muito no nosso intimo nos devemos sentir commovidos os Brasileiros, collaboradores tão modestos quanto nella havemos sido, é de que, ao lançarem esse grito generoso, não se esqueceram de nós e, tendo-nos por dignos de cooperar nesse terreno de bondade com a grande nação onde se originou essa idea, nos talhassem, no programma desse gigantesco acto de beneficencia, um logar de contribuintes, que as nossas forças comportem e nos grangeie a honra de podermos entrar sem mesquinhez nesse concurso de generosidade.

. . . .

Não será mister, conterraneos meus, que vos eu minudencie a demonstração dos interesses de toda a ordem a que attendereis correspondendo, com toda a vossa vontade e todos os vossos meios, ao conceito com que vos honrou a mãi das Republicas modernas. Quando o Brasil não fosse capaz de um grande movimento desinteressado, tendo, como tem no seio do seu povo, tantos thesouros de generosidade e, nas paginas da sua historia, tradições tantas que nol-a attestam, o negocio, collocado no simples terreno das conveniencias internacionaes, esboça uma politica tão clara de vantagens no presente e no porvir que eu incorreria, talvez, na coima de impertinente, se humilhasse os meus concidadãos, tentando esmiuçar-lhes os elementos de uma evidencia tão manifesta. Não falta ao povo brasileiro a intelligencia prompta, viva, cabal das cousas mais altas. Assim lhe não fallecesse o bem entendido amor de si mesmo, o zelo dos seus proprios interesses, o habito de tomar a serio a sua maioridade! Mas esta occasião, com as suas tremendas lições, nos chama a encetarmos vida nova; e para esse bom principio não poderia haver melhor estréa que a de utilizarmos amizade tão util como a que da America do Norte nos abre os braços.

Nem se acredita que com o termo posto ás hostilidades entre a Allemanha e os Alliados ce saram as razões de ser do appello americano. A guerra acabou. Mas a paz vai exigir ainda, talvez por bom tempo, o concurso de grandes elementos militares. A Allemanha está-se dissolvendo como a Russia, no maximalismo, no bolshevikismo, no sovietismo, gera los pelo imperio do Kaiser contra o imperio do Czar e voltados agora do imperio do Czar contra o imperio do Kaiser. A prole de Satan volveu ao inferno, de cujas sementes se gerara.

Ora, essa triplice calamidade, sob a qual se está debatendo a Allemanha, não entregou as nações germanicas á posse de si mesmas; entregou-as á Anarchia, casada ao Terror, seu consorte natural. E a anarchia desposada ao Terror não é a Democracia de Wilson. E' a reorganização do mundo pela autocracia dos despotas da desordem substituidos aos despotas coroados. A Europa organizada não poderá desmobilizar os seus exercitos, nem desmobilizará os seus a Republica norte-americana, emquanto se não sanearem desse contagio virulento os dominios onde hoje apodrecem as carcassas do czarismo e do kaiserismo, ameaçando com os seus miasmas o mundo livre, as verdadeiras democracias.

Elevemo-nos, concidadãos meus, á altura deste momento supremo no curso dos tempos. Nunca a presença de Deus foi tão sensivel na historia dos homens. Dir-se-hia que lhe estamos vendo a mão passar pelos acontecimentos. Só ella poderia derribar a olhos vistos, em instantes successivos, essas grandezas multiseculares e millenarias que assoberbaram a terra e são hoje ruinas devastadas.

Cahio a Russia. Cahio a Austria. Cahio a Turquia. Cahio a Allemanha. Cada um desses colossos ostentava a soberba omnipotencia, a segurança da eternidade. E já nenhum existe. Pereceram todos como estatuas de barro, todos barro e podridão dos pés á cabeça. Um delles erguêra a mão contra o globo e a obra dos seculos, para a esmigalhar entre os dedos. Todo o planeta escureceu, e escorreu em sangue. Era «a abominação da desolação prevista por Daniel e pelo Christo, quando annunciaram a ruina do Templo, dizendo: «Tamanha ha de ser a tribulação que, qual no mundo até agora, não houve, nem haverá semelhante.» S. Mat. XIV, 15, 21.)

Mas a essa noite de trevas incomparaveis succedeu um dia de incomparavel claridade. Os gigantes do mal se desfizeram como castellos de cartas. Que sopro seria capaz desse assombro senão o que creou o universo? Nunca se vira na terra calamidade igual. Nunca a felicidade se consideraria tão certa de absorver o mundo e proscrever delle todas as cousas de Deus: a bondade, o direito, a ordem, a liberdade. Mas tambem nunca jámais se vio uma glorificação tal da justiça, uma desfeira da Providencia, uma tal rehabilitação dos ideaes humanos e divinos. Os calculos da iniquidade e os seus Lucifers passaram com arguteiro na ventania. Mas os seus germens ainda permanecerem, transmudados, nas regiões que os Titães da violencia dominavam, e deixaram embebidos no espirito da violencia.

Eis, patricios meus, as difficuldades que ainda restam aos Alliados no campo dos seus triumphos. Nesse campo, o convite americano desfraldou uma nova bandeira, branca, da pureza da paz e scintillante dos astros do infinito. Ajudemos a erguel-a e honral-a. Honraremos, deste modo, e erguremos, tambem, a nós mesmos.

RUY BARBOSA

ção estava na educação da mulher e do homem. Na década seguinte, Bertha Lutz, presidente da Federação Brasileira pelo Progresso Feminino, lideraria o movimento pelos direitos da mulher, defendendo o voto feminino. Eleita deputada, Bertha desenvolveu importante atuação na década de 1930.

A Primeira Guerra Mundial abalou essa década. No Brasil, a imprensa estava, em sua maioria, ao lado dos aliados, assim como quase todos os escritores: Coelho Neto, Bilac, Medeiros e Albuquerque. A guerra era o principal noticiário do exterior e aparecia em todos os jornais e revistas. O conflito não foi experimentado fisicamente aqui; no entanto, servia até de comparação com outras calamidades, como a epidemia de 1918 que deixou milhares de vítimas no Rio de Janeiro e que motivou um artigo de Iracema na seção "Cartas de mulher" da *Revista da Semana*. Qualificando as mulheres de "irreductiveis pacifistas", a cronista diz que "a guerra não é a única calamidade humana, mas é a mais voluntária e a mais cruel. As mães brasileiras que neste momento choram a perda de um filho que lhe arrebatou a epidemia sentem-se no seu infortúnio mais irmãs das mães europeias [...]. (*Revista da Semana*, n. 40, 9 nov. 1918)

Ao findar a guerra, Ruy Barbosa escrevia um editorial que abria a mesma *Revista da Semana*, n. 42, de 23 de novembro de 1918: "Pelos exercitos da civilisação", numa linha de pensamento acompanhada por quase toda a imprensa, de congratulações com a causa aliada.

Texto/análise

Texto: "Cartas de mulher" – "Vive la France" (assinada por Iracema)
Veículo: *Revista da Semana*, Rio de Janeiro, n. 41, 16 nov. 1918.

Na *Revista da Semana*, encontramos uma seção intitulada "Cartas de mulher", uma espécie de crônica sobre fatos da atualidade, assinada por "Iracema". Essa seção vinha no início da revista, próxima dos editoriais e matérias internacionais. A parte especificamente feminina da revista seria o "Jornal das famílias", mas as "Cartas de mulher", pelo seu ponto de vista feminino, embora não destinadas apenas às leitoras, podem ser incluídas em nosso corpus. A caracterização da mulher como emissora da mensagem está não só no título e na assinatura, como também na vinheta de ilustração (diferente para cada número), que sempre traz uma mulher escrevendo.

Este número tem uma importância especial: a Primeira Guerra havia chegado ao fim, com a assinatura do armistício. Era novembro de 1918 e no início da página escolhida, a *Revista da Semana* saudava o término do conflito em quatro

A "REVISTA DA SEMANA" congratula-se com os seus leitores pelo restabelecimento da paz no mundo, depois de quatro annos da mais monstruosa das guerras, ateada pelo feudalismo militar alemão e pelas ambições desvairadas que a politica pan-germanista ateara e alimentava.

✳ ✳ ✳ ✳ ✳ ✳ ✳

Perante as calamidades que desabam sobre a Allemanha, devemos lembrar-nos dos horrores innomináveis que, ha quatro annos, padeciam as nações da Europa, victimas da aggressão germanica, e dos rios de lagrimas e de sangue que o imperialismo allemão fez correr no mundo.

✳ ✳ ✳ ✳ ✳ ✳ ✳

A segunda semana do mez de Novembro de 1918 ficará assignalada na Historia como a mais gloriosa dos annaes da Civilisação. A todos nós, que vivemos esta semana dramatica, e que fomos os contemporaneos da maior tragedia humana, cumpre mostrar-nos á altura dos grandiosos acontecimentos a que esteve associada a bandeira do Brasil.

✳ ✳ ✳ ✳ ✳ ✳ ✳

Zelando os seus sentimentos patrioticos, a "Revista da Semana" sauda nos subditos das nações alliadas residentes na nossa generosa terra as suas gloriosas patrias, paladinas da Justiça, e ás quaes a Providencia confiou a radiosa tarefa de implantar a Liberdade na terra. Viva a França! Viva a Belgica! Vivam os Estados Unidos! Viva a Inglaterra! Viva a Italia! Viva Portugal! Viva a Rumania! Viva o Japão! Viva a Servia! Viva o Montenegro! Viva a Grecia! Viva o Brasil!

CARTAS DE MULHER

Vive la France!

Quando, na segunda-feira, á tarde, na Avenida Rio Branco, se ouviram os primeiros clamores de ruidosa alegria pela paz, e começaram a dobrar festivamente os sinos das egrejas, annunciando o fim da horrenda tragedia em que se acommettiam os povos christãos, eu me achava numa casa de chapéos, aonde acompanhava uma amiga.

Atrás do balcão, entre as *vendeuses*, havia uma mulher magra, loira, com vestigios de belleza e vestida de preto, com as apparencias da edade em que se pode ser já a mamã de um jovem soldado.

Havia uma grande quietação na loja, onde as *vendeuses* se moviam em silencio, attendendo as clientes. De repente, a voz sonora dos sinos espalhou-se nos ares e um automovel, decorado com as bandeiras de França, da Belgica e dos Estados Unidos, passou ruidosamente na Avenida. Marinheiros americanos, de pé no automovel, soltavam *hurrahs*.

Então, num enthusiasmo instantaneo, numa sublime crise irreprimivel de patriotismo, as *vendeuses* abandonaram os chapéos no balcão, esqueceram as clientes e correram para a porta, gritando:

— *Viens voir, Julie... C'est la paix! Ils ont signé l'armistice! C'est la victoire!*

Aquella a quem as *vendeuses* chamavam Julie precipitou-se do balcão. Era a mulher magra e loira, de olhos pisados, em quem eu reparara e cuja attitude dolorida me lembrava a de uma dramatica figura de mulher belga, vergida sob a mão herculea de um soldado com semblante feroz, que eu vira em um cartaz americano de propaganda dos emprestimos de guerra.

Julie, porém, ao alcançar o meio da loja, oscillou como um ramo de arvore quebrado pelo vento, rodopiou, estendeu os braços como para uma visão e cahiu no sobrado, desfallecida.

As companheiras correram para ella, a soccorrel-a. As poucas clientes que estavam na loja, surprehendidas e apiedadas, acercaram se, com exclamações de dó. Os sinos continuavam annunciando festivamente a alleluia da paz. Já se ouviam clamores na rua. Os vendedores de jornaes annunciavam a abdicação do Kaiser e a assignatura do armisticio.

Então, uma das *vendeuses*, que se sentava no chão e pousava no regaço a cabeça de Julie, limpou as lagrimas e disse:

— *Ce n'est rien, Mesdames... Elle a eu deux fils de tués à la guerre, et alors, quand elle a entendu crier que la paix est faite, elle a dû entendre ses enfants crier dans son cœur: Vive la France!*

Julie abria os seus doloridos olhos e fitava-nos com esse pasmo que teem os que acordam de um desmaio ou de um somno febril. Os seus labios pallidos entreabriram-se.

— Quer talvez agoa! Ella está pedindo agoa! — advertiram algumas vozes.

Eu, porém, que estava debruçada sobre ella, comprehendi que não era agoa que ella queria. Debilmente, Julie dizia:

— *Vive la France!*

Foi assim, numa loja de chapéos, na Avenida, que assisti ás manifestações pela victoria e pela paz...

IRACEMA

parágrafos curtos: "A *Revista da Semana* congratula-se com os seus leitores pelo restabelecimento da paz no mundo, depois de quatro annos da mais monstruosa das guerras, ateada pelo feudalismo militar alemão e pelas ambições desvairadas que a política pan-germanista ateara e alimentava. [...]"

Logo abaixo, a seção "Cartas de mulher", em que a autora narra o episódio de comemoração da paz. Na Avenida Rio Branco um automóvel decorado com bandeiras passa ruidosamente; os sinos repicam. A narradora conta o seguinte: "Eu me achava numa casa de chapéos, aonde acompanhava uma amiga. [...] entre as *vendeuses*, havia uma mulher magra, loira, com vestigios de belleza e vestida de preto, com as apparencias da edade em que se pode ser já a mamã de um jovem soldado".

O lugar de observação é sintomático: uma casa de chapéus. Por mais imprescindível que o chapéu fosse, nessa década, no que diz respeito a moda feminina, não invalidaria as considerações que faremos a seguir. Testemunhar o fim de uma guerra numa loja de vestuário é, no mínimo, sinal de distanciamento, de uma certa alienação. Poderíamos falar em futilidade, mas não é bem o caso. Não se trata de uma cabeça avoadinha que não pensa em nada a não ser moda. Não; a narradora sabe o momento histórico que está vivendo. Só que é uma simples observadora, nem inconsequente, nem inconsciente: uma observadora distante e muito pouco comprometida. Sua ligação maior com os fatos se realiza por meio da emoção. Lógico, uma crônica não permitiria grandes argumentações. Entretanto, poderia haver maior posicionamento. Como visão "emocionada" de uma cena, o texto até que funciona bem. Tem ritmo, explora dados que vão conduzir ao clímax: "mulher magra... vestida de preto... de olhos pisados... cuja attitude dolorida... cahiu no sobrado, desfallecida... os seus labios pallidos entreabriram-se".

São índices (segundo terminologia de Roland Barthes) que remetem a uma atmosfera de emoção, de sentimento, até o clichê máximo do amor materno, da mãe que perdeu dois filhos na guerra.

O texto centraliza-se na personagem "Julie". Não é um perfil; é apenas a fixação de um instante. Por meio da personagem, a narradora passa sua emoção diante da guerra que acabou. Uma emoção que tem alegria. E que inclui também a dor. Há a satisfação pela paz; no entanto, esse júbilo é perturbado pela lembrança da morte. Pelo condicionamento cultural que relaciona mulher-emoção, poderíamos dizer que esta crônica revela um ponto de vista tipicamente feminino, na medida em que o fim da guerra não significa apenas alegria, mas está associado a sofrimento e, ainda mais a um sofrimento personalizado, individualizado na figura de Julie. Comparando com o texto que vem acima, que representa o pensamento da revista, não seria descabido falar em ótica masculina e ótica feminina. Vejamos. O texto fala em congratular-se, semana mais gloriosa dos anais da civilização, em saudar os súditos das nações aliadas. Também se refere a sofrimento, mas de uma maneira mais abstrata, como "rios de lagrimas e de sangue" e "maior tragedia humana". De qualquer modo, o tom é mais de júbilo e saudação, enfatizado pelos numerosos "vivas" finais. É uma ótica masculina, que se distancia da emoção individual, que busca generalizações.

Em contraponto, "Cartas de mulher" representaria uma ótica feminina, ao usar a emoção personalizada na vendedora francesa. Aqui, o gosto da vitória perde um pouco a euforia, atenua-se pela dor. Também termina com um "viva" patriótico; só que este conserva um passado de sofrimento.

Estruturalmente, a crônica é muito bem montada; seu tom vai crescendo e dirigindo a atenção para o final, sempre num clima de emoção. Eis uma divisão possível:

- avenida Rio Branco;
- loja de chapéus;
- descrição da vendedora;
- Julie desmaia (razão: os filhos mortos).

Como vemos, o texto caminha numa particularização crescente. Da avenida a uma determinada loja de chapéus; dentro dessa loja, uma determinada vendedora vai viver a emoção de ver a guerra chegar ao fim. No início, o olhar da narradora detém-se na "mulher magra, loira". Já se prepara a individualização da personagem. Mais uma cena, o barulho dos sinos, do automóvel, as vendedoras saindo para a rua a chamar por Julie, que daí em diante dominaria a narrativa. Descrições e comparações dão o contorno de Julie. Algumas ações complementares (o automóvel, os vendedores de jornais, a companheira que fala da razão do desmaio) ajudam a criar o clima. Aí, intervém a narradora, que até então só observava: "Eu, porém, que estava debruçada sobre ella, comprehendi que não era agoa que ella queria. Debilmente, Julie dizia: – *Vive la France!*"

A narradora foi quem percebeu o que Julie queria dizer.

As vendedoras são chamadas de *vendeuses*, em contraposição aos "vendedores de jornais". Notamos aqui uma característica da época: a influência francesa em certos usos e costumes, para não falar do colonialismo cultural da França em relação ao Brasil. Moda significava França. E não havia loja que se prezasse, de roupas, calçados ou chapéus, que não tivesse nome francês ou pelo menos uma balconista francesa. Os termos "técnicos" (denominações de peças de roupa, tecidos, feitios especiais) eram sempre franceses e faziam parte do vocabulário corrente das mulheres de algumas posses. Aliás, até hoje a influência da moda francesa se faz notar nos galicismos ainda usados no mercado e nas revistas. A citação de diálogos em francês também representa o espírito desse início de século. Era de bom tom saber francês, daí a utilidade de governantas e professoras particulares que ensinavam francês às crianças bem-nascidas. Por isso mesmo, o texto analisado não poderia nunca se dirigir às classes mais baixas; suas falas em francês indicam a seleção de um público de mais nível.

Nessa linha de raciocínio, "Vive la France" tem muito pouco de brasileiro. É bem escrito, usa a norma culta, segue um modelo literário que poderíamos chamar de português. Somente a ambientação situa o texto em referência ao Brasil. Falta ainda um abrasileiramento da linguagem e da estrutura. E a crônica termina reafirmando o distanciamento da narradora em relação ao fato político: "Foi assim, numa loja de chapéos, na Avenida, que assisti às manifestações pela victoria e pela paz..."

A SACERDOTISA DA BELEZA

Contexto: Década de 1920

A influência da arte europeia, somada a fervores nativistas e à fermentação cultural urbana, explodiria na Semana de Arte Moderna. A respeito do uso de imagem desenhada, a imprensa brasileira continuava bastante criativa, tendência que se acentuou ainda mais, em algumas publicações, depois do advento do Modernismo.

A Semana de Arte Moderna, no Teatro Municipal de São Paulo, é notícia nos grandes jornais, quase sempre com escândalo; e também se relaciona com a publicação de revistas literárias que se tornaram verdadeiros documentos históricos, tais como *Klaxon* (1922) e a *Revista de Antropofagia* (1928). A efervescência do Modernismo traduziu-se, em termos editoriais, numa série de revistas literárias que apareceram durante a década, extravasando em texto parte desse movimento cultural mais amplo que atingiria todas as formas de expressão artística.

Nas revistas ilustradas notamos, principalmente nos desenhos, alguma influência do Modernismo, coisa que não se verifica no texto. O texto jornalístico ainda evolui muito vagarosamente, se usarmos como comparação o texto literário modernista. Mas, considerando o padrão jornalístico, existem alguns progressos.

A imprensa ia se distanciando do opinativo e a reportagem começava a se firmar. Assim, as fotos deixavam, algumas vezes, de ter um caráter meramente ilustrativo para envolverem algum componente de informação. A imprensa diária crescia. No Rio, Irineu Marinho funda *O Globo*, em 1925. Em São Paulo, no mesmo ano, surgia a *Folha da Manhã*, fundada por Pedro Cunha e Olival Costa; e o *Diário da Noite*, pertencente à rede, em franca expansão, de Assis Chateaubriand que lançou em 1929 o *Diário de São Paulo*, usando a estratégia de distribuí-lo gratuitamente, durante um mês, a potenciais assinantes.

Até a especialização jornalística tomava espaço nos jornais e revistas, com seções de esportes, literatura etc., procurando atender à diversificação de gosto do público, o que também provoca a complexificação das relações sociais. Em 1928, aparece o semanário *Gazeta Esportiva*. O *Jornal do Brasil*, por exemplo, destina uma página inteira ao cinema, em 1929, ano do aparecimento do cinema falado. A *Scena Muda*, revista sobre cinema, era editada desde 1921 pela Companhia Editora Americana (responsável pela *Revista da Semana* e pelo *Almanaque Eu Sei Tudo*). Mas a maioria dos jornais diários circulava com poucas páginas, quase todas com anúncios. Um jornal como *A Platéia*, um vespertino paulista de grande prestígio, só apresentava notícias e comentários da primeira página e às vezes na segunda; e as restantes (terceira, quinta ou sétima) eram preenchidas com anúncios. O espaço editorial no jornal diário desta época ainda era bem pequeno.

A *Revista Feminina*, de São Paulo, continuava sua carreira firme, com suas leitoras fiéis e uma apresentação gráfica moderna, que se assemelhava, em algumas páginas, a revistas femininas norte-americanas. Surge *Vida Doméstica* em 1929; em São Paulo, *Fon-Fon* continua sua popularidade, com capas desenhadas, fotos – em papel couchê – de acontecimentos sociais, carnaval, férias etc.

A diversificação atinge as revistas mundanas. No Rio de Janeiro, aparecem revistas picantes, algumas até pornográficas: *A Maçã*, de 1922 a 1929, fundada e dirigida por Humberto de Campos, que se assinava Conselheiro XX, e ilustrada por artistas como Guevara, Romano e Calixto; *Shimmy*, de 1925 a 1928, talvez a mais "escandalosa"; e *Frou-Frou*, que durou de 1923 a 1935.

Já se via o lançamento de uma revista como uma estratégia comercial. Para o lançamento de *O Cruzeiro*, revista ilustrada fundada por Carlos Malheiros Dias em 1928, houve grande publicidade preparatória. A nova publicação foi um sucesso, vindo concorrer com a *Revista da Semana*, do mesmo editor. *O Cruzeiro* apresentava reportagens, muitas fotos e ilustrações desenhadas; sua formulação continha alguns ingredientes bem brasileiros. Publicava muitos anúncios, a maioria com bonitas ilustrações e textos criativos (ou talvez pitorescos, numa visão de hoje). Mais tarde, *O Cruzeiro* passou a integrar o grupo Chateaubriand, assim como *A Cigarra*.

Em 1924, *A Cigarra* mantinha uma seção sobre moda, "Chronica das elegancias", assinada – como não podia deixar de ser – por um nome francês: Annette Guitry. No entanto, a seção "Collaboração das leitoras" era mais curiosa e interessante, espelho da movimentada participação das leitoras em suas páginas, trazendo recados de moças enamoradas a príncipes encantados, fofocas entre colegas da escola, comentários a moças que estiveram em bailes etc., com expressiva presença de endereços do interior. A seção era uma espécie de *cotillon*, de comunicação adolescente girando em torno de namoros e *footings* em praças, e se estendia por várias páginas. No início dessa seção havia, de quando em quando, alguns debates um pouco mais sérios, como o de uma leitora que escrevia, em 1924, sobre feminismo, sob o pseudônimo de "Joanna Ninguém", e que recebia respostas como a da revista n. 223, assinada: "Da sempre amiguinha E. K.", em que aplaude a posição explicitada por Joanna:

> Diz bem ser feminista, mas feminista sob este ponto de vista altamente nobre: Ser mãe humana! Haverá porventura uma ambição mais digna do que esta: Ser mãe humana? Só não é mãe humana aquella que, esquecendo-se do papel primordial que cabe à mulher na formação de seus filhos, não se incomoda com a educação dos mesmos, deixando-os educarem-se ao acaso [...]. (*A Cigarra*, 1924)

alongando-se em considerações sobre a importância de ser mãe, de educar bem os filhos.

Por outro lado, a burguesia, que estava ascendendo no Rio e em São Paulo, começava a sentir necessidade de produtos editoriais mais sofisticados. A *Ilustração Brasileira* (da empresa *O Malho*), surgida em 1922, foi uma das revistas mais luxuosas já editadas no Brasil. Em papel de excelente qualidade, sob a direção artística de J. Carlos, que a ilustrava maravilhosamente, a revista apresentava artigos históricos, fotos de decoração de interiores, urbanismo, fotos de senhoras da sociedade, enfim, modelos, requintados de viver. Uma edição de 1929 sobre "architetura e artes afins em São Paulo", além de fotos de decoração, publicava fotos e plantas de casas modernas (algumas de G. Warchawick), comprovando a explosão das novas tendências em arquitetura.

Em São Paulo, surgia em 1927, dirigida por Guilherme de Almeida, a revista *Paulistana*, que vinha de encontro à nova burguesia com aspirações cosmopolitas. Abaixo do logotipo, ladeado por duas vinhetas (um homem de cartola e uma mulher com estola de pele), a indicação: artes-modas-sociedade-theatro-cinema--sports, especialidades dentro do gosto mundano. E a carta de apresentação da revista não podia ser mais sofisticada:

Para São Paulo:
para a creatura incrível de perola e rosa, abafada sob a caricia quente do *renard argenté*, que as *carrosseries* de cristal e verniz guardam, nas ruas, como um estojo fino guarda uma jóia rara;
para o senhor do século, saudavel e perfilado como um estudante de Eton, que passeia, com uma elegancia bamba, a amplidão de suas flanelas neutras pelos *Halls* apagados e dignos dos clubs e dos grandes hotéis; [...]

O produto correspondia à apresentação. Capa modernista, anúncios desenhados no mesmo estilo, bonitas ilustrações: uma sobre "Carnaval", assinada por D. C.; uma charge, "Palavras cruzadas", com a assinatura A. Cavancanti; um artigo de Paulo Prado; coluna social "Carnet", que fala do chá na Casa Allemã; uma nota sobre a exposição de um jovem pintor (Antonio Gomide), com reprodução de um de seus desenhos; uma seção de cinema (O reino de celluloide); uma seção de modas e variedades (De Eva & de Adão), com foto de artistas de cinema e sugestões de penteados, desenhadas, com modelos também de estrelas famosas; e um artigo sobre mulher e política (Ambição das mulheres), da Condessa de Noailles, que previne contra o feminismo exaltado, apelando para que suas companheiras de sexo desenvolvam suas virtudes naturais de mulher – "deusa opulenta que não conquista pela atividade ou pelo esforço, mas que seduz apenas pelo seu lento e descuidado mover de olhos".

Alguém dirá que Madame de Noailles não é feminista; ela se defende, dizendo que as mulheres podem tudo, "pois que existe o homem. Por elle, que sempre predomina, ellas chegarão a occupar a posição sonhada, por mais seductora, por mais difficil, por mais alta que seja, porque todo homem – e um grande homem mais do que qualquer outro – é sempre dominado por uma mulher".

Nesse contexto, surge em São Paulo, uma revista chamada *Renascença*, feminina e de tonalidades anarquistas, como veremos a seguir.

Texto/análise

Texto: "Orminda Isabel de Aragon y Ovalle"
Veículo: Revista *Renascença*, n. 1, São Paulo, fev. 1923, s/n.

Antes de analisarmos o texto, convém traçar o perfil de Maria Lacerda de Moura, diretora da revista, mulher de grande personalidade, uma verdadeira pensadora do ser feminino.

Maria Lacerda nasceu no interior de Minas Gerais, em maio de 1887. Casou-se com 17 anos e não teve filhos; morreu no Rio de Janeiro em 1945. Em Barbacena, foi oradora da Liga Barbacenense contra o analfabetismo, numa época em que a educação passara a ser um assunto prioritário, logo após a Primeira Guerra. Maria Lacerda já pensava na emancipação da mulher. Suas duas primeiras obras, *Em torno da Educação* (1918) e *Renovação* (1919), discutiam a condição feminina, embora "ainda não tivesse chegado à perspectiva que desenvolveria mais tarde", conforme nos diz Miriam Moreira Leite (1979, p. 9), autora que vem pesquisando sobre Maria Lacerda de Moura, tendo publicado um resumo crítico do material recolhido.

Foi graças ao trabalho de Miriam que pudemos conhecer mais da vida dessa pioneira feminista, da qual só tínhamos algumas referências e um exemplar da

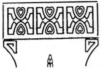

Orminda Isabel de Aragon y Ovalle

ou Orminda Ovalle — «tout court» — é, até hoje, a mulher mais votada no concurso de belleza promovido pela «A Noite» e a «Revista da Semana». RENASCENÇA tem o prazer de publicar um retrato não conhecido da mulher mais bella do Brasil. Mas, em vez de fallar banalidades a respeito dos seus traços physionomicos, de uma testa esculptural, de plastica impeccavel, do seu typo classico, inconfundivel, RENASCENÇA vae descrever, para os seus leitores, alguns traços caracteristicos do perfil psychologico de Orminda Ovalle. E quem escreve estas linhas é uma das suas intimas amigas, tendo privado nos seus mais reconditos sentimentos, conhecendo-lhe passagens interessantissimas da vida, convivendo com ella na doce camaradagem de um affecto puramente fraternal. Orminda Ovalle não quiz casar-se ainda: tem regeitado alguns pretendentes — posição social e economica — simplesmente porque não conheceu o amor. Não se casará com um moço. Idealiza casar-se com um homem já grisalho, elegante, distincto de maneiras, de caracter, e, talentoso; perfeito cavalheiro, homem simples e carinhoso (sem excessos), expontaneo nos seus modos aristocratas, capaz de fazer feliz um lar. Orminda Ovalle não é mundana: vivera para a vida intima da familia. Acha quasi impossivel realizar esse typo de homem e prefere ficar solteira; tem receios de casamento desastroso e se sente feliz ao lado dos irmãos, cunhados e sobrinhos que a adoram. E' amavel, alegre, jovial. Orminda Ovalle é tambem um paradoxo: pinta-se exageradamente, talvez por habito, por imitação, já inconscientemente. Pintura de epiderme... que não penetrou na sua alma angelica. E' muito simples, nada vaidosa, vive mais em casa que em reuniões. Prefere os passeios pelas praias, anda leguas a pé, calça frequentemente sapatos de saltos baixos para as grandes caminhadas; é extravagante porque tem muita saude, come e dorme como criança gulosa e innocente... O seu exagero na pintura e talvez no vestuario (aliás elegante), provem do culto á forma, á Belleza. Seus innumeros retratos em «pose» provam ainda esse culto esthetico. Nada têm de vaidade. Mulher essencialmente espiritual, mixto de ideal, pagão no culto á Belleza e de mysticismo, oriental no culto á Perfeição — não tem um caracteristico sensual, nem um traço leve no qual transpareça a sensualidade; — é o typo perfeito e raro de mulher espiritual, subtil, quasi incorporea. E adivinho que esse traço original impressionará mais do que a sua bella cabeça de «Madona» classica... E' filha de brasileira e de chileno, descendente da antiga aristocracia dos Aragon da Hespanha. Vive numa exterioridade que a absorve inteiramente: tenho a impressão de que Orminda Ovalle não quer penetrar no seu EU... foge disso, alheia-se totalmente desse resultado. Porque então — Orminda surgiria mais pagã ainda no seu culto á Belleza e mais mystica no anceio de Perfeição: viveria outro ponto de vista — absorvendo-se por completo num mysticismo pagão — queimando essencias orientaes, meditando attitudes, elevando ritos estranhos a deuses imaginarios dançando como as bailarinas sagradas: — monja pagã pontificando num altar hindú...

Orminda Isabel de Aragon y Ovalle

revista *Renascença*, que nos foi emprestado por Ana Maria de Camargo. Sua classificação como anarquista, feita por algumas fontes, como *Mulher brasileira, bibliografia anotada* (Fundação Carlos Chagas, 1979), desperta imediata curiosidade. Ao lermos os títulos de suas obras, já distinguimos em vários um intuito polêmico. Por exemplo: *A mulher é uma degenerada* (1924), *Civilização – Tronco de escravos* (1932), *Amai e... não vos multipliqueis* (1932), *Serviço militar obrigatório para a mulher – Recuso-me!* (1933), *Clero e fascismo – Horda de embrutecedores* (1934).

Maria Lacerda de Moura também escreveu dois importantes ensaios para a revista gaúcha *O Corymbo*, fundada por duas irmãs, Revocata Heloísa de Melo e Julieta de Melo Monteiro, na cidade do Rio Grande, na década de 1920. São eles: "Feminismo" (1921) e "A mulher brasileira e os problemas sociais" (1922). Sua produção a partir desta época já adquirira um caráter crítico mais consistente. Miriam M. Leite (1979, p. 9) diz que Maria Lacerda de Moura passara a considerar o "feminismo" uma palavra que perdera o sentido: "Em que consiste a emancipação feminina? De que vale o direito de voto para meia dúzia de mulheres no Parlamento, se essas mesmas continuam servas em uma ordem social de senhores e escravos, exploradores e explorados, patrões capitalistas e assalariados?" (*Amai e... não vos multipliqueis*).

Com efeito, ao mudar para São Paulo com o marido, Carlos Ferreira de Moura, ela sentiu todo o processo da industrialização e da urbanização, com toda a efervescência do movimento operário que lutava por condições mínimas de trabalho. Mais ainda: tomou conhecimento da Revolução Russa. Nesse tempo, formaram-se os primeiros núcleos comunistas, que arrebanharam muitos simpatizantes entre os anarquistas. No entanto, Maria Lacerda de Moura sempre afirmou que não se filiaria a partidos, embora os anarquistas lhe dedicassem grande simpatia. A Biblioteca Social A Inovadora – entidade paulista que emprestava livros, organizava atividades intelectuais e artísticas – vendia obras e panfletos de inspiração anarquista, e até fez uma tentativa de criar escolas modernas para filhos de operários. Também anunciava os textos de Maria Lacerda, desde os editados em Minas Gerais. Em 1923, quando fundou a *Renascença*, a imprensa anarquista anunciou e comentou favoravelmente; a Biblioteca avisava que possuía a revista. Além disso, os colaboradores da imprensa anarquista apareciam frequentemente em suas páginas. Por todas essas razões, Leite (1979, p. 12-3) considera que "a identificação feita habitualmente entre Maria Lacerda de Moura e os anarquistas não resulta apenas dos propósitos educativos e dos temas recorrentes – o antifascismo, o anticlericalismo, o pacifismo, a emancipação da mulher, a luta contra o álcool, os esportes e o carnaval".

Da *Renascença* restam cinco números (de fevereiro a julho de 1923), que talvez não sejam todos os editados. Financeiramente, não deu muito certo. Daí sua curta vida.

Nas páginas finais da revista número 1 (1923), encontramos o texto com o título "Apello à mulher", espécie de apresentação dos objetivos e conteúdo proposto:

> RENASCENÇA terá por objectivo a educação economico-social e a elevação integral da Mulher – para saber ser mãe e conduzir a Humanidade para o Grande Fim... pelas portas do Sonho da Poesia, pela Arte e pelo Pensamento redemptor.
> Vinde trabalhar comnosco na estupenda cruzada da renovação social [...]
> Páginas de pensamento, de educação, questões internacionais, notas scientificas, as reivindicações modernas, reportagem, sports, poesias, arte, moda e trabalhos femininos, pagina infantil, sociaes, movimento operario, movimento associativo etc., eis o summario de cada numero, assignado por nomes que honram as letras patrias. RENASCENÇA é revista moderna e interessa a toda gente.

O título dirigido à mulher mostra a destinação da revista, bem como os objetivos e a maioria das seções. Além das citadas, haveria: "saúde e belleza feminina, ornamentação dos nossos lares, galeria infantil" (em que seriam publicadas fotos das crianças das leitoras). Apesar de um certo ecletismo dos assuntos, o enfoque feminino está presente e é salientado mais uma vez:

> Como vêdes, Minhas senhoras, RENASCENÇA tratará, cuidadosamente, da mulher e da criança, será Revista de Educação, vos dirá cousas novas a respeito dos direitos femininos, vos porá em communicação direta com educadores, hygienistas, sociologos, idealistas e poetas da geração dos renovadores da sociedade. [...]
> Renascença vos pertence porque sois a mais casta e a mais sacrificada metade do genero humano.

O uso de maiúsculas para ideias genéricas e abstratas (incluindo nelas até a mulher) traz resquícios simbolistas, bem como a tonalidade espiritualista (sem ser clerical), ligando a revista a uma tradição literária já envelhecida. Os poetas que colaboram nesse primeiro número (Affonso Schmidt, Martins Fontes, Mario Mendes Campos, Clara Santos e até um poema em francês escrito por Marguerite Bracet), bem como os textos sobre educação e religião, confirmam essa tendência, em que não faltam Luz, Almas, Belleza, Rythmo, Harmonia, Vacuo, Infinito, Terra, Céo, Universo e outras expressões tornadas um tanto imateriais. Há portanto, uma certa contradição entre as ideias apresentadas, de vanguarda, principalmente no campo social, e a forma de expressão pela qual se concretizam. A página inicial da revista, em que a fundadora faz a apresentação da filosofia do novo veículo também está nessa linha, num estilo às vezes pomposo, com frases elaboradas, e até certo ponto, ultrapassado, quando pensamos que o Modernismo já se iniciara. Citemos alguns trechos:

> A Arte vive ignorados motivos e poetas anunciadores cantam a epopéia de uma singular percepção do Sonho inattingivel.
> O futurismo, pela sua attitude revolucionaria, é digno da nossa sympatia.
> Mas o futurismo não é senão um ponto vago, indistincto, obscuro, no esboço desse caos de transformações.
> Por ora, ha, no futurismo, mais liberdade do que Arte.
> [...]
> A Arte chamada Nova é revolucionaria, tem o espirito da epoca, é mystica.
> [...]
> A tendência critica é assombrosa: tudo é derrubado, analysado, escalpellado. Ficará de pé apenas a columna herculea das verdades millenares.
> [...]
> Renascença de Luz num cyclo de renovação social!
> [...]
> É o século das interrogações e das reticências.
> A sciencia, a literatura cogitam, mais do que nunca, das forças interiores do homem, das energias cosmicas, do transcendental e... da vida positiva.
> [...]
> Daqui a pouco ninguem supportará mais senão a literatura de these, a Arte Reveladora, a philosofia da esperança.
> As promessas dos céus distantes, as lendas dos paraisos aureos já não satisfazem as aspirações.
> É que em volta de nós ha fome, ha miseria, ha dores espasmodicas, ha agonias da carne, agonias do carater e dos sentimentos.
> [...]
> Tudo mais positivo embora ainda mais visionario.

As indagações e perplexidades que existiam em torno da arte, nesse começo de século, bem como o perceber da ebulição social, passam por esse texto, que não explicita, em nenhum momento, que a destinação da revista seja o público feminino:

> Renascença não trata de politicas ou de religiões.
> A sua Religião é a religião do individualismo consciente para o altruismo – em busca do bem-estar para todos; é a Religião do Amor, da Sabedoria e da Arte num conjunto harmonioso para a escalada da Perfeição.

> A sua Politica é a Politica da transformação radical da sociedade vigente no sentido de ser distribuido o pão para todas as boccas e a luz para os desvãos das consciencias adormecidas; é a Política que sonha com a amplitude de todos os valores individuaes, com a ristocracia do merito para a expansão das vocações sadias e do idealismo clarividente em opposição à chatice da mediocridade prepotente que espezinha e aniquila e adormece e mata as illusões e os sonhos mais castos.

Aliás, apesar de o conteúdo predominante da revista se dirigir a mulheres, vão ser retificadas no n. 2 as ideias contidas no "Apello à mulher" n. 1:

> Primeiramente, Renascença não é revista essencialmente feminina ou feminista: é Revista de Arte e Pensamento. A nossa Directora, de facto, é propagandista da emancipação racional da mulher, entretanto os seus últimos trabalhos vão além: emancipação feminina é um elo da corrente emancipadora de todo o genero humano.

De resto, Maria Lacerda de Moura tentava editar uma revista não alienante, porque considerava deseducativas as outras revistas femininas e mundanas, conforme trechos da *Renascença* n. 3, citados por Miriam M. Leite (1979, p. 18-9):

> E nós que só conhecemos o Para Todos, a Scena Muda e só nos preocupamos com os Tom Mix e os congeneres Bertini e etc. com as corridas de cavallos, o *foot-ball* e o jogo do bicho – como fazer a transição?
> As revistas cinematographicas vieram concorrer mais para a deseducação e as attitudes da mulher, da brasileira pelo menos.
> Dos romancinhos franceses ou das aventuras policiaes a menina passou a noticias dos casamentos e divorcios de Carlitos, às fugas das provincianas se fazendo estrellas, assumptos theatraes idealizados pelos emprezarios ávidos de dinheiro, para attrair a attenção da imaginação rocambolesca das mulheres em geral e dos mediocres.
> Depois, todas as outras revistas, digamos a verdade, vivem de mundanismo, de elegancia, chás, tangos, noivados, carnaval, modas, "interiores", lisonjas, toda essa caravana de "sociaes" chroniquetas de *boudoir* – veneno literario feminino e masculino.
> Uma revista seria, de Philosofia, de Arte e Pensamento, de Logica, de Educação – vive difficilmente e apenas entre os intellectuais.

No entanto, mesmo com esses propósitos, é difícil fugir da força dessas outras publicações: a *Renascença* número 1 publica um retrato da mulher mais bela do Brasil, votada num concurso de beleza promovido por *A Noite* e *Revista da Semana*. Talvez exista uma certa intenção desmistificadora, pois

> em vez de fallar banalidades a respeito dos seus traços physionomicos, de uma testa esculptural, de plastica impeccavel, do seu typo classico, inconfundivel, RENASCENÇA vae descrever, para os seus leitores, alguns traços característicos do perfil psychologico de Orminda Ovalle.

De qualquer modo, aceita-se a promoção dos outros veículos, precursora dos concursos de miss que teriam seu apogeu algumas décadas mais tarde.

O perfil psicológico apresentado corresponde muito à filosofia da revista, de culto à Beleza, qualidade física e principalmente espiritual, um dos absolutos colocados como objetivo a atingir. Até seus cuidados com maquiagem etc. ganham no texto uma conotação não corporal: são índice do seu interior, de sua alma mística, de uma religião que visa realizar conceitos abstratos. Por isso, "Orminda Ovalle é também um paradoxo: pinta-se exageradamente, talvez por habito, por imitação, já inconscientemente. Pintura de epiderme... que não penetrou na su'alma angelica".

A maquiagem, símbolo de coqueteria, é esvaziada de seu sentido aparente. A caracterização continua, nessa linha de ressaltar elementos que traduzam simplicidade, passando para exemplos mais concretos:

> É muito simples, nada vaidosa, vive mais em casa que em reuniões. Prefere os passeios pelas praias, anda leguas a pé, calça frequentemente sapatos de saltos baixos para as grandes caminhadas; é extravagante porque tem muita saude, come e dorme como criança gulosa e innocente...

E voltando, com mais ênfase, à exaltação da beleza:

> O seu exagero na pintura e talvez no vestuario (alias elegante), provem do culto à forma, à Belleza. Seus innumeros retratos em "pose" provam ainda esse culto esthetico. Nada têm de vaidade. Mulher essencialmente espiritual, mixto de ideal pagão no culto à Belleza e de mysticismo oriental no culto à Perfeição – não têm um caracteristico sensual, nem um traço leve no qual transpareça a sensualidade; – é o typo perfeito e raro da mulher espiritual, subtil, quasi incorporea.

O texto aponta sempre na direção do espiritual; apontam-se algumas características corpóreas para, no momento seguinte, negá-las. É o visível transformado em invisível; a carne, em espírito. A conclusão, plena de misticismo, é a de que Orminda ao soltar mais sua personalidade, será "monja pagã pontificando num altar hindu..."

É o culto da Beleza pela Beleza.

A foto traduz iconicamente o que foi dito no texto. Colo nu, envolto em véus, o olhar misterioso, uma pintura de mulher ao fundo, sugerem a comparação que vem explícita quase no final.

Converter exterior e interior, privilegiar qualidades ideais são maneiras elitistas de pensamento. Tais personalidades raras – modelos quase inatingíveis de perfeição humana – não têm muita pertinência com a defesa dos proletários, por exemplo. A revista inteira respira esse ar transcendente, essa supremacia que se diz intelectual para não evidenciar mais ainda a diferença de classe. Embora essa superioridade seja equiparada a dotes espirituais – porque não seria possível admitir superioridade de classe –, a verdade é que a ruptura existe: de um lado, a revista e seus pruridos elitistas; de outro, numa das páginas finais, a seção "Pelo mundo proletario", que trata num enfoque opinativo da greve dos gráficos e do sindicato da construção civil. Apesar do toque romântico emprestado principalmente aos gráficos, há uma nítida oposição entre o resto da revista e essa página.

Assim, Orminda Isabel, filha de brasileira e chileno, "descendente da antiga aristocracia dos Aragon da Hespanha", não se casará com qualquer um. Tem rejeitado pretendentes de posição social e econômica: "Não se casará com um moço. Idealiza casar-se com homem já grisalho, elegante, distincto de maneiras, de caracter, e, talentoso, perfeito cavalheiro, homem simples e carinhoso (sem excessos), expontaneo nos seus modos aristocratas, capaz de fazer feliz um lar".

Ora, tais pretensões nunca teriam por objetivo um proletário. A revista concede espaço às reivindicações operárias que, sintomaticamente, estão no final e em papel mais inferior.

E o trabalhador gráfico é visto com olhos românticos e até paternalistas, na seção "Pelo mundo proletario":

> Estão em greve os trabalhadores do livro e do jornal – a classe proletaria mais sympathica aos intellectuaes, e mais proxima dos *meneurs*, dos conductores de sonhos e de homens e conseqüentemente mais próxima da Imprensa. Os jornalistas, os editores, os autores – poetas ou prosadores, todos os que forjam sonhos ou que devassam, num livro de ficção, os cantares de um' alma ansiosa, todos os que espanejam sentimentos ou analysam theorias ou cantam poemas ou procuram soluções para os problemas afflictivos da vida – toda essa cohorte a caminho da Gloria e da Verdade – tem como primeiro auxiliar, como o mais assiduo dos companheiros, como o mais assiduo dos leitores – o trabalhador graphico que discute, commenta, pensa e sente a sua obra, a obra de su'alma, soletrando-a em cada letra, compondo uma a uma as estrophes do seu estro de poeta ou as idéias do seu cerebro de rebelde ou os poemas das canções dos corações...

Apesar de chamado de companheiro, o gráfico ainda se encontra em posição subalterna; privilegiados são os criadores, a elite intelectual, os literatos que basicamente exprimiriam almas e sentimentos. Após considerações sobre a carestia da vida, o preço dos gêneros, para a felicidade dos *nouveaux riches* de amanhã, a revista dá sua solidariedade: "RENASCENÇA acompanha com sympathia as reivindicações dos Graphicos e faz votos para que os industriaes do livro (!) os industriaes da opinião publica (!) compreendam a necessidade de apertar as suas mãos num gesto de affecto e solidariedade".

Como vemos, uma solidariedade que é mais um gesto de simpatia e que apela para a compreensão dos patrões.

A revista tinha um intuito educativo para a elevação espiritual da mulher, sem, no entanto, vincular-se a valores religiosos. Existia apenas o culto à Beleza, à Perfeição. Por isso, seus artigos concentravam-se em educação e psicologia: "Attitudes femininas", de Kitta, tratando da postura da mulher em sociedade e principalmente ao fazer literatura, condena os motivos monstruosos, a "pintura minuciosa de aberrações" etc. A mulher escritora não poderia se permitir tal obra, pois "curvar-se-ha sempre o homem diante de nós, reverente, se também nos mostrarmos aos seus olhos em attitudes nobres e belas".

"A mulher e seus direitos no futuro", escrito pela portuguesa Anna de Castro Osorio, do qual trataremos adiante; "A moral sem dogmas", de Augusto Lopes; "Preparar nos paes a educação dos filhos", de A. Carneiro Leão[4]; "A inspiradora de D'Annunzio", de Angelo Guido, pintor e poeta santista, colaborador da *Revista do Brasil* e da *Mocidade,* sobre Eleonora Duse; "Educação da mulher", de M. Carlos; "Problemas vitaes", de A. Humberto Gandolfo, a favor de campanha antialcoólica; "Mundos fragmentarios", em que O. Brandão enuncia algumas frases sobre o individualismo. Poesias, uma seção de livros, um comentário sobre uma jovem pianista, outro sobre uma pintora, uma seção de decoração que ensina a pintura Delft em porcelana ou madeira.

Há uma unidade de pensamento em toda a edição: realmente, busca-se o aperfeiçoamento da mulher e consequentemente dos seus filhos. Há uma linha em defesa da mulher que passa por todos os textos, pelo menos os principais. O artigo sobre feminismo "A mulher e os seus direitos no futuro", de Ana de Castro Osorio, traz reflexões lúcidas. A questão feminista, para ela, resumir-se-ia na reivindicação de direitos legais e sociais para a mulher. "Mas, como sempre, os princípios foram desvirtuados imediatamente e a grande maioria

---

4. O autor trata de aspectos de saúde da mulher e dos filhos, principalmente dos mais pobres; fala em sífilis, em regulamentação do trabalho das mulheres, dos senhorios que não alugam casas a quem tiver filhos, da amamentação pela mãe, e até da necessidade de educação sexual.

das mulheres que protesta contra a tirania sexual do homem pretende impor a tirania sexual feminina".

Embora tentando ligar a mulher ao mundo material, tratando de sua educação, de sua saúde, de seus direitos, do trabalho feminino, de sua conscientização, de sua informação, do contato com o mundo proletário, é ainda uma mulher etérea, cultivadora de valores espirituais, o modelo proposto.

IRACEMA DE LÁBIOS GROSSOS

Contexto: Década de 1930

Finalmente as mulheres brasileiras chegavam ao direito de voto, em 1932, por decreto do presidente Getúlio Vargas.[5] A Revolução Constitucionalista, a Constituição de 1934: o caminho democrático. Foi essa Constituição que incorporou definitivamente o voto feminino. Em 1937, a interrupção: o Estado Novo. Com ele, o Departamento de Imprensa e Propaganda (DIP), que cercearia a cultura brasileira. A crítica política arrefece; a caricatura, que até então tivera um enorme desenvolvimento, começa a declinar.

Mas o início da década ainda mostrava bastante prosperidade e alegria de viver nas páginas das revistas brasileiras. A já veterana *Revista da Semana* continua a gozar de bastante popularidade, mantendo um excelente padrão gráfico, com boas matérias. No entanto, *O Cruzeiro*, apesar de iniciante, ganharia a preferência do público, com seu estilo mais vivo: papel de ótima qualidade, bonitas ilustrações, muitas fotos, colaboradores literatos, moda vinda da França (com uma correspondente, mme. Thérèse Clemenceau, que fornecia seu endereço parisiense para as "consultas que lhe dirijam as senhoras brasileiras", na seção "Dona – Em torno dos braseiros").

Humberto de Campos escrevia, em 29 de março de 1930, o artigo de abertura de *O Cruzeiro* (n. 73), intitulado "As tentações do fardão", em que se pronunciava contra a entrada de mulheres na Academia de Letras porque não havia condições de os dois sexos trabalharem juntos nesse campo. Humberto de Campos reporta-se a uma declaração dada a um jornalista: "Nós, ali, vamos trabalhando

---

[5]. A partir de 1927, algumas brasileiras puderam votar, mas só no Rio Grande do Norte em eleições locais. Em 1932, o decreto de Getúlio Vargas assegurou o direito de as mulheres votarem. Mulheres se candidataram à Constituinte, mas só a médica paulista Carlota Pereira de Queiroz foi eleita, sendo a única mulher entre os 254 constituintes de 1934. A título de comparação, datas da introdução do voto feminino em outros países: Nova Zelândia, 1893; União Soviética, 1917; Estados Unidos, 1920; Espanha, 1931; França e Japão, 1945; Itália e Argentina, 1946.

sem ellas. E ellas, muito mais, e mais efficientemente, sem nós. A mulher deve preferir andar só a andar mal acompanhada".

Na edição n. 61, de 4 de janeiro de 1930, *O Cruzeiro* publicava um texto de Campos Birnfeld, sobre "A mulher brasileira", numa visão enaltecedora de suas qualidades. Vale a pena citar alguns trechos desse ufanismo:

> Tres typos distinctos formam a corôa da gloria da feminilidade brasileira: a graça airosa da *girl* carioca, o temperamento vibratil da nortista, a belleza altiva e a esthetica da sulista.
>
> [...]
>
> A mulher carioca é a parisiense do Novo Mundo; ella sabe conservar-se eternamente jovem, sempre com o mesmo sorriso nos labios, haja sol, garôa ou chuva, sempre a mesma *girl* desembaraçada e gracil, fertil em expedientes, dotada do instincto da sociedade em elevado gráu.
>
> Uma menina viçosa aos seus 18 annos com o passo vivaz calcando o asphalto da Avenida, um bangalow à beira-mar, um automóvel, talvez dois... é o ideal de felicidade dos nossos dias [...]
>
> A nortista [...] tem as linhas fascinantes das morenas e seu passo lento e cadenciado; em seu halito e em sua compleição reçumam o matiz e o perfume suave do jambo. [...]
>
> A sulista tem o espírito aventureiro dos bandeirantes e o sangue dos guerreiros dos Pampas. É o primeiro rebento florido do consorcio de heroes com a terra virgem.

O Cruzeiro está povoado de anúncios publicitários; suas páginas tendem frequentemente para a vida mundana. Carnaval é um acontecimento com fotos de corsos, desfiles, blocos, bailes à fantasia de adultos e crianças etc., em várias edições seguidas. Carnaval é também um dos assuntos dos diálogos entre mulheres publicados sob o título "Arte de conversar..." (*Modelos*, 1930), de autoria de Peregrino Junior, da seção feminina "Dona na Sociedade" (*O Cruzeiro*, n. 73, 29 de março de 1930). Nesse texto (ver a seguir), temos uma amostragem do linguajar da época, gíria inclusive, na boca de mulheres de diferentes níveis. E, até certo ponto, o autor tenta imprimir uma visão "feminina" aos assuntos tratados, embora dentro do estereótipo de superficialidade que se espera da conversa entre mulheres. A editora de *O Cruzeiro* – *O Malho* – lançou produtos específicos para mulheres, como edições especiais sobre "Moda e bordado" e o famoso *Anuário das Senhoras*, cujo primeiro número é de 1934. Depois, *O Cruzeiro* passaria ao controle de Assis Chateaubriand.

O Cruzeiro

Dona na Sociedade

Arte de conversar...
(Modelos 1930)

1ª MELINDROSA — *Então, gostaste da "fita" do Haroldo Lloyd? Que tal? Muito engraçada?*
2ª MELINDROSA — *"Frappée". Tem pouco amor. Não é das minhas. O meu genero é outro. Gosto mas é de "fita" dramatica...*
1ª MELINDROSA — *Menina, e você viu a Ritoca Lins como estava no cinema?*
2ª MELINDROSA — *Ora, se vi! Uma pouca vergonha.*
1ª MELINDROSA — *Que bruto escandalo, hein!*

hein!
2ª MELINDROSA — *E quem havia de dizer! ... a filha do Nestor Lins, aquella cara de-setimo-dia, que vive na igreja batendo nos peitos e que quer ser palmatoria do mundo!*
1ª MELINDROSA — *Reparaste o vestido della?*
2ª MELINDROSA — *Antes estivesse núa. Tenho visto muita tanga mais decente que aquilo.*
1ª MELINDROSA — *E, depois, que modos!*
2ª MELINDROSA — *Um andar de gelatina, meu Deus!*
1ª MELINDROSA — *Indecente, mesmo!*
2ª MELINDROSA — *Immoral!*

II

MELINDROSA n.º 1 — *Você quer que eu te diga uma coisa?*
MELINDROSA n.º 2 — *?!...*
MELINDROSA n.º 1 — *A Miloquinha esteve nos bailes de Carnaval do Jockey Club.*
MELINDROSA n.º 2 — *Não diga! É lá possível...*
MELINDROSA n.º 1 — *Palavra.*
MELINDROSA n.º 2 — *Não faz um anno que o pae della bateu a bota!*
MELINDROSA n.º 1 — *E o melhor eu nem te digo: estava com um "flirt" ferrado.*
MELINDROSA n.º 2 — *Contra quem?*
MELINDROSA n.º 1 — *Com o Fifi Vergara.*
MELINDROSA n.º 2 — *Qual deles? Aquellezinho que tem uma baratinha Chrysler?*
MELINDROSA n.º 1 — *Que typa sem vergonha. Não é?*
MELINDROSA n.º 2 — *E está casada de pouco!*
MELINDROSA n.º 1 — *Isso não é nada. Se eu te disser a você o que foi que ella me disse...*
MELINDROSA n.º 2 — *?!...*
MELINDROSA n.º 1 — *Imagina que ella estava quasi núa, sem "soutien" e sem cinta, com as carnes soltas balançando, um decote até aqui... e dansando que nem um grude... Eu então disse a ella: — Menina, como é que você tem coragem de dansar assim, sem "soutien" e sem cinta?" E você sabe o que foi que ella respondeu? — "Minha filha, Deus me livre de cinta e "soutien" para dansar. Só servem para atrapalhar. E eu quando danso gosto é de sentir o contacto do meu par... Dansar pelo telephone não tem graça nenhuma!"*
MELINDROSA n.º 1 — *Que pirata!*
MELINDROSA n.º 2 — *Uma indecente!*

III

Mme. X — *Sabes de uma coisa? Dizem que a Levinda está namorando o marido da Margarida Lemos.*
Mme. Z — *Não faz mal, não. Bem feito. Aquella Margarida é tão convencida!... Pensa que tem o rei na barriga. Só ella é bonita, só ella é chic, só ella tem dinheiro, só ella é séria, só ella é de boa familia, só ella é da alta sociedade...*

Mme. X — *Quem? A Margarida! Era só o que faltava. Tu não sabes então que aquella serigaita tem um "flirt" com o Coronel Anselmo?*

Mme. Z — *"Flirt!" só?*

Mme. X — *O Coronel Anselmo manda-lhe flores todos os dias. E dizem que ella já achou um collar de perolas na rua...*

Mme. Z — *É bom que eu saiba disto, pois, se ella se fizer de tola commigo, eu estrago com a vida della...*

Mme. X — *Deixa, menina, que ella com a nossa turma não se mette!*

IV

Miss Ponta da Rua — *Você viu a noiva do Epaminondas?*

Miss Boca do Mundo — *Qual? Aquella que foi votada, para Miss Canfundó?*

Miss Ponta da Rua — *Essa mesma. Não achaste ella muito gorda?*

Miss Boca do Mundo — *Antes de ficar noiva ella era um estrépe. Nem sei como cavou tantos votos p'ra "Miss Cafundó".*

Miss Ponta da Rua — *Mas aquella gordura assim, de repente, antes de casar... Era melhor que elles apressassem os papeis...*

Miss Boca do Mundo — *O menino é capaz de nascer de quatro mêses, como da Verinha...*

Miss Ponta da Rua — *Q língua!*

Miss Boca do Mundo — *Eu, Deus me livre! Eu não falo de ninguem! Não me importo com a vida alheia!*

Miss Ponta da Rua — *E o vestido de D. Florina? Uma gracinha!*

Miss Boca do Mundo — *Mas não gostei dos sapatos. E o chapeu de D. Anastácia? Estava simplesmente ridiculo! Mulher parda é uma tragédia: não há nada que fique bem.*

V

Mlle. Lóló — *Nem te digo nada. Vi um chapéu que era um amor, numa vitrine da Gonçalves Dias. Vou levar lá a D. Hilda chapeleira, para ella fazer um p'ra mim igual.*

Mlle. Lálá — *Você ainda se arrepende disso... Aquelle caixeiro quando descobrir a sua "camouflage" e vir que você só quer é copiar os modelos, dá um "estrilo" do outro mundo!*

Mlle. Lóló — *Qual nada!*

Mlle. Lálá — *Enfim como você tem muito prestigio com os caixeiros...*

Mlle. Lóló — *Oh! filha, você exaggera... Pelo amor de Deus! Também você inventa cada novidade!...*

Mlle. Lálá — *Pensas então que eu não vi você hontem de tarde animada com o caixeiro que te vendeu aquelle corte de crêque estampado?*

Mlle. Lóló — *Qual! Eu estava so contrariada aquelle caixeiro é muito confiado.*

Mlle. Lálá — *Mas deu o côrte por 35$ 000.*

Mlle. Lóló — *É... elle foi camarada.*

Mlle. Lálá — *Esta pirata é da pontinha!...*

Mlle. Lóló — *Defesa, menina... defesa...*

PEREGRINO JUNIOR

Duas revistas editadas por empresas incorporadas ao patrimônio da União – *Carioca* (apareceu em 1935), basicamente sobre rádio e cinema, e *Vamos Ler* (1936), revista de interesse geral – cumpriam a função de evasão de que o governo necessitava, bem como serviam de propaganda a seus feitos. *Vamos Ler* prometia ser, em sua primeira edição:

> a revista da época do avião, a revista que poupe tempo ao leitor, evitando a dispersão de interesse entre muitas revistas estrangeiras que não lhe dão satisfação completa e condensando nas suas páginas, no nosso próprio idioma, tudo quanto há de mais interessante, e valendo, por isso mesmo, como um resumo, uma sumula, uma visão panorâmica da imprensa mundial e das idéias e acontecimentos da atualidade. (*Vamos Ler*, 1936)

Nesse número 1, a crônica de abertura era de Murilo Mendes. A página inicial da revista permaneceu como espaço para escritores como Jorge de Lima, Herman Lima, Luis Martins, Pongetti, Rubem Braga etc.

A maioria das matérias de *Vamos Ler* era sobre assuntos estrangeiros, artistas de cinema, reportagens pró-Estados Unidos, com muitas fotos e, principalmente, muitas ilustrações desenhadas; havia uma dose razoável de literatura, dando à revista um caráter mais de lazer do que de informação. A respeito da *Carioca*, trataremos no texto sobre a década de 1940. Uma outra revista só de contos e romances era a *Romance Mensal*, lançada em São Paulo, em 1934, com o slogan "Romance mensal vale mais do que custa". Servia à divulgação de literatura de consumo, como Edgar Wallace, Conan Doyle etc. Seus textos geralmente eram traduções, com um ou outro de autor brasileiro; as capas, desenhadas em estilo *art déco* (algumas, de Ícaro, bem bonitas). Uma curiosidade, na edição de abril de 1936 (n. 4, ano III): "'Senhorita celeridade', conto futurista de M. DE GROOT", que fala de uma personagem do futuro que vai voando com suas próprias asas à... modista. Talvez uma predecessora de Barbarella.

Em São Paulo, já fazendo parte do sentimento "paulista" das mulheres deste estado, surge o jornal *A Reacção*, em 9 de maio de 1931. Apesar do nome, que hoje tem conotação negativa, trazia algumas preocupações sociais, embora terminassem diluídas num apelo ao assistencialismo ou numa ideologia bem classe média, aliada ao sentimento cívico que vigorava então. De qualquer modo, se no primeiro número há um artigo "A classe média" de Cynira Riedel de Figueiredo, dizendo que a classe média sofre tanto como a pobre e ninguém se preocupa com ela, no n. 30, uma matéria sobre a Casa de Repouso Maternal defende a mãe solteira. Artigos opinativos, moda, culinária, bordados e variedades estão nesse jornal feminino dirigido por Vicentina Soares, que se apresentava assim:

> [...] Trabalharemos incessantemente na ânsia de servirmos, de sermos úteis ao povo brasileiro. E mostraremos ao Brasil admirado que a mulher sabe concorrer com o homem em todos os campos de atividade, mesmo nos mais árduos, e que luctará ao seu lado, apaixonadamente, na conquista da tranquilidade da patria, no erguimento da sua reputação, da sua integridade.
>
> *A Reacção*, que significa a reacção feminina, a reacção dos oprimidos, a reacção do paiz todo, que durante tantos anos esteve mudo, acorrentado, só... pretende existir para bem servir, para bem fazer e para bem dar, distribuir, espalhar.
>
> [...]
>
> *A Reacção* é de São Paulo. De São Paulo verdade, de São Paulo dos bons Paulistas, de São Paulo dos bons brasileiros.
>
> *A Reacção* é de todos os que soffrem, de todos os oprimidos, de todos os que della necessitarem.
>
> *A Reacção* é o reflexo da alma brasileira, da dôr brasileira e da alegria brasileira.
>
> *A Reacção* é um cantinho do Brasil brasileiro. Eis o que é e o que será sempre,
>
> *A Reacção.*

Esse mesmo número, ao falar de trabalho, diz que a mulher é a companheira que nunca envergonhou o homem. E dá alguns exemplos:

> a tranquila e laboriosa donna de casa, como a trefega e despreocupada operariasinha, a circunspecta funccionaria publica, como a atarefada intellectual que moureja no jornalismo, no magisterio etc., todas as mulheres, enfim, que luctam pela vida ou por um ideal, afora um reduzidissimo numero de melindrosas, de algibeiras cheias e cerebro vazio – todas as nossas patricias, nos momentos de perigo, irmanam-se [...]

Novos públicos estão sendo descobertos. Em 1931, surge um jornal esportivo: *Jornal dos Sports*, de Mario Rodrigues Filho, editado no Rio, e em papel cor-de-rosa. Faz muito sucesso, ajudado principalmente pelo futebol, que já era uma grande atração popular. Para o público infantil e juvenil, novos lançamentos: *O Globo Juvenil, Suplemento Juvenil* e *Mirim* (1937), *O Lobinho* (1938) e *Gibi* (1939).

Outras revistas mantinham um público fiel há bastante tempo, como *A Cigarra*, revista paulista de interesse geral. *A Cigarra* publicava algumas reportagens sobre cenas da cidade, ou sobre bairros, o que denota uma preocupação urbana (e a gente que mora na cidade) rara na época. Não é uma revista feminina, embora se preocupe com a figura da mulher e tenha várias colaboradoras, como Elsie Lessa, que em 1932 escrevia crônicas. Uma revista desse tipo também era *Alterosa*, que surgiu em 1939, em Belo Horizonte, e gozou de boa popularidade. Trazia contos e novelas, fazia concurso literário, além dos assuntos comuns: reportagens, cinema, moda etc.

Vale registrar ainda um texto muito significativo de Patrícia Galvão que, se não teve grande divulgação, pelo menos representa ideias mais avançadas. Trata-se de "A mulher do povo", com o subtítulo "A baixa da alta" (publicado dentro de *O Homem do Povo*, 28 de março de 1931); conforme reprodução da revista *Através*, n. 2 (1978), ironizando com humor cáustico a burguesia. Frases curtas, críticas ferinas, o temperamento vanguardista de sua autora somado, quem sabe, à influência de Oswald de Andrade. O resultado é um discurso moderno, ágil, desmitificador, fruto de uma pioneira talvez solitária. Mas nem por isso menos valioso.

Texto/análise

TEXTO: "Quadros de todo dia" (assinado por Bluette)
VEÍCULO: *A Cigarra*, São Paulo, mar. 1932, p. 23.

Num texto razoavelmente simples, com pretensões de crônica (pois era uma seção, assinada por "Bluette", que sempre aparecia na revista, cada vez com um tema; um deles era sobre um restaurante só para senhoras), a mulher surge

Março, 1932

QUADROS DE TODO DIA

A mulher que descobriu a felicidade vendendo jornaes. — Os homens nada valem. — O sonho de Iracema.

por BLUETTE

Nesta cidade que vibra e palpita como aguia real, hoje em gaiola-doirada; neste paraizo que deslumbraria Adão se voltasse, já official ou doutor, nesta cidade nasceu Iracema.

A virgem dos labios de mel?

Quem sabe? No brilho dos seus olhos, na petulancia dos labios grossos de Iracema, eu sinto algo de novo! Faces pintadas, sorriso brejeiro, meias de "golf", bolsa a tiracollo... Engraçada! E' esbelta e faceira. Por que? Para prender alguem?

Indaguemos.

— Diga, Iracema: uma historia de amor em sua vida?

— Nada disso! Nem pense; os homens não valem nada!

— Então, por que anda assim bonita?

— E' para vender mais jornaes. Si não houvesse homens a gente vivia tão socegada!...

— Mas... e o amor, como foi?

— Sou orphã. Fui bem creada. Eu até sou Iracema Penteado. Penteado é a gente que me creou. Com quatorze annos gostei de um moreno. Todo o mundo dizia que o peste não prestava; eu ouvi a cabeça delle. Fui abandonada... Depois tive que ganhar a minha vida cozinhando. Soffri. Andei vendendo fructas no largo do Correio e fui tão perseguida pelos guardas... Ser bonita é um caso serio! Ha quatro annos descobri a felicidade: vender jornaes! A Gazeta! A Platéa! Compro jornaes, com dinheiro ou sem dinheiro. Quem não conhece Iracema? Aqui ninguem me passa a perna. Minha bocca não engole desaforo!

— Tem a Folha? — alguem pergunta a seu lado.

— A Folha só sáe ás tres e meia, mas hoje vem boa! Traz, decerto, o interventor.

— Vem algum hoje?

— Ah, si vem! O que vem mais, agora, é interventor. Eu guardo a Folha para a senhora.

Voltando-se, diz:

— E' uma mina esse negocio de interventor! Até parece que fizeram para dar lucro á gente! Eu só tenho medo que o Getulio deixe, de uma vez, o Rabello aqui!

— E o seu pretendente, aquelle dos quatorze annos?

— Sumiu ou morreu.

— E para o futuro?

— Futuro? Uma banca de jornaes, muito dinheiro, depois...,

E dando uma risada:

— ... inteventora, aproveitando a maré!

Sorrindo, lá se foi Iracema, aquella que encontrou a felicidade, vendendo jornaes...

Iracema, coitada! Você não sabe que houve uma virgem branca e pura que tinha os labios de mel. Foi amada e amou! E um indio fel-a subir, como em sonho, num ramo de palmeira que deslisou, sereno, sobre a placidez das aguas, á luz crepuscular...

Iracema Penteado é uma feminista de facto, mas não sabe que o é. Se ella o soubesse, talvez não trabalhasse e resolvesse adoptar aquelle preceito de Kant, que diz: O homem é o unico animal que deve trabalhar.

Você, Iracema, que viu partir o companheiro, você que chorou e soffreu, que tem a alma branca e simples da outra, terá seu despertar num mundo onde a vida é um eterno favo de mel como os labios da Iracema de outrora...

Isto, conforme a promessa do Senhor!

NÃO ESTRAGUEM AS SUAS PAREDES — USEM "RAWLPLUGS"

como personagem de reportagem. Com efeito, embora se trate de uma seção específica, com nome e escrita pelo mesmo autor – que presumimos: autora –, podemos classificá-la como reportagem sobre uma pessoa da atualidade, trazendo inclusive foto e uma minientrevista. Apesar do tom da linguagem, que tenta comparações literárias, há um enfoque jornalístico no texto. E justamente nessa tensão literatura-jornalismo está a dialética da imprensa feminina brasileira nesse tempo.

O jornalismo feminino ainda não encontrara formas mais "jornalísticas" de tratar a realidade (ou seja, maneiras de investigação que se não são exclusivas, pelo menos ajudam a caracterizar melhor o fenômeno como reportagem e entrevista). A imprensa feminina se limitara aos assuntos tradicionais: moda, beleza, crianças etc. No mais, os textos eram literários ou pseudoliterários, beletristas (contos, crônicas, poesias, provérbios, frases sobre amor, pensamentos), ou no máximo "artigos", isto é, editoriais a respeito de algum problema atual ou não. Mesmo tais artigos eram escritos numa linguagem formal, pretensamente literária. Reportagens e entrevistas quase não apareciam. Por isso, a relação da imprensa feminina com o fato da atualidade era – e ainda é hoje – pouco frequente.

O fato real não surge descrito, narrado, revivido nas páginas ou veículos dedicados à mulher. Geralmente, as matérias apenas faziam dissertações sobre um tema atual. Essa era uma das únicas maneiras do "real" entrar na imprensa feminina: como assunto de um artigo ou editorial. Ora, aqui temos a presença do "real" no texto. Logicamente, um "real" que atraiu mais pelo seu lado pitoresco, uma mulher jornaleira; ainda se trata de uma visão até certo ponto paternalista, de ver a "curiosidade" como causa de um fato se tornar noticiável. Certo, o pitoresco e o curioso não são as características mais puras do fato jornalístico. No entanto, apesar da frágil motivação, o que nos interessa é que uma determinada mulher se tornou personagem. E mais: essa personagem teve um certo tratamento jornalístico.

A tensão linguagem literária *versus* linguagem jornalística percorre o texto. No início, uma comparação pomposa para adjetivar a cidade: "cidade que vibra e palpita como águia real, hoje em gaiola doirada; neste paraizo que deslumbraria Adão se voltasse, já official ou doutor".

Logo em seguida, a comparação central da Iracema branca e ideal com a Iracema negra e concreta surge numa pergunta: "A virgem dos lábios de mel?" A metáfora vai se exacerbar no final, numa promessa de que a Iracema real encontrará finalmente a felicidade. E aí, também, a atitude de dominação do autor em relação à personagem: "Iracema, coitada! Você não sabe que houve uma virgem branca e pura que tinha os lábios de mel. Foi amada e amou! E um índio fê-la subir, como em sonho [...]".

Iracema negra é coitada e não sabe. Mas há um consolo, índice do preconceito: "Você que chorou e sofreu, que tem a alma branca e simples da outra [...]".

No entanto, o diálogo autor-personagem contrasta com a forma "literária" do resto do texto. O tom é mais coloquial, com algumas transposições de fala bem próximas do real, por exemplo: "Nem pense; os homens não valem nada! [...] Com quatorze annos gostei de um moreno. Todo o mundo dizia que o peste não prestava; eu ouvi a cabeça delle. [...] Aqui ninguem me passa a perna. Minha bocca não engole desaforo!"

Aqui, o texto é mais vivo, mais próximo da realidade que pretende representar. Nem precisamos lançar mão do conceito de realismo em literatura; basta comparar o diálogo com o resto do texto, que pretende estabelecer uma comparação literária. Nessa aparente incoerência, há sinais de que o discurso jornalístico como um todo – e não só o feminino – buscava outras formas de representação da realidade.

Outro ponto importante é a classe social da personagem: uma órfã criada por uma família de posses. Pelos critérios da época, dificilmente essa moça seria assunto de revista. Também aí encontramos uma quebra de padrões.

Dados sociológicos – como o apontado acima – e históricos aparecem de quando em quando no texto (referência a interventor, Getúlio etc.) acrescentando mais elementos de transposição do real.

O "pastiche" literário é tanto, que a verdadeira personagem literária aparece como branca, quando era índia, numa confusão talvez com Peri e Ceci. Neste "Quadros de todo dia", Iracema é branca e se apaixona por um português. No afã de mostrar a "alma branca" da jornaleira, mudou-se até a cor de Iracema: desinformação com pretensões literárias.

A MULHER-CELULOIDE

Contexto: Década de 1940

Na década de 1940, o jornalismo americano expandiu-se. As agências mandavam material que era traduzido e raramente adaptado. O texto vinha assinado por nomes estrangeiros; as fotos também. Hollywood difundia o otimismo como padrão, mesmo em plena guerra. Revistas como *O Cruzeiro* – que possuía uma razoável dose de nacionalização, com reportagens escritas e fotografadas no Brasil, e muita ilustração desenhada por artistas brasileiros – também não escapavam à avalanche americana nos meios de comunicação de massa processada principalmente pelo cinema. Metro, Columbia, Warner, Fox, Paramount, RKO eram os emissores de fotos e textos que traziam informações sobre artistas ou até pequenas histórias protagonizadas por eles (por exemplo, três *starlets* encontrando Papai Noel em pessoa, no *O Cruzeiro* de dezembro de 1942).

Para se ter uma ideia do conteúdo, falemos algo mais desse número de 19 de dezembro de 1942. A guerra aparece pouco nas 156 páginas da revista: apenas nos votos de paz formulados na página três, numa reportagem sobre os brinquedos de Natal nos Estados Unidos, todos eles bélicos – tanques, aviões, navios de guerra etc. – e numa reportagem sobre a RAF: "A RAF não dá tréguas aos inimigos". No resto, algumas matérias leves, seções femininas, contos de Natal. E Hollywood em toda a revista. De brasileiro, temos a seção "Garotas", com desenhos de Alceu e legendas (em verso) de Millôr; uma reportagem sobre "Atualidades do governo paulista" e outra sobre "Guarujá, a praia da elite brasileira". Existem algumas reportagens feitas com artistas ou candidatas brasileiras, que desejavam ser uma estrela internacional famosa. É a série "Queria ser..." Nesse número, as moças "queriam ser": Deanna Durbin, Ana Pavlova, Eleonora Duse, Betty Grable. O padrão é a artista estrangeira. No restante da edição, artistas de Hollywood fazem compras de Natal, Walt Disney envia boas-festas junto com seus bonecos, e uma dezena de seções, sempre com fotos, noticiando filmes, fofocas ou fatos do cotidiano dos artistas.

Moda, beleza também não escapam: são ilustradas com fotos de artistas de cinema. Vestidos de noite, blusas, chapéus, tudo apresentado como as "últimas coleções de Hollywood". Até mesmo a moda desenhada por Alceu é para divulgar lançamentos americanos, informação que vem explícita no texto, indicando de quem é a criação etc.

Eleanor Powell, atriz americana, dita normas de etiqueta para debutantes que vão ao primeiro baile, na seção assinada por Maria Tereza.

A *Revista da Semana*, a "decana das revistas nacionais", propriedade da Companhia Editora Americana, editada no Rio de Janeiro desde o inicio do século, já está em decadência. No expediente, rotula-se: "publicação de arte, literatura e modas", de 16 de maio de 1942. A diagramação já fora bem mais bonita, assim como o papel (embora, no caso, o papel inferior deva ser consequência da guerra). O cartunista Raul ainda desenha em suas páginas. Comparando-se com *O Cruzeiro*, a *Revista da Semana* não evoluiu com o tempo. A guerra está presente numa matéria sobre a Batalha do Mar de Coral, ilustrada por fotos de navios de combate (nada jornalísticas; apenas as fotos de cada tipo de embarcação, cruzadores, porta-aviões, encouraçados). Existe uma reportagem sobre "Os cruzeiros de Penedo" (cruzes da cidade alagoana) e sobre uma exposição de *ex libris*. No mais, contos, santos e efemérides da semana, fotos de acontecimentos sociais e o "Jornal das Famílias", espécie de suplemento feminino, que abre com uma foto grande e um texto assinado por Marinette, em que aparecem "drapés, corselets, organdi, georgette, *ruches*, *tule-filet* etc."

Modas para mulheres, figurinos para "crianças", receitas de tricô e crochê, culinária. A influência americana é menos marcante, mas o cinema não podia faltar. Ao dizer que "*Sargento York* é o mais belo filme de 1941, e a mais bela afirmação da vitalidade dos princípios democráticos", o texto também afirma: "Ao cinema, como à imprensa, cabe importante papel na luta que estamos empenhados pela preservação dos nossos valores culturais".

Logicamente, ele deve referir-se à cultura ocidental, porque em relação à cultura brasileira, esse filme nada representa. É uma simples frase, que mostra a penetração do cinema americano, auxiliada pelo fator guerra e a alienação no que diz respeito à cultura nacional. Nos anos 1910, a *Revista da Semana* era muito mais vibrante, com uma boa dose de Brasil.

A *Revista do Globo*, publicada quinzenalmente pela Livraria do Globo, de Porto Alegre, se diz "o magazine de maior tiragem e circulação no sul do Brasil", e era dirigida em 1943, por Justino Martins. No dia 26 de julho desse ano havia reportagens (como "Festa em Marrocos", três matérias sobre a guerra e "Hollywood visita Porto Alegre"), notas sociais, contos (um de Tito Batini), curiosidades, esportes, humorismo e muito cinema. As primeiras páginas trazem a "síntese" do filme *Além do horizonte azul*, com Dorothy Lamour, em sequência de fotos com legenda, quase uma fotonovela. E modas: com o título "Cinco modelos originais", artistas americanas mostram roupas como orientação de moda às porto-alegrenses.

Em 1948, *A Cigarra* era mensal e pertencia ao grupo Chateaubriand. Editada no Rio, tinha como diretor Frederico Chateaubriand e como secretário, Ari Vasconcelos. Contos ocupavam uma boa parte de suas 160 páginas, além da "novela do mês". No sumário havia ainda: "reportagens e histórias verídicas" (algumas bem jornalísticas), "teatro e cinema", "variedades" e "seções diversas" (incluindo livros, teste de conhecimentos, concerto, música, pequenas crônicas, "Poste escrito", de Vão Gogo etc. e o "Suplemento feminino", parte dedicada às mulheres). O suplemento feminino de *A Cigarra* desta época apresentava uma certa brasilidade principalmente na forma gráfica. Nesse aspecto, eram páginas trabalhosas, quase todas ilustradas com desenhos especialmente feitos para cada assunto, o que envolve um esquema de produção: desenhista, diagramação, que muitas revistas (ou quase nenhuma) não dispõem hoje. Moda, beleza, decoração, consultório sentimental, tudo era ilustrado com desenhos ou vinhetas de artistas brasileiros. Então, com relação à ilustração, podemos falar num dos mais altos índices de nacionalização já alcançados pela imprensa feminina brasileira.

Em abril de 1948, o "Suplemento feminino" de *A Cigarra* tinha texto de Elza Marzullo e desenhos de Alceu Pena. Conselhos de beleza, maquiagem para a noite, conselhos de moda (modelos americanos desenhados por Alceu), todas as páginas a cores, o que já diferenciava do resto da revista, que possuía bem pouca cor (geralmente em ilustrações de contos). No ano seguinte, o suplemento aumentou e passou a chamar-se "A cigarra feminina", com uma capa que o introduzia no interior da revista. Essa capa estampava o logotipo, um desenho de moda, o nome dos colaboradores e um box indicando: direção de Helena Ferraz. A guerra terminara há algum tempo, e o consumo crescente de bens não duráveis exigia mais espaço para seus anúncios e consequentemente, mais espaço para a mulher, consumidora potencial. O suplemento cresceu em páginas, acrescentou seções, incluindo mais serviços e intercâmbio com o leitor. Para exemplificar, a edição de outubro de 1949 publicava: moda (cinco páginas de coleções francesas em desenhos de Alceu); um editorial pequeno (uma página) de Helena Ferraz: "As mulheres vivem mais"; uma matéria sobre cabelos (duas páginas) ilustrada com desenho; como usar acessórios (uma página) e ginástica (uma página), ambas com desenhos; um artigo de cunho psicológico, "A arte de ser amada" (duas páginas), com desenho; uma história em quadrinhos, com personagem criada especialmente: Lolita e seu cãozinho, sob o título: "O marido de madame", criação de Álvaro Armando e Alceu Pena (duas páginas); a seção "Minha vida em suas mãos", à qual os leitores enviavam cartas para resolver problemas existenciais propostos em um caso fictício. Assim, para um caso de incesto, havia duas respostas premiadas. O responsável pela seção era G. de Setúbal. Depois, em tom bem maternal, cheios de bom senso, vinham os conselhos de "tia Marta", e o consultório sentimental, cuja responsável era Maria Helena.

Literatura comparecia com um conto, "Feitiço", de Lourdes G. Silva, uma poesia de Benedita de Mello. Mais uma história em quadrinhos, de Heitor Cardoso, com a personagem "Zabelinha", uma senhora meio confusa. E um artigo sobre esporte e crianças, outro sobre nutrição, uma seção de decoração "Quatro cantos" e uma reportagem "Uma brasileira descobre Londres". Ao todo, 31 páginas, todas ilustradas, a maioria pelo traço moderno e ágil de Alceu Pena, o que confere uma boa unidade visual às ilustrações. As que não são dele têm menos elaboração e criatividade, embora o "estilo" Alceu seja um tanto padronizado.

A revista *Carioca*, do Rio de Janeiro, dirigida por Heitor Moniz, embora não fosse especificamente feminina, por trazer algumas matérias gerais, pode ser considerada um veículo que devia atingir um público composto por uma maioria de mulheres. O tipo de público aparece não só pelo seu conteúdo, basicamente rádio e cinema, e pelo tratamento dado às matérias; mas também no seu uso como mídia impressa: quase todos os seus anúncios são dirigidos a mulheres. A *Carioca* pode ser considerada uma precursora das atuais revistas de fofocas de televisão. Pois, entre uma ou outra reportagem descompromissada, por exemplo "Coisas e aspectos do Brasil", meia dúzia de fotos de flagrantes nacionais e outro tanto de internacionais, alguns contos, páginas de moda com desenhos ou fotos, o assunto predominante é rádio e cinema. Daí, a seção "Novidades, boatos e mexericos de Hollywood", com reportagens sobre filmes e artistas de cinema, uma seção de Teatro, outra de rádio, "Por trás do dial" (com noticiário do Rio, São Paulo, Minas e Rio Grande do Sul), letras de música, e muita correspondência dos leitores, com respostas sobre ídolos da época e até uma seção "Pergunte o que quiser – *Carioca* responderá a todas as perguntas dos fans". Toda a correspondência é sobre rádio e cinema.

A vida mundana carioca suscitou um veículo que mostrava o Rio de Janeiro opulento: alta sociedade, modas, artes, turfe, festas, turismo. *Vitrina*, em papel couchê, capa em três cores e personalidades com fotos cartonadas, era essa revista. Surgida em 1942, dizia em seu primeiro número: "Aspira a ser o reflexo desse efêmero quotidiano, dentro do qual se acusa e afirma a constância das maneiras e hábitos civilizados de uma sociedade, ainda nas épocas mais tormentosas e dramáticas".

Na segunda metade da década aparece um produto que abriria um caminho diverso dos seguidos até então, e que mais tarde dominaria uma grande fatia do mercado: a fotonovela. No Brasil, a pioneira foi *Grande Hotel*, lançada em 1947, pela editora Vecchi, Rio, que publicava histórias de amor em quadrinhos desenhados. Ainda não era a verdadeira fotonovela, com fotos, mas o gênero estava iniciado. A fotonovela verdadeira só foi publicada em 1951, pela mesma revista.

Grande Hotel já nasceu como um veículo especificamente feminino (da geração originada com a revista francesa *Confidences* (1938), que trazia relatos "verdadeiros" de problemas sentimentais, tornando-se um dos maiores sucessos editoriais da época, ultrapassando desde logo um milhão de exemplares semanais. Evelyne Sullerot diz que a fórmula de *Confidences* é inovadora:

> cessando de considerar a mulher como uma boneca para vestir ou como uma mãe de família sobre quem repousava boa parte da estabilidade da sociedade, *Confidences* abriu a caixa de Pandora: as pessoas estão sós, especialmente as mulheres; as pessoas estão sós com seus problemas; elas perderam a fé; as estruturas sociais se arrebentaram; a sólida armadura que os grupos primários (família e cidade) exercem sobre os indivíduos fende-se e desmorona; cada um está cheio de angústia e se crê só em seu caso; é preciso dar como alimento às mulheres seus próprios problemas, mas sob a forma mais tranquilizante para elas, isto é, apresentando-os como problemas dos outros. (Sullerot, 1963, p. 57)

Confidences, portanto, inaugurou o gênero confessionário, que explorava o filão dos sentimentos, servindo de catarse a suas leitoras. É o início da literatura sentimental popular. *Grande Hotel* tinha o mesmo título que sua inspiradora italiana

(*Grand Hotel*), da Editora Universo, do Grupo Del Duca e durante muito tempo foi apenas uma tradução da revista *Nous Deux*, a versão francesa do produto italiano, segundo Angeluccia B. Habert (1974). Em *Grande Hotel*, além dos relatos "verídicos", da seção de cartas e dos contos, havia a introdução do elemento imagem para contar histórias de amor.

Na *Grande Hotel* brasileira, n. 5, de 27 de agosto de 1947, havia dois romances em quadrinhos: "Almas acorrentadas" (de M. Duchkey e J. W. Symes) e "Lágrimas de ouro" (de Elisa Trapani). Não há indicação da procedência dos desenhos (embora o traço pareça ser norte-americano) e a publicação era em partes – apenas três páginas cada um –, um resumo do já foi publicado. Aliás, dois outros romances também são publicados em capítulos ou partes (um deles adaptado com personagens brasileiras). Há a "narrativa de um fato realmente acontecido": "A esposa raptada"; a seção "Problemas do coração – Problemas de amor expostos pelos próprios interessados", em que um missivista conta o caso que será respondido em outro número; uma carta de amor, aberta, de "Nestor C... a Iracema F..."; testes: "Estará você realmente amando?" e "Que mulher é você?"; resumo de um filme em "O Amor nos filmes"; frases sobre o amor. A exploração do romantismo é a tônica, sempre em pequenas doses que exigem a compra semanal da revista, uma vez que metade das matérias continuava no próximo número.

E uma curiosidade: um concurso "para realizar a felicidade dos que se amam". Moços e moças deviam responder a certas perguntas, concorrendo a prêmio em dinheiro e para conseguir "madrinha ou padrinho de amor", isto é, pessoas que dessem dotes aos noivos. E a revista convidava pessoas de recursos para escolherem seus afilhados, finalizando assim: "Este CONCURSO, fomentador da FAMÍLIA BRASILEIRA, tem por principal finalidade promover CASAMENTOS POR AMOR".

Texto/análise

Texto: "Que mulher é você?"
Veículo: *Grande Hotel*, n. 5, Rio de Janeiro: Vecchi, 27 ago. 1947, p. 7-8.

Um gênero que se firmou quase como obrigatório nas revistas femininas, sejam elas populares ou mais sofisticadas: o teste. Vulgarização do psicologismo que começava a ser intensificado nos veículos de comunicação, vontade de autoconhecimento, busca de modelos de comportamento etc.: tudo isso era motivo do grande prestígio do teste, reconhecido por suas leitoras. As revistas femininas sabem dessa preferência e ainda hoje publicam testes, alguns mais elaborados, às vezes feitos por psicólogos, outros mais simplórios. As revistas sofisticadas chegam a emprestar um certo caráter científico aos testes que publicam.

Estará você realmente amando?

Os testes de Grande Hotel

QUESTIONÁRIO

Seu primeiro pensamento, ao despertar, é para êle (ou ela)?	3
Se sonha que a (ou o) perde, acorda cheio de angústia?	2
É capaz de se privar, para oferecer-lhe um presente?	2
É capaz de cortar quaisquer relações com um amigo ou um parente, simplesmente para satisfazê-la (ou lo)?	3
Acompanha-a (ou -o) sem aborrecimento a um espetáculo quando está morrendo de vontade de ir a outro?	1
É capaz de fazer na presença dela (ou dêle) uma grande soma sem esquecer os "que vão"?	1
Se marcou um encontro para as 4 horas e êle (ou ela) não chega até às 7 horas, ainda a espera?	3
Comete frequentes enganos no seu trabalho porque pensa sem cessar nela (ou nêle)?	2
Desejaria viver com ela (ou êle) em uma ilha deserta?	2
Acha que o seu amor seria suficiente para a sua felicidade, excluindo qualquer outra satisfação material?	3
Está pronto (a) a suportar um sofrimento físico por ela (ou por êle)?	2
É-lhe indiferente que os seus amigos ou companheiros o (ou a) julguem ridículo (a) por causa do seu amor?	3
Acredita que sem ela (ou êle) a sua vida ficaria para sempre perdida?	3
Estaria pronto (a) a dar a sua vida por ela (ou êle)?	4
TOTAL	

O amor à primeira vista!... Conhecem isso, não é verdade? Estão bem certos? Oh, sim! O coração que palpita, os sonhos obsedantes, mil sintomas muito fáceis de reconhecer? Mas, serão realmente assim tão fáceis de reconhecer? Entre a paixão delirante e a simples inclinação, existem muitas gradações, e agente pode com frequência sentir-se perplexo quando procura analisar os seus sentimentos. Nesse caso, o que há de melhor do que recorrer aos testes de "Grande Hotel", que já foram experimentados e suscitam interesse cada vez maior? Se quer saber se está realmente apaixonada... ou enamorada, responda muito realmente ao questionário aqui junto; diante de cada pergunta inscreva um número correspondente à sua resposta, 0, para um "não" categórico; 1, para um "talvez"; 2, para um "provavelmente"; 3, para um "sim" sem hesitação. Depois, multiplique o número que acaba de inscrever pelo coeficiente que se encontra em correspondência na segunda coluna e inscreva o resultado na terceira coluna. Enfim, some os algarismos da terceira coluna e veja em que categoria êsse total permite classificá-la.

DE 90 A 102, É O GRANDE AMOR,
A PAIXÃO LOUCA;
DE 75 A 90, É AMOR, SEM DÚVIDA,
PORÉM MAIS PONDERADO;
DE 50 A 75, INCLINAÇÃO E NADA MAIS;
ABAIXO DE 50, DIGAMOS... INTERESSE E BASTA

Que mulher é você?

TODA MULHER TRAZ EM SI UM POTENCIAL DE ENCANTO. MAS, QUANTAS MULHERES SABEM EXATAMENTE A QUE TIPO PERTENCE? ESSA INDIFERENÇA AS FAZ COM MUITA FREQUÊNCIA NEGLIGENCIAR MIL PEQUENAS COISAS QUE LHES GARANTIRIAM UM SUCESSO CERTO: EXAMINEM O QUADRO ABAIXO E SABERÃO O QUE DEVEM FAZER PARA AGRADAR E TRIUNFAR NA VIDA.

1 - A AMOROSA

Você é de estatura média. Sua pele é fina. Seu rosto tem uma expressão meiga e encantadora. Seus cabelos, geralmente escuros, são finos e sedosos. Sua porte é ao mesmo tempo reservado e gracioso. Você é tão bem equilibrada física quanto moralmente. Sua atitude agrada a todos.

Vida, sua ter fresca. Sua bôca é bastante grande e seus lábios bem desenhados. Seus cabelos, muito abundantes, são quase louros.

Procura inconscientemente a companhia dos homens e êles sentem-se felizes junto de você, durante algum tempo.

Embora, em geral, você esteja de bom humor, tem uma cóleras súbitas e diz por

Joan Fontaine

vêzes coisas que depois lamenta. Seu maior defeito é ser boa e alegre.

Gosta de namoros, mas depressa se cansa e aprecia as mudanças.

Se se casar, será perfeita para seu marido e seus filhos. Eles adorarão o seu riso e a sua alegria.

Tem bastante tendência para a irreflexão e para viver ao Deus dará. Mas seja prudente. Você é facilmente preguiçosa. Pode ser o protótipo da amiga segura, fiel, dedicada e generosa.

2 - A ESPÔSA

Você é muito feminina. Todas as mamães esperam que você se casará com uma filha delas. É muito bem proporcionada.

Frances Mercer

todos julgam compreenderem o sonho que se lê nos seus olhos. Tem gostos artísticos, mas sai-se bem em quase tudo o que empreende, porque é muito jeitosa. Não é egoísta e pode-se contar com você.

Você gosta da companhia dos homens e êles gostam de estar com você, mas aprecia de tudo, você receia perceber certo clarão nos olhos dêles.

Entretanto, quando se casar, você será tão excelente espôsa como mãe encantadora, porque não deixará nunca de fazer o possível para que o seu lar seja feliz.

3 - A INTELIGENTE

Você é lógica e o seu espírito é claro e lúcido.

Você é ou muito grande ou muito pequena. Seus cabelos são bonitos, mas tem tendência para ser de um tom neutro.

Seu aspecto é bastante original, não se pode confundi-la com outra qualquer. Assimila rapidamente as idéias novas. Sua memória é assombrosa e você sabe aproveitar-se da sua experiência.

É hábil nos negócios e executa muito o seu trabalho.

Ruby Keeler

Sabe assumir responsabilidades, conhecendo perfeitamente aquilo a que se compromete.

É corajosa, porque sabe dominar-se e ver claro.

O amor não toma grande lugar na sua vida. Tenha cuidado, contudo, em não se tornar rígida de mais e cultivo os sentimentos mais meigos e mais delicados que estão no fundo do seu coração.

4 - A CAMARADA

Você possui uma grande energia nervosa, mas não sabe governar seus sentimentos. O que se nota primeiro em você, são os seus olhos. Êstes são grandes, brilham, parecem esperar sempre o milagre que não se produz.

Sua pele é fina e delicada. Seus cabelos são cheios de vida. Você é morena ou ligeiramente ruiva.

Todo o seu caráter é instável. Você adora a novidade, a você própria não sabe o que vai desejar daí a pouco.

Deixa-se guiar pelo seu homem e julga-se perfeitamente feliz ou, pelo contrário, de repente muito infeliz.

Seria talvez preferível que não tivesse

Merle Oberon

filhos; havia de lhe ser difícil tornar-se uma verdadeira mamãe para êles. Tudo o que representa uma obrigação,

um dever, a importuna. Os homens sentem-se encantados com o seu dinamismo e com a sua beleza. Mas, cuidado! se alguns podem amá-la loucamente, muitos o temerão um pouco e, para agradar verdadeiramente, para ser verdadeiramente feliz, aprenda a ser um pouco mais estável, um pouco mais calma.

5 - A MULHER-CRIANÇA

Você tem uma silhueta de criança. Seja qual fôr o seu pêso, você é bem modelada e ágil. Sua tez é notável de frescura e aveludado, sua pele transparente. Seus olhos são grandes e cândidos, com frequência azuis, seu nariz é miúdo e talvez arrebitado.

Você é muito feminina e, a despeito da sua alegria natural, sabe perfeitamente o que quer e tem muita vontade.

É facilmente egoísta e bem pouco escrupulosa.

Os homens não lhe interessam senão na medida em que a ajudam a fazer aquilo que quer. Você é encantadora para com as suas amigas enquanto elas não a incomodam em nada. Será uma espôsa gentil, sobretudo se desposar um homem relativamente mais velho do que você e que se divirta com a sua criancice.

Mas tenha cuidado para não ser materialista de mais; seu encanto pede certa

(Continua na página 6)

GRANDE HOTEL

O AMOR NOS FILMES

Não havia outra alternativa. A multa era inevitável... Ou a pagava, ou ia dar com os ossos na cadeia.

PAULA

PAULA é uma dessas moças cegamente ambiciosas, para as quais qualquer caminho é bom, desde que se trate de conquistar luxo, de adquirir riqueza. Não conta com o seu coração, parece ignorar que o tenha dentro do peito. E resulta que, quando menos o espera e lhe convém, o coração desperta, mas demasiado tarde para ela poder ser correspondida por um moço honesto.

Êste é o caso de Paula. Ela escolhe Mike, um boêmio rapaz um pouco bebedor e boêmio, porque em corpulência e estatura se assemelha ao banqueiro Stephen. Paula e Stephen combinaram fugir juntos, com duzentos e cinqüenta mil dólares que Stephen subtraiu do banco. Para bater suas pegadas esperavam que lhes caísse entre as unhas um jovem que se parecesse com Stephen, o qual deveria ser encontrado morto em um automóvel incendiado, e seu cadáver carbonizado. Não poderá deixar de ser tomado pelo do banqueiro. Dêste modo, com nome falso e muito dinheiro, Stephen e Paula poderiam ser felizes longe dos Estados Unidos.

A linda e loura Paula é servente no bar onde entra Mike, depois de ter avariado com o caminhão por ele conduzido o carro de Jeff Cunningham. Mike não tem dinheiro para pagar a multa que o Polícia lhe comina e Paula paga-a por êle, para livrá-lo de passar dez dias no xadrez.

Mike apaixona-se por Paula, mas seu próprio amor, que o torna ciumento, e mais de um motivo justificado, fazem-no desconfiar dela, recear que aquela moça bonita aparenta ser uma coisa, sendo outra.

Em Paula, também se acendeu a chama do amor, tanto que, quando no automóvel onde viviam chega o instante decisivo em que a moça tem de matar traiçoeiramente Mike, que está ébrio e de nada suspeita, ela, em vez de dar o golpe assassino naquele a quem ama, assesta-o no banqueiro.

Os duzentos e cinqüenta mil dólares que Stephen lhe confiou para a fuga, Paula considera-os seus. Amoral, decidida a tudo, Paula, para submetê-lo ao seu império, e também para que êle aceite aquela fortuna manchada de sangue, diz-lhe que foi êle, Mike, que, em plena embriaguez (Mike se embriagara, em seu desespêro por constatar naquela noite que Paula era amante de Stephen), furioso contra o banqueiro, lhe dera morte.

No primeiro instante, Mike, a quem a bebedeira privou da memória de seus atos durante a noite anterior, acredita-se homicida. E Paula insta-o a que se resolva a fugir com ela. Porém, Mike não fugirá com Paula. No cárcere está preso Jeff Cunningham, injustamente acusado daquele crime. E Mike não é homem para consentir que o inocente pague pelo pecador. Mike logra arrancar a Paula a confissão de seu delito. Ela, fora de si, resolve envenenar Mike, quando se persuade de não poder obrigá-lo à rígida conduta que lhe impõe sua honradez. Mas o amor que, apesar de tudo, sente por êle, leva a melhor e, quando Mike ia beber o café envenenado, ela bruscamente entorna a xícara.

Chega o momento dramático em que os policiais vêm arrancá-la a Mike,

a quem ela se abraça desesperadamente, já os agentes não a soltarão antes de vê-la amarrada à cadeira elétrica... E é então que Mike sente despedaçar-se o coração.

A luta entre o dever e o amor aniquilou-o. Cheio de amargura, os olhos turvos, Mike pergunta a si mesmo:

— Por que não podia ser Paula u'a mulher de outra índole? Por que não se conformou com ser a empregadinha do bar, até que um homem de bem a fizesse dona do seu lar e do seu coração? Eu mesmo poderia vir a conhecê-la, se esta era a intenção do destino... e haveríamos de ser tão felizes... Mas um ninho de amor, não pode ser construído sôbre um crime... ainda que o morto seja um sujeito tão antipático e ruim como o banqueiro Stephen.

Era aquele o dinheiro odioso, pelo qual se perdera Paula. Dinheiro maldito, manchado de sangue.

GRANDE HOTEL — Pág. 8 —

QUE MULHER É VOCÊ? (conclusão)

espiritualidade que o seu egoísmo e a sua vontade são um pouco propensos de mais a desprezar.

Angela Lansbury

6 - A DESLUMBRANTE - viva e graciosa como um belo animal. Seus olhos são brilhantes. Sua bôca é bastante grande, guarnecida de dentes magníficos e cercada de lábios carnados. Seus cabelos são cacheados e abun-

Janis Carter, no papel de Paula Lambert, em uma cena dêste grande artistas demonstraram mestria e t...

A MULHER

Deve-se usar para com a mulher honesta o mesmo procedimento para com as relíquias: adorá-las e não lhes tocar. — Cervantes.

A mulher tem um só caminho para superar em méritos o homem: ser cada dia mais mulher. — Angel Ganivet

U'a mulher formosa agrada aos olhos; u'a mulher boa agrada ao coração; a primeira é uma jóia; a segunda é um tesouro. — Napoleão.

U'a mulher que declara: "Pouco me importa que me achem bonita, é uma mulher que mente. — Mlle. de Scudéry

Não sejas nem escravo nem tirano de nenhu'a mulher. — Pitágoras.

N.º 5 — 27 . VIII . 1947

Shirley Deane

Betty Fields

7 - A MATERNAL

Sua silhueta é bastante esbelta e bem proporcionada. Seu rosto é oval, sua pele é fina e macia; naturalmente colorida. Suas sensações a guiam e você julga que sabe agir segundo o seu coração. Acredita muito facilmente estar amando e, seja verdade ou seja falso, procura, sem se dar conta, um marido que seja o pai do filho que tanto deseja, se resto talvez inconscientemente.

Malindra-se com bastante facilidade, mas com frequência, pequenas desinteligências com os que a cercam.

Tenha cuidado com as suas mudanças de gênio. Procure ser calma. Você é o protótipo da paz e da maternidade feliz. Cultive esse encanto secreto que tornará o seu interior perfeitamente feliz.

(Este artigo foi ilustrado com beldades do cinema)

O amor

O amor é o rei dos moços e o tirano dos velhos.
— *Machado de Assis*

Ninguém é pobre quando ama.
— *Camilo Castelo Branco*

O amor é uma luz que não deixa escurecer a vida.
— *Camilo Castelo Branco*

Ama-se porque se quer ser feliz; mas, é, geralmente, para sofrer que se conquista essa felicidade.
— *Corrêa Junior*

Amor repelido é amor multiplicado.
— *Machado de Assis*

Cada qual sabe amar a seu modo; o modo pouco importa; o essencial é que saiba amar.
— *Machado de Assis*

Recordar é amor a viver outra vez.
— *Júlio Dantas*

Ah! tanto se escorrega numa casca de laranja como numa fôlha de rosa! O coração endurece como a cabeça. O amor faz de um homem um santo ou um diabo.
— *Antero de Figueiredo*

O amor é como as doenças; quem mais as teme, mais se acha exposto a contraí-las.
— *Chamfort*

O amor nunca morre de fome, mas pelo contrário, morre de indigestão.
— *Ninon de Lenclos*

Há poucos laços de amizade tão fortes que não possam ser cortados por um cabelo de mulher.
— *Santiago Ramón y Cajal*

O amor é invisível, entra e sai por onde quer, sem que ninguém possa pedir-lhe contas dos seus feitos.
— *Cervantes*

O amor é um moedo com as pontas a mulher possui e que não se sabe para dobrar.
— *Arsène Houssaye*

Seguir pela vida sem amor é o mesmo que ir pelo mar sem bússola, ou combater sem música, empreender uma viagem sem um livro.
— *Stendhal*

Cartas de amor, abertas

De Nestor C.... a Iracema F....

A noite esplendorosa penetra pela janela, mas eu fecho as pálpebras. Sim, porque, mais do que belas estrêlas e do que por essa lua que me beija a testa, anseio por outra luz, que é a de teus olhos.

Com os meus cerrados, turvo a ver os teus, negros, negríssimos, como dois túneis no fundo dos quais se encontra tôda a encantada, tôda a delirante felicidade do amor.

E assim, com as pálpebras cerradas, as mãos cruzadas sôbre êste coração que só por ti palpita, no silêncio, no misterioso recolhimento do plenilúnio, eu te adoro.

E' nesta solidão inefável que eu te reso as minhas orações apaixonadas, fervorosas, inflamadas, que depois traduzo nestas cartas febris.

Durante a noite, minha deusa, desperto, tenho para ti tôdas as doces carícias da recordação; adormecido, meu sonho revive as horas mágicas que passo perto de ti... essas horas tão curtas, mas que valem por tôda uma eternidade de amôres... quando escuto tua voz, tuas pupilas me fitam, quando tuas mãos, trêmulas pombas alvas, pósam na minhas, sentem meus lábios ardentes contra o alabastro de teus dedos.

Amo-te, idolatro-te! Vivo por ti em perpétuo delírio amoroso! Iracema, alma da minha alma, em quem depositei minha fé, meu amor e minha vida! Amo-te freneticamente... como nunca imaginei que pudesse amar u'a mulher.

Estás em mim, reinando nas minhas fôrças e sentidos; és-me tão necessária como o sangue de minhas veias, como o ar que respiro. Tenho pena de mim mesmo, quando penso como vivia antes de que surgisses no meu caminho. Iracema da minha adoração, das minhas loucuras e das minhas ânsias.

Sem um amor assim, que não enche a alma, a vida vale tão pouco que não merece, na realidade, ser vivida.

As vêzes, Iracema, me censuras meu passado. E o que julgas que era o meu passado sem ti? Uma noite escura, interminável, tristonha, insípida. Tens ciúmes infundados dos meus tempos da Europa. De quando eu andava por Paris ou Londres, pela Itália ou pela Espanha. Julgas que, sendo eu solteiro e com posses, ter-me-ei embriagado de diversões e prazeres. E' certo que não fui um santo. Usei da minha liberdade. Mas, com a mesma franqueza com que te confesso meu pecado, Iracema, digo-te que nunca me apaixonei por nenhuma daquelas estrangeiras. Dancei, namorei, bebi champanha, assisti ao carnaval em Veneza e em Nice, passei temporadas na paradisíaca "Côte d'Azur" e na pitoresca Andaluzia. Mas... nem nas grandes cidades, nem entre as exóticas belezas com quem convivi nos salões, nos espetáculos e nos casinos, jamais deixei de sentir a nostalgia da nossa terra incomparável, nem pude esquecer o encanto peculiar das nossas mulheres.

"Só a uma brasileira poderei dar o coração", disse comigo próprio, mais de uma vez, quando estava no estrangeiro.

E assim foi. Pouco tempo depois de voltar à pátria, eu te conheci, Iracema. Foi a flechada... e rendi-me a ti, em uma entrega total de todo o meu ser. Lastimas-me, obstinando-te em acreditar que não és o meu primeiro, o meu baixo amor. Tua desconfiança baseia-se em que tenho quase trinta anos e tu apenas vinte? Ou é porque, segundo tu, eu vivi muito? Não sei se vivi muito; o que sei é que, desde que te amo, só aspiro a estar onde a luz dos teus olhos me alumie, onde o sorriso da tua bôca vermelha seja o arco-íris da minha deusa... para render-te constante culto, com devoção de amor inextinguível. E, em troca do tesouro do teu carinho, da rosada fogo dos teus lábios, tudo o que eu te possa dar me parece pouco. Assim, se eu podesse pôr a teus pés, tôda a felicidade do mundo, não consideraria isso prenda bastante em troca do teu amor. Imploro-te, Iracema, que te deixas adorar por mim, que me fites com êsse olhar feiticeiro que em mim pousas, quando minhas frases chamejantes de amor te queimam o ouvido.

Iracema, deusa e rainha minha, nenh'ua mulher amei realmente enquanto estive longe do nosso Brasil. Que o teu amor me falte, se te minto! Secreto pressentimento me dizia que, à volta, haveria de encontrar o prêmio da minha espera. Que o coração de uma brasileira me dadivaria com tôda a sua ternura. E, não é verdade que assim aconteceu, que todo o teu amor é meu, tão meu como eu te pertenço a ti, de corpo e alma?

Nestor C....

Um extraordinário concurso
PARA REALIZAR A FELICIDADE DOS QUE SE AMAM

As moças

Julga que o noivo por você escolhido será bom esposo?
Em que razões se funda para assim julga-lo?
Acredita poder fazer feliz seu marido? Como?
Quer ter filhos? Quantos? Meninos? Meninas?
Como criará e educará seus filhos?
Onde nasceu? Que idade tem? Goza de boa saúde? Trabalha? Em quê? Tenciona continuar trabalhando depois de casada?

Aos moços

Você ama, e correspondido e não pode ainda casar-se? Por quê?
Não ganha o suficiente? Aguarda situação de mais futuro? Conta com recursos para obter mobília e residência?
Como se propõe fazer feliz sua futura espôsa?
Que conduta observará quando casado? Quer ter filhos? Quantos? Meninos? Meninas? Em que princípios pensa educá-los? Onde nasceu? Que idade tem? Tem boa saúde? Em que trabalha? Desde quando? E' instruído? Cursou estudos? Quais? Quer completar sua instrução?

Todos os que quiserem tomar parte nesse CONCURSO, devem responder com clareza e amplidão ao questionário correspondente e enviar sua resposta, indicando o nome por extenso e o endereço, pelo correio, para "Concurso", GRANDE HOTEL, Rua do Resende, 144 — Rio de Janeiro, antes do dia 31 de dezembro próximo futuro, quando será encerrado o prazo de inscrição dos concorrentes. Depois dessa data, um júri competente examinará as respostas e decidirá quais delas são as dez melhores, outorgando GRANDE HOTEL, a cada uma dessas dez respostas, um PRÊMIO NUPCIAL de Cr$ 1.000,00 (MIL CRUZEIROS), no total de Cr$ 10.000,00 (DEZ MIL CRUZEIROS).

Todos os concorrentes desejosos de ser ajudados para poder contrair matrimônio, e aspiram a obter MADRINHA ou PADRINHO DE AMOR, devem manifestá-lo na carta que nos escreverem e as colunas de GRANDE HOTEL publicaremos o seu caso, inclusive o seu retrato, se no-lo enviarem, dando o seu nome por extenso ou sòmente as iniciais, se assim o preferirem.

CONVIDAMOS as PESSOAS DE RECURSOS a que constituam DOTES com os quais favoreçam os casais necessitados, para que possam formar novos lares.

Nem sempre hão de ser padrinhos de guerra. SEJA PADRINHO OU MADRINHA DE AMOR. E' uma ação eminentemente generosa ajudar os namorados a conquistar a felicidade, essa lhe dará a alegria de fazer o bem e fra proporcionará corações agradecidos. Hoje, um jovem casal; amanhã, os filhos dêsse lar, que você terá ajudado a criar.

Leia GRANDE HOTEL, e escolha seus afilhados. Nós, desinteressadamente e com o maior gôsto os poremos em seguida em contacto com êles. Se com possibilidades, NÃO DEIXE DE AJUDAR A MOCIDADE na conquista da felicidade com a qual legitimamente sonha.

Este CONCURSO, fomentador da FAMÍLIA BRASILEIRA, tem por principal finalidade promover CASAMENTOS POR AMOR.

O teste "Que mulher é você?" demonstra esse interesse pela psicologia colocando o problema fundamental dos tipos de personalidade. O teste procura dizer qual o "potencial de encanto" que a leitora tem e como deverá explorá-lo para "agradar e triunfar na vida".

Sete rótulos são propostos: 1) a amorosa; 2) a esposa; 3) a inteligente; 4) a camarada; 5) a mulher-criança; 6) a deslumbrante; e 7) a maternal. São sete estereótipos apresentados por meio da descrição de algumas características e sugerindo atitudes que ajudarão a mulher a ser mais feliz. Feliz no amor, naturalmente, pois a ideia de que se possa atingir a realização de outro modo nem sequer é vislumbrada. O que seria uma incoerência com a filosofia da revista, baseada na felicidade amorosa.

As imagens da mulher encontram-se nesses modelos. Toda uma ideologia do papel feminino está em cada um dos tipos propostos. O padrão de beleza apresentado, apesar de subdividido em sete, é um só: o da mulher branca, de "pele fina" (aparece três vezes explicitamente; e nas outras, está implícito), bem-proporcionada (duas vezes), cabelos e olhos bonitos. E, dentro da influência predominante do cinema norte-americano, o teste está ilustrado com fotografias de artistas que correspondem a cada um dos tipos. Jean Fontaine, Merle Oberon, Angela Lansbury e outras menos conhecidas representam a imagem feminina proposta às leitoras brasileiras. No final do texto, a menção: "Este artigo foi ilustrado com beldades do cinema". Beldade é bem um termo da época, hoje ultrapassado.

Todas as características físicas, portanto, pertencem à americana ou europeia clara. Cabelos louros e olhos azuis também aparecem; se os cabelos são morenos, são "sedosos e finos". Então, além de apresentar modelos estrangeiros, há toda uma idealização da beleza. A mulher tem estatura boa ou é alta (a deslumbrante); nunca é baixa: é "pequena", sempre bem-proporcionada.

Outra ligação importante e sintomática está em associar aparência física a temperamento. Se a mulher tem determinado físico, vai agir de tal modo. O corpo vai condicionar a personalidade, o que representa uma minimização do contexto familiar e social. É uma espécie de consciência mágica, para usar o termo de Paulo Freire: acredita-se como verdadeira uma relação que não existe ou é pouco significativa.

Essa influência do físico vai se projetar ainda na conduta sugerida, na seguinte ordem de implicação: físico, personalidade, conduta a adotar. A não ser o rótulo "deslumbrante", relacionado com beleza, os outros rótulos estão ligados a qualidades morais. E todas essas qualidades fazem parte do que tradicionalmente se convencionou como imagem feminina: "amorosa", "esposa", "mulher-criança", "maternal". Aí, os papéis da mulher: é permitido ser criança, às vezes, mas deve ser fundamentalmente esposa e mãe – o papel essencial exigido pela sociedade.

Assim, a *amorosa*, se se casar, será perfeita para seu marido e seus filhos. A *esposa* já nasceu para o casamento; tanto que "todas as mamãs esperam que você se casará com o filho delas" e será mãe encantadora. A *maternal* é o "protótipo da paz e da maternidade feliz". A *mulher-criança* será uma "esposa gentil, sobretudo se desposar um homem relativamente mais velho do que você e que se divirta com sua criancice".

As duas categorias diferentes, a *inteligente* e a *camarada* são colocadas com certas restrições: no fundo elas representam ideais menores. Elas seriam as que saem um pouco do estereótipo feminino; afinal a mulher inteligente é lógica e lúcida, assimila ideias novas, tem memória assombrosa, é hábil nos negócios (a única faceta profissional apontada é comércio); e a camarada é instável e não gosta de obrigações, embora seja dinâmica. Para as duas, advertências por terem saído do papel "natural" da mulher. A inteligente precisa ter cuidado para não se tornar rígida demais, porque o amor não toma grande lugar na sua vida. E, para a camarada, o conselho: "seria talvez preferível que não tivesse filhos; havia de lhe ser difícil tornar-se uma verdadeira mamãe para eles".

A não ser a referência a negócios, no caso do rótulo "inteligente", não há nenhuma profissão apontada para a mulher fora do lar. Vida profissional não está dentro do conceito apresentado. A mulher é só sentimento; seu habitat é a casa; seu relacionamento interpessoal se restringe a marido e filhos (amigos e colegas não aparecem; somente em um tipo – mulher-criança – são mencionadas amigas). A guerra acabara, a mão de obra feminina já não era tão necessária; o imenso exército de reserva devia voltar ao seu lugar primitivo e não podia ser muito incitado com apelos fora de casa.

Não existe nem sombra de contestação ou questionamento; para atrair, ou melhor, para usar o seu "potencial de encanto", a mulher deve encaixar-se num dos modelos propostos. Não se trata de amadurecer, de crescer: o caminho se resume na adaptação aos padrões femininos ideais.

O foco narrativo (se é que se pode chamar assim) também é a grande característica que se consolidava para ser a marca registrada da imprensa feminina: o texto se dirige a uma segunda pessoa (você), num tom bem coloquial. A imprensa feminina sempre tratará a leitora com intimidade de uma amiga; vai chamá-la de "você". Com o título: "Que mulher é você?", o texto sempre usará esse tratamento para a leitora.

Esse tipo de matéria representa outra tendência dominante na imprensa feminina que é o uso de variedades, ou de um *divertissement* com algum fundo cultural, utilitário ou com apelo de maior conhecimento pessoal etc.

A GAROTA MODERNA

Contexto: Década de 1950

A década de 1950 marca o início de um desenvolvimento maior na industrialização da imprensa brasileira, que se refletiu com mais intensidade nas revistas, pois estas entravam em fase de produção industrial, principalmente as femininas e as chamadas ilustradas.

Os jornais ainda custavam a modernizar-se no que diz respeito a forma e conteúdo. Os velhos padrões, a maioria do jornalismo norte-americano, davam a fisionomia de todos eles. E, no tocante a seções femininas, os jornais sempre estavam atrasados em relação às revistas. Suas seções eram pobres, sem imaginação, com diagramação e ilustração pouco trabalhadas. Eram colchas de retalhos, que juntavam receitas de tricô e crochê, uma crônica ou poesia, culinária, moda, conselhos de beleza, frases de amor etc. Boa parte do material publicado era tradução de textos enviados por agências estrangeiras. A mulher, como público, não era muito considerada. A impressão que se tem é que o jornal editava a página feminina mais para constar.

O Estado de S. Paulo publicava às sextas-feiras uma página feminina, nesses moldes, desde 1940. Na década de 1950, transformar a seção feminina em suplemento foi uma necessidade criada pela urbanização crescente e também pela concorrência. Em 25 de setembro de 1953, saía o primeiro número do "Suplemento feminino" de *O Estado de S. Paulo*, que continuaria em edições semanais, sempre às sextas-feiras, com dezesseis páginas, tamanho tabloide. A diagramação não apresentava inovações; apenas o uso de tipos diferentes dos de jornal servia para individualizar o novo produto. As páginas eram bastante confusas, dificultando o acompanhamento de um texto até o seu final, pela inclusão de pequenas matérias aqui e ali. Como na anterior página feminina, havia uma crônica, assinada por Capitu. Nesse número 1, Capitu introduzia o suplemento, dizendo os assuntos que seriam tratados:

> O noticiário de modas, perfumes, cosmética em geral, chega-nos diretamente de Paris, assinado por conhecidos cronistas da imprensa parisiense. De lá recebemos também colaborações avulsas cujos temas são da maior atualidade e atendem ao que pede a mulher moderna, pois tratam de educação, puericultura, psicologia etc.
>
> Entre as novas secções, este suplemento apresenta a de grafologia. Falar de sua importância é inútil. Todas as pessoas se interessam por essa ciência auxiliar da psicologia. A curiosidade feminina, sobretudo, gosta de conhecer os "segredos" revelados pela própria letra ou pela de... outrem.

Alguns números depois, uma notícia – "Maioria feminina numa escola superior de São Paulo" –, reportando-se ao fato de haver 80% de mulheres na seção de Letras da Faculdade de Filosofia. O comentário exemplifica o tom geral do suplemento:

> Quando visitamos a secção de Letras da Faculdade de Filosofia, havia por toda parte um ar alegre e vivaz, por si só eloqüente. Nas escolas onde os marmanjos predominam há também muita alegria e vivacidade mas não se notam as figurinhas gárrulas e álacres que nos fazem lembrar, não um grupo de alunos de cursos superiores, porém um bando de pássaros a chilrear... como diria um poeta.
>
> Não fossem elas mulheres!

Enquanto isso, as revistas femininas iam adquirindo contornos mais industrializados, obedecendo a metas empresariais. A primeira revista de fotonovela, no Brasil, é de 1951: *Encanto*, da Artes Gráficas do Brasil, de São Paulo. *Grande Hotel*, da Vecchi, existia desde 1947, mas com romances em quadrinhos desenhados; a partir de 1951 passou a publicar capítulos de fotonovela. Um ano depois, em 18 de junho de 1952, acontece o lançamento de *Capricho*, da nascente Editora Abril, que até então editava basicamente quadrinhos de Walt Disney. *Capricho* foi precedida de grande campanha publicitária a cargo da J. J. Walter Thompson, com *jingles* em rádios e anúncios de página inteira em veículos de grande popularidade, como era o caso de *O Cruzeiro*. Estava iniciada uma nova fase no mercado editorial feminino no Brasil. A tiragem crescente ilustra a potencialidade do público que começava a ser conquistado com recursos outros (utilização de vários meios de comunicação) além da qualidade ou não do produto. O primeiro número de *Capricho*, que era de tamanho pequeno (14 × 19 cm), vendeu cerca de 26 mil exemplares, quando a tiragem era 90 mil; na capa havia a foto de uma moça sorrindo e, ao lado, um rapaz de costas. O texto: "Revista quinzenal feminina". Uma apaixonante cinenovela completa: "Volta para o amor". Esse também foi um dos trunfos da nova revista: apresentar histórias completas, quando as concorrentes se limitavam a publicar em capítulos. *Capricho* foi quinzenal até o número oito; depois aumentou de tamanho (20,5 × 27,5 cm) e mudou de periodicidade, tornando-se mensal. Do número nove em diante (parece que o tamanho influiu favoravelmente) passou a vender mais de 100 mil exemplares, atingindo no ano seguinte 240 mil. No final da década, a venda chegava a 500 mil exemplares, cifra que não é igualada hoje pela mesma revista, em virtude da diversificação do mercado. Esses resultados são expressivos, considerando-se que na década anterior nenhuma revista feminina ultrapassava 50 mil exemplares.

O Cruzeiro já havia atingido 500 mil de exemplares, feito nunca repetido por outra revista nacional. E, em 1952, encontra uma forte concorrente: em 26 de abril a Bloch lança *Manchete*, revista ilustrada de caráter mais moderno, que incorporava inovações gráficas, inclusive com mais páginas coloridas, sempre em papel de qualidade, com um bom corpo de redação e de colaboradores, excelentes fotógrafos, ilustradores e diagramadores.

O diretor de redação era Henrique Pongetti. Nesse primeiro número, de 42 páginas (capa em cores – uma bailarina próxima de uma carruagem; texto – Inês Litowski queria viver nesse tempo), uma crônica de Carlos Drummond de Andrade; um conto de Cyro dos Anjos; outro de Giovanni Papini; "A verdadeira história amorosa de Ingrid Bergman", início de uma série comprada da *Look* americana; e, entre outras, uma reportagem com Pietro B. Bardi, além de uma mais fotográfica (de Jean Manzon), sobre a Câmara dos Deputados, com instantâneos engraçados, acompanhados de legendas irônicas. O elemento fotográfico da revista é bastante explorado, com uma boa dose de criatividade, compondo "frases", acrescentando conotações; a imagem deixa de ser mera ilustração.

Paralelamente ao aparecimento de revistas ilustradas e femininas mais modernas, ia se formando uma galeria numerosa de ídolos nacionais, favorecidos pela difusão por meio do rádio e da tevê, que iniciava sua progressiva penetração. Na década anterior, ainda predominavam os artistas de Hollywood, e havia meia dúzia de estrelas brasileiras. Apesar de ter continuado em 1950, a mitologia estrangeira começou a abrir alguns espaços para os nativos. Outro fator que ajudou a formar ídolos foi o colunismo social, gênero jornalístico que floresceu como nunca nessa época de crescimento econômico.

A era juscelinista, com toda a euforia do desenvolvimento, estava nas páginas de *Manchete*, que atendia à ideologia de otimismo da burguesia ascendente. O texto de apresentação da revista confirma isso:

> [...] Em todos os números daremos páginas a cores – e faremos o possível para que essas cores se ponham sistematicamente a serviço da beleza do Brasil e das manifestações do seu progresso. O Brasil cresceu muito, suas mil faces reclamam muitas revistas, como a nossa, para espelhá-las. *Manchete* será o espelho escrupuloso das suas faces positivas, assim como do mundo trepidante em que vivemos e da hora assombrosa que atravessamos. (1952, p. 3)

Os meios de comunicação, de uma maneira geral, refletiam esse espírito progressista mais de superfície. A televisão já sedimentara algumas estrelas quando, em 1958, a Bloch lançou *Sétimo Céu*, uma revista de fotonovela que tem algumas características mais "nacionais" e usa do prestígio dos novos ídolos. Era o embrião do jornalismo de televisão, que também aparecia em outros tímidos empreendimentos que publicavam a programação semanal da tevê. Em 1959, surge a primeira revista brasileira dedicada inteiramente à moda: *Manequim*. Trazia moldes e visava um público especializado: costureiras e mulheres que costuravam em casa. A pioneira *Manequim* desempenhou um papel muito importante no desenvolvimento da indústria de confecção.

Texto/análise

TEXTO: "Mulher multíplice, mas..." (assinado por Magali Galvão)
VEÍCULO: *Capricho*, São Paulo: Abril, ano VI, n. 62, abr. 1957, p. 3.

Logo na primeira página depois da capa, abaixo do logotipo: "Capricho – A revista da mulher moderna". Este texto ("crônica do mês por Magali Galvão") destaca-se entre os demais. No restante da publicação, vários contos, a fotonovela, horóscopo, teste, conselhos de beleza, moda, artistas de cinema etc. A parte redacional é dividida em pequenas matérias, de modo que o texto "Mulher multíplice, mas..." que abre a revista, além de ressaltar a autora, é um dos mais longos e escapa um pouco ao tom de conselhos utilitários espalhados aqui e ali. Além disso, provavelmente é um dos únicos que tenha sido escrito no Brasil (embora não possamos afirmar com certeza absoluta que a "crônica" – se for crônica – seja produto nacional; muitos textos publicados na revista eram adaptações de estrangeiros).

Duas mulheres conversam. As duas muito bonitas. Já temos um estereótipo, proposto como se fosse o natural das mulheres: a beleza. Na mais nova, o mito é acrescido do culto à juventude, outro elemento que vai começar a se firmar nesta década: "Uma, muito jovem, deliciosa com seus 18 anos apenas" (só que hoje 18 anos não seria muito jovem). A outra, 30 anos, "encantadora também, com uma beleza calma que se adquire através da vida".

Mulher, mesmo um pouco mais velha, "tem de ser" encantadora. Não se mencionam filhos, embora se trate de uma beleza adquirida com a vivência – uma beleza a mais além da natural. De qualquer modo, a beleza aparece como atributo necessário.

A mais velha, com sua experiência, dá conselhos à jovem, sobre a melhor maneira de conservar o interesse do namorado até levá-lo ao casamento. Isto é, a técnica da conquista (mesmo que não seja um simples truque para se aproximar de um rapaz, é um jeito – mais duradouro – de conquistar um homem). Os conselhos são concretizados em exemplos que ela teria vivido. Nesses exemplos, entram dados de realidade para torná-los mais verossímeis. Assim, por causa de Pedro, ela tornou-se existencialista: "Deixei crescer os cabelos de maneira bastante... desordenada (era necessário, para estar na 'linha'), usei esquisitos blusões negros e calças, negras também, muito justas".

CAPRICHO

a revista da mulher moderna

ANO VI — N.º 62
ABRIL DE 1957

Crônica do mês

por

MAGALI GALVÃO

MULHER MULTÍPLICE, MAS...

Duas mulheres, muito bonitas, mas bem diferentes. Uma, muito jovem, deliciosa com seus dezoito anos apenas. A outra, trinta anos talvez, encantadora também, com uma beleza calma que se adquire através da vida.

A primeira escuta avidamente a outra que fala:

— Eu tinha a sua idade quando conheci Pedro. O existencialismo, então, estava em seu apogeu e êle era um de seus férvidos adeptos. Tornei-me, também, pelo menos exteriormente, existencialista. Deixei crescer os cabelos de maneira bastante... desordenada (era necessário, para estar na "linha"), usei esquisitos blusões negros e calças, negras também, muito justas. Enfim, estava realmente na "linha", mas, Pedro, desapareceu de minha vida.

Abandonei, então, o existencialismo, para interessar-me, com fervor, pela mecânica. Sim, Horácio era mecânico passava os dias a montar e desmontar motores. A fim de demonstrar-lhe minha simpatia, hum... minha compreensão, passei horas a estudar manuais de mecânica e logo deixei Horácio pálido de admiração diante de minha sabedoria mecânica, mas, um dia, êle foi transferido para outra oficina mecânica e... não o vi mais.

Meu interêsse, então, voltou-se para a poesia. Valério era um poeta. Para agradá-lo, tornei-me insuperável em tudo que se referia à poesia. Camões, Castro Alves, enfim, todos os poetas não tiveram mais segredos para mim. Mas, um dia, êle começou a dirigir olhares doces a uma japonêsa que vendia frutas. Entre tôdas as outras coisas que me disse, para justificar a separação, esta me deixou gelada: "A japonêsa, bem, não conhece poetas, mas gosta das poesias que faço e acho que isso é o suficiente".

Jorge era contador. Sempre detestei os números, mas a fim de demonstrar-lhe o quanto eu... o apreciava, desvendei logo todos os mistérios da contabilidade e... mas, tudo acabou em nada. Como os outros, Jorge sumiu de minha vida.

Depois dêle, tive ainda vários namorados, mas sempre acabou do mesmo modo. Eu não entendia a razão. Mostrava-me diligente, interessada no trabalho ou nas aspirações de cada um..., O tempo passava e era sempre a mesma coisa.

Mas, foi justamente quando desesperei de encontrar o amor, o verdadeiro, o belo amor que procurava há tanto tempo, que... Bem, quando conheci Carlos logo me senti atraída por êle. Era inteligente, instruído, mundano e... Mas, decepcionada pelas experiências anteriores, decidi não me apaixonar por Carlos. Êle disse que desejava voltar a ver-me. Aceitei, recomendando a mim mesma para não criar ilusões... Mas, justamente por isso, alguns meses mais tarde, Carlos pedia-me em casamento. Não podia viver sem mim e disse-me:

— O que mais me atraiu em você foi a sua compreensão. Sabe estar à altura de qualquer situação, mas sempre discretamente e reparei que não se vangloria de seu saber... Ah, as mulheres que tudo sabem!... que se metem em discussões desenfreadas.

Então, compreendi o quanto havia sido pouco psicóloga durante tanto tempo. Pedro, Horácio, Valério, Jorge e os outros, que queriam êles? Uma mulher que os compreendesse, mas não um cérebro eletrônico que soubesse mais ou menos o que eu havia sido para êles. Mas com Carlos, eu havia tido a chance e a intuição de ser realmente como eu era. Quer dizer, eu mesma...

A mulher calou-se e a morinha perguntou, ansiosa:

— Então? Que devo fazer para conquistá-lo... para fazer com que êle seja meu para sempre?

— Bem, tire conclusões de minha história... Seja você mesma, agora e sempre. Demonstre-se sempre interessada no trabalho dêle e ajude-o, se quiser, mas sempre com... dose e tato. Êste é o segrêdo: ser uma mulher multíplice, mas ao mesmo tempo, ser você mesma.

★

O uso de expressões como "desordenada" e "esquisitos" mostra uma conotação negativa em relação a movimento de vanguarda, ou melhor, no que diz respeito a "inovações".

Depois, passou a interessar-se pela mecânica, por causa de Horácio. E veio um poeta, e ela voltou-se para a poesia, tornando-se insuperável, para agradá-lo. Só que os protótipos de poesia, em plena década de 1950 e depois de se ter referido ao existencialismo, são Camões e Castro Alves... Mas um dia o tal poeta "começou a dirigir olhares doces a uma japonesa que vendia frutas".

Aí, um detalhe interessante: a menção à japonesa mostra a presença do imigrante em nosso meio. É uma simples especificação de nacionalidade que revela, no entanto, o elemento novo que fazia parte da sociedade – principalmente em São Paulo, onde o número de descendentes de japoneses é elevado, não se podendo falar em composição social sem mencioná-los. Um evento como esse permite um relacionamento do texto com a realidade; mas, infelizmente, é absolutamente excepcional, pois a imprensa feminina brasileira mal toca em outras raças, apesar de sua presença em nosso meio e mesmo entre suas leitoras. A oriental, a negra não são referidas nos jornais e revistas dedicados à mulher. O modelo subjacente em todos os textos é a europeia, branca.

Os namorados foram se seguindo, ela se interessava pelo que cada um fazia e sempre acabava sozinha. De qualquer modo, a personagem principal já mudara de personalidade várias vezes, sempre "por causa" de um homem. Tudo isso para atingir o mito principal das revistas de fotonovela: "Encontrar o amor, o verdadeiro, o belo amor que procurava há tanto tempo [...]".

Buscar o "amor verdadeiro" é o objetivo máximo, a única finalidade apontada como válida para a vida da mulher.

Enquanto for moça (e mesmo que já não seja), ela deve ser bonita, agradável, andar na moda, enfim, tudo que for necessário para arranjar marido. A atividade mais importante é, logicamente, conquistar. As revistas de fotonovela, ou melhor, as revistas que exploram o amor romântico sob a forma de tema dominante, fornecem inúmeras receitas de conquista. Nota-se que o "amor verdadeiro" ainda é encarado, aqui, como realizável apenas por meio do casamento. Mais tarde, vai se falar mais em amor do que em casamento; mas nesta época, encontrar o amor significava casar-se.

Tanto que a mocinha pergunta: "Que devo fazer para conquistá-lo... para fazer que ele seja meu para sempre?"

O uso de "meu" é bastante sintomático: amar significa ser dono do outro. Fazer a felicidade depender exclusivamente do amor é a ideologia central desse tipo de revista, o que parece um pouco incoerente com o seu papel na integração urbana de suas leitoras. A temática das fotonovelas inclui a mulher que trabalha (embora seja mais um pretexto para identificação com o público do que discutir relações sociais) e uma série de vivências urbanas. Mas não apenas detalhes girando em torno do grande tema unificador, que é o amor. Um amor que só acentua a consciência mágica (usando mais uma vez a terminologia de Paulo Freire): se a mulher conseguir o amor, todos os seus problemas estarão resolvidos. Então, ao mesmo tempo que põe a mulher que veio do interior em contato com a cidade – um princípio de integração –, ajuda esse processo com o bálsamo do imaginário. A vida urbana é dura, mas por meio das histórias de amor a leitora se engana, se anestesia e esquece as contradições da sociedade em que vive.

A fotonovela desperta para uma realidade urbana, que, no entanto, só é tratada na superfície. Do mesmo jeito que aparece a mulher trabalhadora, também fica sempre a ideia que a felicidade suprema se realiza no lar, com o marido e os filhos. A mulher é chamada para trabalhar fora; mas é chamada com mais força ainda para ficar em casa. Resumindo: por trás de toda a apologia do amor, o que sobra é um conformismo alimentado por milhares de histórias construídas exatamente dentro do mesmo esquema.

E o texto analisado só reforça o conteúdo da fotonovela e do restante da revista. Com efeito, a mulher deve até mudar de personalidade – ainda que no final haja um apelo: seja você mesma – para arranjar namorado. E no fundo, a busca da própria identidade só tem um motivo: a conquista. Não é o desenvolvimento da mulher como ser humano; não, sendo ela mesma, será mais fácil prender um homem. Resultado: a mulher precisa adaptar-se de algum modo – não é a criatividade pessoal que se requer. Vários são os momentos em que se induz à moderação:

— O que mais me atraiu em você foi a sua compreensão. Sabe estar à altura de qualquer situação, mas sempre discretamente, e reparei que não se vangloria de seu saber... Ah, as mulheres que tudo sabem!... que se metem em discussões desenfreadas.

Seja você mesma, agora e sempre. Demonstre-se sempre interessada no trabalho dele e ajude-o, se quiser, mas sempre com... dose e tato.

Até a psicologia – não se podia deixar de lado a pitada psicológica – é invocada: "Havia sido pouco psicóloga durante tanto tempo. [...] que queriam eles? Uma mulher que os compreendesse, mas não um cérebro eletrônico, e era mais ou menos o que eu havia sido para eles".

Pois bem, a perspectiva do querer é sempre dos homens: eles querem tal tipo de mulher. Só que não se percorre o caminho inverso: jamais o texto indaga o que as mulheres esperam dos homens (além do amor, é claro). A personagem pergunta: O que eles queriam dela? Mas não se questiona: O que ela queria deles? A expectativa vista de um só lado é, no mínimo, incompleta. A mulher se vê por meio de outros olhos que não os seus. E a frase final sacramenta essa atitude, na medida em que coloca ser-você-mesma como um "segredo" para conseguir o amor. Ser você mesma não é um processo pessoal; é um artifício para se obter a felicidade a dois. Realmente, como está no título – "Mulher multíplice, mas..." – a mulher pode ser multíplice, só que tem o "mas". O "mas" é ser você mesma, num plano bem genérico e sempre em função de algo. Não é ser, mas "ser para" ter felicidade.

A DONA DE CASA INSATISFEITA

Contexto: Década de 1960

Já entramos na história mais próxima, que não se encontra com frequência em livros, mas ainda está disponível na memória. A mulher já havia sido introduzida na sociedade de consumo. As revistas femininas traziam cada vez mais anúncios, a atestar a capacidade compradora de seu público. Mais páginas a cores, mais "reportagens" de moda, matérias ensinando a comprar melhor eletrodomésticos etc.: o projeto editorial de cada veículo dirigido às mulheres tem em vista o consumo, em primeiro lugar. Contos, culinária, psicologia, conselhos de beleza não são escolhidos por si; tudo que vai dentro de uma revista está diretamente ligado ao produto (moda e maquiagem, por exemplo) ou serve de atrativo para que a revista seja comprada e com isso divulgue a publicidade nela contida. O conteúdo é, portanto, instrumental: serve a objetivos empresariais bem delimitados.

Na grande imprensa, temos a reforma do *Jornal do Brasil*, que começou a utilizar mais a pesquisa na elaboração de matérias, resultando em padrões jornalísticos mais modernos, com uma quantidade maior de informações. O conceito de reportagem foi ampliado e aprofundado; trabalhava-se mais em equipe; realizavam-se seminários e debates internos para aprimorar a feitura das matérias. A empresa lançou em 1967 os *Cadernos de Jornalismo e Comunicação*, com textos críticos e informativos sobre comunicação. Revista destinada a profissionais e pesquisadores da área, foi uma experiência pioneira no campo. Na metade da década (4 de janeiro de 1966), em São Paulo, surge o *Jornal da Tarde*, vespertino da empresa *O Estado de S. Paulo*, que viria inovar também o conteúdo, mas principalmente os padrões gráficos no uso de imagens e títulos. Dirigido por Mino Carta e Murilo Felisberto, foi o primeiro jornal a ter editor de fotografia – Milton Ferraz.

Nessa década parece ainda a grande revista brasileira de reportagem, jamais igualada por nenhuma outra: *Realidade*, da Editora Abril, em 1966. Com uma equipe extraordinária de jornalistas e fotógrafos, que produziam reportagens pesquisadas quase sempre durante meses e nas mais diferentes localidades do Brasil e do mundo, constitui-se uma experiência única, em que se levou o gênero "grande reportagem" às últimas consequências, ultrapassando logo os 400 mil exemplares mensais. E então, o n. 10, de janeiro de 1967, inteiramente sobre a mulher brasileira, trabalho jornalístico de fôlego, foi apreendido em nome da "moral e dos bons costumes". Também, já íamos chegando a três anos de regime militar.

Realidade n. 10 pretendia traçar um panorama da mulher brasileira. Assim, apresentava: "A mulher brasileira, hoje", uma pesquisa feita em todo o Brasil, com 1.200 entrevistas, para saber a situação da mulher; "A indiscutível nunca proclamada (e terrível) superioridade da mulher" – texto sobre as qualidades femininas; "Ela é assim" – a biologia da mulher; "O amor mais amor" – ensaio fotográfico sobre o amor materno; "A bênção, Sá Vigária" – reportagem sobre a experiência pioneira de uma freira que dirigia paróquia; "Nasceu!" – a narrativa, em texto e foto, de um parto realizado por uma parteira veterana, no interior do Rio Grande do Sul; "Esta mulher é livre" – reportagem com Ítala Nandi, "uma moça de 24 anos que não tem medo de dizer a verdade sobre amor e sexo no Brasil"; "Consultório sentimental" – matéria crítica escrita por Carmen da Silva, responsável por "A arte de ser mulher" da revista *Claudia* (Carmen diz que a maioria dos consultórios sentimentais são de otimismo cego e um rançoso convencionalismo; e que ela, na *Claudia*, vinha tentando substituir o consultório sentimental pelo consultório de orientação psicológica).

Essa edição especial trazia ainda: "Minha gente é de santo" – reportagem com a mãe de santo Olga de Ala-Kêtu; "Três histórias de desquite"; "Dona Berta, o diretor" – reportagem sobre a mulher dona de indústria; e finalmente, "Sou mãe solteira e me orgulho disso" – depoimento de uma jovem estudante de Direito. Como vemos, são muitas as faces da mulher brasileira apresentadas na revista. Só que, no caso, trata-se de uma revista de caráter geral, e cujo forte é a reportagem. Já nas revistas femininas, e restrição do universo é menor. Ou é a mulher romântica, ou é a mulher mais ligada ao lar. Os temas apresentados nessa *Realidade* quase nunca surgiam nas páginas da imprensa feminina.

A revista *Claudia*, também da Editora Abril, representa o espírito da década em relação à mulher. O alvo principal de uma revista que tem por trás o consumo emergente nas cidades só podia ser a mulher de classe média urbana (geralmente casada), que tem mais poder aquisitivo para comprar os bens anunciados em suas páginas. Além dos assuntos tradicionais, moda (às vezes com modelos brasileiros fotografados em outros países, em edições especiais, como a desse n. 24, em que a moda brasileira foi fotografada na Itália), beleza, culinária, decoração; a sofisticação da vida exige uma variedade maior de seções, que vão de consultas jurídicas a cuidados com o cachorro, passando por reportagens sobre assuntos de saúde, contos, orçamento doméstico e assim por diante. No início, suas capas eram rostos de mulher desenhados iguais às da *Claudia* editada pela Abril argentina, que aliás tinha assuntos e diagramação semelhantes. Coincidentemente ou não, Carmen da Silva, doutrinadora psicológica que teria longa (22 anos) e marcante influência em suas leitoras, aparece nas páginas de *Claudia* em setembro de 1963 (n. 24), quando a capa deixa de ser desenho para ser uma foto de duas manequins (depois, quase sempre, a foto é de uma só mulher).

Apresentada como jornalista e escritora, Carmen, com artigos fundamentados em psicologia, vai adquirir bastante reputação entre suas leitoras, tornando-se a "pensadora" feminina (no que diz respeito a revistas de comunicação de massa) que mais influência teve. Seu primeiro texto tem um título muito pertinente à temática que ela desenvolveu ao longo dos anos: "A protagonista". Partindo da identificação com uma personagem teatral, em que participamos "da intensidade de uma vida que não é nossa", voltamos (as mulheres) ao "quotidiano opaco".

A autora insiste que a mulher deve protagonizar a própria vida, que ela deve deixar de ser "vivida pela vida". Em suma, Carmen da Silva pede um comportamento mais ativo: "Abramos a mente aos estímulos que a vida está constantemente oferecendo, aceitemos os desafios de cada dia, sacudamos as traças e as teias de aranha que podem ter-se alojado sub-repticiamente em nossa inteligência" (*Claudia*, n. 24, set. 1963, p. 112).

Dezesseis anos depois, em dezembro de 1979, ao fazer uma análise de seu trabalho em "A arte de ser mulher", Carmen da Silva diz que essa primeira fase foi a fase do despertador, pois a ideia dominante era: "Acorda, Bela Adormecida, levanta-te e anda", para sacudir as mulheres "que ainda viviam mergulhadas numa espécie de sonho vegetal" (*Claudia*, n. 210, 1979, p. 311, 313 e 315). Depois, seguiram-se, segundo ela, a fase em que a mulher passou a interrogar-se; a fase de denúncia das injustiças e discriminações e finalmente, a fase de descoberta de que a "mulher é uma criatura maravilhosa" (*ibidem*).

Voltando ao n. 24 da *Claudia*, de setembro de 1963 (p. 41-4), há uma reportagem sobre a "Garota zona sul" que dá alguns contornos da juventude, contribuindo ao mesmo tempo para a mitificação que já existia em torno da mulher carioca e que se acentuaria nessa década. Tanto que, a um dado momento, zona sul é abreviada para ZS – quase um rótulo ou uma marca registrada: "menina típica da ZS". Vejamos:

> Estão ligadas por uma rebelião contra as coisas estabelecidas, mas sua maneira de externá-la e mesmo de pressentir essa rebelião é muito variável. Ela pode ser identificada por fumar ou não fumar, por ser intransigente ou não em matéria de sexo, por preferir *jazz* ou Vivaldi, por abandonar os estudos ou ser aluna excepcional, por ser politicamente participante ou detestar política, por usar biquini ou nunca ir à praia. Em todos os casos ela é radical e sempre contraditória.

São características apontadas como de vanguarda: "São as pioneiras, que amanhã serão imitadas", enfim, modelos propostos às outras brasileiras que não moravam em Copacabana. Apesar de eminentemente conservadores, os órgãos de comunicação de massa difundem novos padrões de vez em quando, ainda mais se eles valem como notícia.

Surgem veículos especializados, como *Quatro Rodas* (1960), sobre automóveis e turismo, aproveitando o crescimento da imprensa automobilística. Próximo ao final da década, a Editora Abril lança *Veja* (1968), revista semanal de informação, depois de meses de treinamento de uma equipe que incluía, além de jornalistas, profissionais de outras áreas. O modelo era estrangeiro – *L'Express*, *Newsweek* e *Der Spiegel* – e configurava uma espécie de jornalismo interpretativo que estava substituindo as grandes revistas ilustradas como *Life* e *Look*, abaladas pela concorrência da televisão. O fascículo, alternativa editorial entre a revista e o livro, alcançou muito sucesso em seu lançamento ("A Bíblia mais bela do mundo", da Editora Abril), criando um mercado novo e altamente promissor, vendendo em partes os mais diversos assuntos, de cozinha a medicina.

A tevê continua sua avassaladora penetração, tornando-se o tipo de lazer mais consumido pela grande maioria da população brasileira. É a época do auge das revistas especializadas em programas e astros da tevê, como *Intervalo*, da Editora Abril, que se aproveitou muito do fenômeno "jovem guarda", em parte fabricado pela publicidade e exacerbado por imprensa e meios eletrônicos.

Nos anos 1960 temos ainda o aparecimento de *O Pasquim* (1969), tabloide carioca humorístico e crítico, mais um produto da vanguarda pensante da "zona sul", primeiro veículo da chamada imprensa alternativa, que cavaria brechas nesses tempos de opressão, ao mesmo tempo que inovaria a linguagem jornalística.

Texto/análise

Texto: "Uma pequena rainha triste", da série "A arte de ser mulher", de Carmen da Silva
Veículo: *Claudia*, n. 26, São Paulo: Abril, nov. 1963, p. 124-8.

O texto se inicia numa pequena coluna sobreposta a uma foto "sangrada" (imagem que ocupa todo o espaço da página, sem deixar bordas) em duas páginas, de uma mulher com o rosto semicoberto por roupas no varal, e com uma expressão insatisfeita. A imagem é do grande fotógrafo Otto Stupakoff. O título, "Uma pequena rainha triste", em cima do lençol e bem perto do rosto dela, conota de imediato um contraste: a metáfora do título é visualmente completada pela imagem. Como alguém pode ser rainha pendurando roupas no varal? Rainha pressupõe poder, ser dona. Mas a mulher é dona de quê? Nem de si própria, dirá o texto, que se desenvolve na dialética da condição rainha/não rainha.

Com efeito, desde o início, temos essa imagem, com base em uma cena do *Pequeno Príncipe*, em que havia um asteroide habitado unicamente pelo rei, que limitava-se a caminhar ao redor de seu trono. E era um rei triste. A comparação segue-se de modo explícito: a sociedade outorga à mulher o título de rainha do lar.

"Não será ela também uma rainha triste?" E a conclusão: "é uma rainha insatisfeita, embora dificilmente o confesse, mesmo a si própria".

> O Pequeno Príncipe, delicioso personagem de Saint-Exupéry, conta que numa de suas viagens através dos mundos, chegou a um pequeno asteróide habitado ùnicamente pelo rei. Árbitro supremo, senhor de tôdas as coisas dentro de seu reino. Mas seu reino era tão diminuto que, em realidade, êle não reinava sôbre nada; limitava-se a ficar sentado ou caminhar em círculos em redor de seu trono. Era um rei triste, observa o Pequeno Príncipe. Nossa sociedade outorga à mulher, espôsa e mãe, o título de rainha do lar. Árbitro e senhora de seu diminuto universo. Mas... não será ela também uma rainha triste? / segue

Ora, que rainha é essa?

É uma rainha que vive se queixando. As diferenças econômicas mudam a forma, mas os queixumes continuam: umas falam dos empregados, outras consideram-se mártires do fogão e "etcs." caseiros. A autora descreverá as características dessas mulheres, todas da classe média. A primeira seria uma série de males físicos, como dor de cabeça, má digestão, esgotamento nervoso, insônia e assim por diante; curado um, logo surge outro. O segundo é a atitude conservadora; e

A ARTE DE SER MULHER

(continuação da pág. 125)

Sem dúvida o é; ou melhor, é uma rainha insatisfeita, embora dificilmente o confesse, mesmo a si própria. Mas uma infinidade de indícios delata essa insatisfação. A rainha do lar queixa-se constantemente das crianças, das empregadas, da modista, da falta de tempo, da monotonia ou da multiplicidade de suas tarefas. Transforma em tragédia os miúdos inconvenientes da vida diária: o enguiço do televisor, uma nódoa no tapete, um bibelô solado. Combate com desesperada sanha cada ruguinha incipiente e muitas vezes chora diante do espelho ou contemplando antigas fotografias. Suas distrações têm um matiz de intensidade compulsiva: o cinema, o jantar com esticada, o biriba, os chás, tornam-se outros tantos deveres a cumprir. Ou então renuncia totalmente a distrair-se: um dia alega cansaço, no outro está indisposta, no terceiro "não tem nada para vestir", e assim vai se fechando cada vez mais entre suas quatro paredes.

As diferenças econômicas modificam a forma, mas não o tom dos queixumes: enquanto umas se sentem vítimas da negligência das empregadas, outras se consideram mártires do fogão, das fraldas, do espanador.

As donas-de-casa de qualquer escala econômica dentro da classe média apresentam, com raríssimas exceções, três características comuns. A primeira, e talvez a mais chamativa, consiste numa ampla variedade de sintomas físicos. Costumam sofrer tôda a sorte de disfunções: dor de cabeça, lumbago, má digestão, insônia, esgotamento nervoso, crises hepáticas, transtornos ovários. Se o tratamento elimina um desses males, logo surge outro. Não é que sejam doentes; às vêzes são até notavelmente sadias. Mas seu estado normal, para desconcêrto dos médicos e preocupação dos seus, é a "doença da saúde".

A segunda refere-se à sua atitude ante o mundo. Essas mulheres são invariavelmente conservadoras. Não se trata de aferrarem-se aliás meritório — de preservar certos valores essenciais, mas sim da ojeriza a tôda novidade: hábitos, descobertas, teorias, formas, conceitos. Um filme, um quadro, um livro tècnicamente audaz ou estèticamente imprevisto, é "droga"; cânones morais ou artísticos com menos de cinquenta anos de vigência, são "dissolventes"; e uma alteração no horário escolar das crianças assume contornos de drama. Detestam as pessoas originais, o ponto de vista inesperado, e podem chegar a ser bastante cruéis com outras mulheres, talvez moralmente irrepreocháveis mas, de algum modo, diferentes de seu "figurino".

A terceira característica é a tendência a idealizar um mítico destino que deveriam ter tido. Sentem as donas-de-casa que estavam fadadas a importantes realizações, irremediàvelmente frustradas pela existência que lhes tocou em sorte. Ao casar, ter filhos, assumir a responsabilidade de um lar, perderam a grande oportunidade de suas vidas. Às vêzes devaneiam, modificam na sua fantasia o curso dos acontecimentos, entregando-se a uma doce tortura, uma espécie de saudade às avessas, consoladora e melancólica.

E com tôda essa insatisfação acumulada dentro de si, adoram seus filhos, amam seus maridos com amor ciumento, exigente e possessivo; afirmam que a maior glória da mulher é reinar num lar e se declaram felizes — felicíssimas, graças a Deus.

ONDE ESTÁ A INCONSISTÊNCIA?

Ninguém admite que ser um bom espôso e bom pai é "carreira" para um homem. Dêle esperam-se realizações pessoais, objetivos vitais bem definidos. Para a mulher — um ser determinado pelas mesmas necessidades essenciais que impulsionam o homem — crê-se que a escritora norte-americana Betty Friedman chama a "mística feminina", isto é, um conceito da feminilidade que entra em conflito com as mais legítimas exigências anímicas do ser humano normal. A mulher deve ser terna, paciente, meiga, um pouco incapaz ante a vida prática, dependente, com certo matiz de puerilidade...

Sem dúvida, ternura, meiguice, paciência são qualidades positivas. Mas de nenhum modo constituem prerrogativas femininas; que mulher não desejaria encontrá-las em seu marido? Quando muito, pode diferir nos dois sexos o modo de externá-las: Margaret Mead, psicanalista e antropóloga (e dona-de-casa, também), que conviveu com várias tribos primitivas para estudar seus hábitos, chegou à conclusão de que tais diferenças se devem em grande parte a fatôres culturais — isto é, o esquema social dado — e só em menor proporção obedecem a razões biológicas. Entre os índios Arapesh são os homens que têm direito de manifestar doçura e até piguice; as mulheres devem esconder seus sentimentos sob pena de parecerem viris.

Incapacidade, dependência, puerilidade... serão deveras inerentes à condição feminina? Com um mínimo de honestidade, responderíamos: não. São características infantis; num adulto só revelam falta de maturidade.

Mas — alegar-se-á — as mulheres podem muito bem levar a vida assim; e é dessas que os homens gostam.

Vamos por partes. Se as mulheres que assumiram a "mística feminina" — as rainhas do lar — sentem-se insatisfeitas no estreito âmbito de seu reino, isto quer dizer que *não podem levar a vida assim*. E se os homens gostam delas *apesar* de sua imaturidade, não as amariam e respeitariam mais se elas fôssem realmente adultas? Não é verdade que, embora gostando delas, os homens as enganam com assombrosa frequência e leviandade? Não é verdade que nas reuniões os homens procuram outros homens para conversar em nível adulto? Não é verdade que a

(conclui na pág. 128)

Já experimentou Fetuccini com Margarina Saúde?

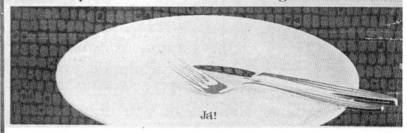

Já!

O Fetuccini tornou famoso o restaurante "Alfredo", de Roma. E V. pode também preparar um Fetuccini — que a tornará a cozinheira mais famosa na família! Por que? Porque o segrêdo está na quantidade de Margarina Saúde a usar para tornar suculento êste prato! E Margarina Saúde permite que V. use a quantidade que quiser, com bastante liberdade, porque é mais econômica! Puríssima, dourada, Margarina Saúde torna todo prato mais apetitoso! É por isso que dizem que "tôda coisa boa tem Saúde"!

FETUCCINI À ROMANA — 500 gr. FETUCCINI fresco, MÔLHO - 200 gr. de MARGARINA SAÚDE, 150 gr. de presunto picadinho, algumas gôtas de môlho inglês, pimenta do reino, 1 cálice de vinho branco sêco (pequeno), sal, salsa picada, 2 colheres (sopa) de queijo parmezão ralado, 250 gr. de creme de leite sem bater. Cozinhe o FETUCCINI durante 3 minutos, em bastante água fervendo com um pouco de sal. Enquanto isso, refogue rapidamente o presunto num pouquinho de MARGARINA SAÚDE. Acrescente o môlho inglês, a pimenta, o vinho, a salsa e o sal. Fora do fogo junte o resto da MARGARINA SAÚDE e o queijo, mexendo bem. Escorra o macarrão, junte o creme ao môlho. Misture êste ao macarrão e sirva imediatamente numa travessa prèviamente aquecida.

Um produto **ANDERSON CLAYTON**

A ARTE DE SER MULHER

149

(conclusão da pág. 127)

maioria das donas-de-casa não tem com seus maridos uma autêntica e profunda comunicação de pessoa a pessoa, além dos acanhados limites do miúdo acontecer quotidiano?

Suponho que a esta altura as leitoras começam a perguntar, talvez com indignação: será que estou querendo dizer que ser dona-de-casa é ser imatura?

O PROCESSO DE CRESCIMENTO

O drama metapsíquico do ser humano é a coexistência, em sua natureza, de impulsos instintivos opostos. Entramos na vida trazendo já a semente da morte. Amamos e odiamos. Somos egoístas e altruístas, nobres e vis, morais e amorais, mansos e ferozes. Queremos ser adultos e continuar sendo crianças. Tudo isso simultâneamente; as manifestações externas podem ser sucessivas, mas lá por dentro tudo ocorre ao mesmo tempo. A bipolaridade da condição humana e a maior fonte de conflitos de equilíbrio e adaptação. Mas não adianta lamentar um fato incontornável; há que aceitá-lo e procurar soluções a partir dêle.

O processo de educação, de maturação, consiste, de um lado, em fortalecer os impulsos positivos e dar-lhes o máximo de expressão; de outro, em mitigar os impulsos negativos ou regressivos e bitolar suas manifestações, de modo a pràticamente neutralizar seus efeitos adversos. Convém acrescentar que alguns milênios de civilização criaram um paulatino condicionamento que facilita a tarefa.

Crescer, atingir a plenitude humana — ser livre, responsável, ativo, maduro — é um impulso instintivo básico. Sua contrapartida negativa, no adulto normal, canaliza-se através da atividade lúdica ocasional: jogar, dançar, praticar certos desportos, dizer disparates por gôsto, fazer brincadeiras. Se, porém, a tendência regressiva predomina sôbre a outra, temos os adultos que fogem às suas responsabilidades, delegam as decisões e opções fundamentais, limitam-se a executar tarefas rotineiras e que só exigem certo automatismo e, de um modo ou outro, furtam-se ao desempenho de seu papel no mundo. Poder-se-ia supor que se essas pessoas têm a sorte de encontrar em quem delegar e de quem depender melhor para elas e se acabou o problema. Mas não é assim: o impulso íntimo de crescer não pode ser contrariado impunemente: rebela-se, incomoda, causa tensão interna, insatisfação, angústia, mal-estar físico. Um adulto imaturo é, inevitàvelmente, um ser infeliz e inseguro, consciente de sua extrema penúria anímica.

A mulher que é por definição dona-de-casa e mãe de família (isto é, a mulher que é *apenas* isso) depende de seu marido e de seus filhos num grau que excede em muito a interdependência afetiva normal. Suas atividades estão totalmente em função dêles; se uma catástrofe a deixasse só, desapareceria sua razão de ser. É evidente, pois, que sua motivação existencial foi delegada a outrem. *Sem êsse homem, sem essas crianças, ela não existe, nada do que ela faz se justifica.*

Naturalmente, ela assume responsabilidades: ocupa-se da casa, da alimentação, do vestuário e da saúde dos seus. Essas responsabilidades, porém, não transcendem do nível meramente biológico, não a comprometem de modo profundo, não implicam em tomada de posição; em suma, não exigem dela muito mais do que o que as aves fazem pelos seus filhotes.

Pareceria que a educação dos filhos escapa ao rótulo de ocupação biológica. Assim seria no caso de uma genuína educação, isto é: preparar alguém para realizar-se em plenitude. Mas ninguém pode dar o que não tem. Se a mãe depende dos filhos, não lhes pode ensinar a serem independentes. Justificando-se através dêles, não está em condições de capacitá-los para

sinar a viverem por si mesmos. Essa mãe, quando muito, *disciplina* seus filhos, transmite-lhe normas de conduta e adaptação ao ambiente imediato. Reconhecendo-se ineficaz como educadora, tende a cair num dos dois extremos: o despotismo ou a excessiva indulgência; às vêzes oscila de um pólo a outro. Dificilmente seus filhos lhe confiam suas dúvidas e problemas; êles preferem abrir-se com pessoas que tenham uma visão mais ampla. Isto, além de evidenciar o fracasso pedagógico materno, contribui para o afrouxamento dos laços psicológicos.

Com seu marido, as coisas não são mais satisfatórias. O vínculo com êle é de dependência e não de afeto, entendimento, afinidade. A "senhora Fulano de Tal, de profissão dona-de-casa", carece de identidade própria, é reflexo de seu marido — no nome, na posição econômica e social, nas idéias, nos interêsses, nas decisões — e, portanto, só tem para dar-lhe cuidados materiais e sexo. O perfeito funcionamento de seu lar deve justificá-la não só ante o mundo mas também ante o marido. Daí sua enorme ansiedade doméstica e, muitas vêzes, inclusive, sua ineficiência, pois as tarefas realizadas em estado de tensão esgotam mas nem sempre dão resultados compensadores; quem não escutou o clássico: "A gente não pára um minuto e no fim do dia não fêz nada"?

Quanto ao sexo, o problema é ainda mais grave. Todos conhecemos a estrutura de convenções e preconceitos que rodeia a figura da rainha do lar. A espôsa legítima, a mãe de família não deve permitir "certas coisas" — isto é, deve policiar rìgidamente sua conduta sexual. No intuito de dar brilho e sublimidade ao seu papel doméstico, a própria mulher cingiu à cabeça um halo de santidade que lhe impede uma atitude sexual cálida, franca, espontânea e livre; ei-la agora prêsa em sua própria cilada.

Sentindo-se inexistente como pessoa e inibida como amante, a dona-de-casa vê com pânico o declínio de sua juventude: que lhe resta para oferecer ao marido se sua beleza se esvai? Começa, então — ou, na maioria dos casos, recrudesce — a obsessão das "sirigaitas" que andam por aí à cata dos homens alheios. Por essa época, outras "sirigaitas" se põem a rondar seus filhos, e a dona-de-casa de meia idade sente que seu mundo se derruba. Os famosos transtornos do climatério *não têm origem somática* (T. Benedeck M. Langer, K. Horney e outros); em geral, não passam de outras tantas manifestações de angústia, desespero, solidão.

A rainha do lar é, em realidade, sua escrava. Basta ouvi-la: queixa-se do trabalho (muitas vêzes feito pelas empregadas); queixa-se das empregadas (muitas vêzes excelentes); das visitas que lhe roubam tempo; da solidão quando não recebe visitas; da rotina que embrutece e dos imprevistos que alteram a rotina; reclama que vê pouco seu marido, mas a presença dêle em casa atrapalha suas ocupações; protesta que os filhos não lhe fazem companhia, mas dá graças a Deus quando êles saem deixando-a em paz. O trabalho dos outros sempre lhe parece leve, interessante e agradável em confronto com o seu; a vida dos demais se lhe afigura fácil e invejável. Em parte, tudo isso advém do reconhecimento íntimo de que desempenha no mundo uma tarefa secundária: precisa a todo preço exagerar a importância do que faz para sentir-se "redimida". Em parte, também, essas lamentações exprimem sua profunda insatisfação. A dona-de-casa *nunca está contente.*

E A SOLUÇÃO?

Quando alguém sente-se abafado numa peça fechada, abre as janelas. A mulher que se asfixia entre as quatro paredes de seu lar tem que abrir as ja-

dal de experiências e oferece mil possibilidades de auto-realização.

Mas êsse abrir-se ao mundo deve ser uma atitude total, sem reservas. Fazer trapaça não vale, não dá resultado. Muitas mulheres alegam que já empreenderam várias atividades interessantes sem que sua insatisfação se atenuasse. Vejamos quais são essas atividades. Estudar um idioma escolhido ao acaso. Fazer um curso de história da arte com um professor que está em moda. Aprender algo de pintura. Reunir-se com um grupo de senhoras que tôdas as quartas-feiras fazem tricô para as criancinhas pobres. Ir a uma série de conferências sôbre música.

Outras vão mais longe. Levadas, em geral, pela necessidade, tomam um emprêgo, ajudam o marido a sustentar a casa.

E nada disso basta. Um trabalho rotineiro justifica-se como fonte de renda, mas de nenhum modo modifica o panorama interior. Uma atividade esporádica, superficial, abordada com sentido de dilettantismo, não resgata a dona-de-casa do vazio interno em que se debate.

Para o pleno florescimento de sua personalidade, para uma completa maturação psíquica, ela precisa chegar a uma verdadeira participação no mundo, comprometer-se com o mundo. Não basta aprender pintura: há que se apaixonar pela pintura; pintar, expor, enfrentar a crítica como o fazem os demais pintores, expressar através da pintura sua visão do mundo, sua mensagem pessoal ao mundo. Em vez de fazer tricô para as crianças pobres, ela tem de empreender uma luta de projeção universal ou, pelo menos, nacional, para que não haja mais criancinhas pobres. Não basta ouvir uma série de conferências sôbre o teatro; se ela pretende que o teatro a salve, tem de se dedicar *profissionalmente* — como atriz, autora, cenarista, figurinista, ou o que a vocação lhe exigir. Mas profundamente, visceralmente.

Em outras palavras, não se trata de procurar distrações, mas sim de se lançar com absoluta seriedade e fervor no campo da arte, da ciência, da filosofia, da política, de qualquer atividade que a envolva na corrente universal. Enfrentar a competição, aceitar os riscos, afirmar-se nos êxitos, aprender das derrotas, assumir responsabilidades amplas, irrecusáveis. Com menos do que isto não se conformará seu íntimo anseio de crescer e realizar-se.

Prevejo as objeções. E o talento? Tôdas temos algum talento, seja para desenhar modêlos, seja para a puericultura, a mecânica, a arte floral, o violão, a astronomia, a oratória, a decoração, a matemática, a botânica — enfim, a lista é interminável. A vida de dona-de-casa geralmente não favorece êsses talentos, mas é preciso fazê-los desabrochar. Cultivá-los a fundo. Profissionalizá-los. Ser a "senhora Fulano de Tal", cantora, desenhista, deputada, física, lingüista. Nem mais nem menos que os outros cantores, desenhista. deputados etc. que há no mundo. Expondo-se e comprometendo-se como êles, recolhendo os mesmos desafios que êles recolhem. As habilidades reservadas para a família e os amigos, a arte cultivada para os festivais de beneficência são outras tantas escapatórias: fazer coisas importantes limitando seu âmbito de repercussão é um modo de fugir à prova, uma tentativa — invariàvelmente vã — de subornar as próprias exigências internas.

Naturalmente, inúmeros problemas práticos se suscitam. São concretos, reais. Mas atrás dêles costumam esconder-se as donas-de-casa que não se atrevem — chamemos as coisas por seus nomes — a crescer, a fazer-se responsáveis de suas opções, de seus atos, seu destino. Os inconvenientes materiais são uma barreira protetora escudando a necessidade de

Lembro ter encontrado numa reunião uma dona-de-casa com dois filhos (e duas empregadas), conversando "cri-cri", queixando-se da vida, do cansaço, da falta de tempo — ao lado de outra dona-de-casa, mãe de quatro filhos, que vinha de atender seu consultório médico (carreira terminada após o matrimônio), ditar sua cátedra na Faculdade de Medicina, ajudar o marido na revisão dos originais do livro dêle, alimentar a família e deitar as crianças. Não mencionou fadiga. Falou de mil coisas interessantes, com um enfoque vivo, original. Ao retirar-se — cedo, porque se levantava às sete — deixou na sala um vazio quase fìsicamente sensível. Era, sem a menor dúvida, *uma pessoa*, um ser humano pleno, total, uma presença: era alguém e — posso afirmá-lo porque a conheço bem, mas mesmo se não a conhecesse, tomaria o risco — sentia-se alguém.

As mulheres que se sentem alguém não temem as rugas nem as sirigaitas. Sabem que cada pessoa possui algo absolutamente seu, inimitável, intransferível; têm razão de supor que foram escolhidas e amadas por causa dêsse algo que os anos não roubam, que as outras mulheres, ainda as mais belas, não põem em perigo. Sua personalidade, sua identidade, está nelas, não no marido, nos filhos, na casa. O fato de ser pessoa por conta própria dá-lhes o máximo de segurança a que pode aspirar o ser humano; não pesam, pois, sôbre os seus; completam-se mùtuamente em boa harmonia e sem penosos esforços.

As leitoras mais timoratas talvez opinem que, mesmo superados os obstáculos de ordem prática, persiste o perigo de perder a feminilidade. Os homens querem as mulheres metidas dentro de casa, argumentam. É lógico. Enquanto elas forem incapazes, débeis e pueris, convém que fiquem dentro de casa, onde correm menos risco de cometer imprudências ou fazer estrepolias. Mas dificulto que Marie Curie, por exemplo, não tivesse licença de sair... É cômodo (e não muito honesto, convenhamos) atribuir ao capricho dos homens as restrições que as próprias mulheres se impõem, por inércia ou por falta de coragem.

Os homens fogem das mulheres independentes, dir-se-á, ainda. É certo — na medida em que essa *independência*, por falta de autêntica base, seja desafiante e agressiva. A independência fundada na maturidade, no equilíbrio, no pleno florescimento das riquezas intelectuais e psíquicas, é genuína; não precisa se afirmar em atitudes chocantes e viriloides. Aliás, a mulher masculinizada é, também, um ser imaturo, embora seu aspecto e seus modos pareçam oferecer gritante contraste com o tipo que até agora descrevemos. A única diferença é exterior, aparente: enquanto uma cultiva sem acanhamento a dependência e a puerilidade, a outra trata de encobrir essas deficiências mediante atitudes exatamente opostas (é o que se chama supercompensação). Não seria possível explicar aqui o longo caminho que a ciência percorreu para chegar ao axioma da imaturidade fundamental da mulher "máscula"; pensemos apenas que quem fica na metade do caminho de sua evolução *como indivíduo*, não pode ser completo em nenhum outro setor: nem no social nem no psíquico-sexual. Inversamente, o pleno desenvolvimento *da pessoa* traz, como "de quebra", uma feminilidade (ou masculinidade, conforme fôr o caso) tão franca e indubitável, tão total e harmoniosa que pode prescindir do apoio de elementos externos, de artifícios de aparência e de conduta, de normas pré-fabricadas. Só assumindo sua condição de súdita do mundo, a dona-de-casa deixará de ser rainha-escrava para transformar-se numa mulher contente que, entre suas inúmeras riquezas, *também* conta um lar, marido a terceira é a imaginação mítica do que poderiam ter sido. Portanto, eis o retrato da mulher de classe média que, dizendo-se feliz, não passa de uma frustrada senhora com problemas de saúde, conservadorismo e uma amarga ilusão não concretizada.

Aí, a autora vai entrar com o arsenal psicológico. Não podemos dizer que se trata de uma psicologia de algibeira; estamos diante de uma argumentação mais fundamentada e convincente, embora ainda seja um artigo para grande divulgação. Cumpre-nos salientar que Carmen da Silva instaurou um estilo sério e bastante pessoal em textos sobre a condição feminina, com uma linha característica de pensamento. Foi, portanto, uma pioneira, nessa fase já de comunicação de massa, ao desenvolver um trabalho periódico e constante, bem diverso de outros artigos "psicológicos" ou de fundo psicológico, a maioria impessoal, meras traduções ou no máximo adaptações de material estrangeiro, que se dirigiam originalmente a um público que tinha poucas semelhanças com o brasileiro, a uma "mulher" genérica e universal, sem classe, sem nacionalidade, solta no espaço e no tempo.

Por que a mulher se diz feliz e não o é? A inconsistência desse enunciado vai encontrar raízes na imaturidade da dona de casa. A autora lança mão de nomes importantes como Betty Friedman e a "mística feminina" (que estava começando a ser divulgada no Brasil), e a antropóloga Margaret Mead, para fundamentar seu raciocínio de que incapacidade, dependência, puerilidade não são inerentes à mulher.

Depois do diagnóstico, vem a parte mais didática, de explicação do processo pelo qual passa a mulher, agora de maneira menos mistificadora. A mulher não é uma soma de qualidades que lhe coloram como se fossem rótulos. A mulher é um ser humano que tem uma natureza bipolar como qualquer outro ser humano: morte e vida, adulto e criança, todos os instintos opostos estão presentes. Amadurecer é fortalecer os impulsos positivos – ser livre, responsável, ativo. Ora, a mulher que é apenas mãe e dona de casa vive em função de algo externo: "Sem esse homem, sem essas crianças, ela não existe, nada do que ela faz se justifica".

Sua vida se justifica em outras pessoas. A educação dos filhos talvez a redimisse dessa tarefa quase biológica de criá-los. Mas a verdadeira educação seria preparar alguém para realizar-se em plenitude. E se a mãe depende do marido e dos filhos, se não se sente realizada, como dar aquilo que não tem? "Vivendo por delegação, não lhes saberá ensinar a viverem por si mesmos."

As consequências não param aí. Também com o marido a relação não é satisfatória, traduzindo dependência em vez de afeto e afinidade. E vem o problema mais grave: sexo. A rainha do lar não pode permitir "certas coisas" (aspas de Carmen da Silva). Notamos a frequência de palavras como dona de casa, rainha do lar, mãe de família, esposa legítima etc., neste trecho, a demonstrar o peso da mitologia social nesse assunto. Não se trata mais de mulher e sexo; a ligação se faz entre papéis sociais (mãe, esposa, dona de casa) e sexo. Se os papéis sociais foram cristalizados durante séculos e têm tanta força, só podem sufocar qualquer reação mais livre e espontânea no que diz respeito a sexo. Ao usar com tanta insistência esses termos = papéis, acentua-se sua relação de dominação sobre o comportamento.

Finalmente, a perspectiva de solução do conflito: abrir-se ao mundo, que oferece mil possibilidades de realização. No entanto, não basta uma ocupação qualquer, vista como hobby ou passatempo. É preciso comprometer-se "visceralmente", com fervor e seriedade. Profissionalizar-se, aceitando o desafio de iguais e não apenas tendo seu trabalho apreciado por um grupo de amigos benevolentes.

Foi demonstrado que a rainha é falsa. Ela precisa adquirir sua identidade para que a tensão rainha-que-não-é-rainha deixe de existir, ou melhor, passe a ser irrelevante. E então temos a mulher que se vê como pessoa:

> As mulheres que se sentem alguém não temem as rugas nem as sirigaitas. Sabem que cada pessoa possui algo absolutamente seu, inimitável, intransferível; têm razão por causa desse algo que os anos não roubam, que as outras mulheres, ainda as mais belas, não põem em perigo. Sua personalidade, sua identidade, está nelas, não no marido, nos filhos, na casa.

A direção do texto está voltada para esse apelo de busca de identidade própria: não se oferecem rótulos cristalizados em qualidades femininas preestabelecidas; apenas há um instigamento para que a mulher construa sua pessoa. Que ela não se veja por meio dos outros, mas com os outros.

Existe ainda um senão: os homens fogem das mulheres independentes. Mas, rebate Carmen, quando essa independência, por falta de base, é desafiante e agressiva, o que também denota imaturidade. Isso porque "o pleno desenvolvimento da pessoa traz, como 'de quebra'" uma feminilidade (ou masculinidade, conforme for o caso) tão franca e indubitável, tão total e harmoniosa, que pode prescindir do apoio de elementos externos, de artifícios de aparência e de conduta, de normas pré-fabricadas.

A solução da antítese rainha/escrava acontecerá quando ela se transformar em mulher contente, que além de suas próprias riquezas, *também* conta com um lar, marido e filhos (grifo de C. S.). A autora propõe, então, a passagem da mulher-papel à mulher-pessoa humana.

Faremos ainda algumas considerações a respeito do estilo de Carmen da Silva. A linguagem tenta ser relativamente simples, embora se socorra de um ou outro autor famoso; mais tarde o texto será mais simplificado, e os tipos serão maiores, a diagramação não tão interrompida por anúncios e que tais. O texto é escrito em terceira pessoa; contudo, em alguns momentos, há quase um diálogo, um chamamento à leitora, uma tentativa de adivinhar-lhe a resposta. Primeiro, nas frases interrogativas, que lançam a questão e pedem retorno; depois em frases como: "Prevejo as objeções. E o talento?"

Aqui, enuncia-se o texto por meio da primeira pessoa; mas no geral a terceira domina. Outras marcas do estilo de Carmen da Silva são o uso de palavras em itálico e o uso de hífen para unir expressões originalmente separadas. Não há dúvida que se trata de um discurso com argumentação, em que o problema (geralmente da mulher) é colocado, depois desenvolvido e discutido, para se chegar a uma conclusão. É um texto de opinião, que traz elementos psicológicos para fundamentar o raciocínio feito.

A LIBERADA E A MARGINAL

Contexto: Década de 1970

O auge do consumo nas revistas brasileiras acontece nessa década. Cada revista nova a ser lançada é precedida de pesquisas que determinam certos assuntos, linguagem, tamanho, capa etc. (ainda que haja um ou outro lançamento "a olho"). As revistas já existentes também são pesquisadas e redimensionadas de acordo com as expectativas do público. Então, se existe um interesse detectado por trabalhos manuais, a revista passará a publicá-los; se as leitoras não querem saber de direitos do consumidor, elimina-se a seção de defesa do consumidor e assim por diante. As revistas passaram a ser um produto industrial, antes de mais nada; o problema cultural é meramente secundário; as necessidades reais vêm atrás das necessidades artificialmente criadas pelos meios de comunicação.

As revistas femininas de classe média, como *Claudia* e *Desfile* são verdadeiros catálogos de mercadorias, entremeados de uma ou outra matéria realmente jornalística. A enorme quantidade de páginas coloridas reflete o espírito da época. O grosso dessas revistas, além dos anúncios, são matérias de moda, beleza, decoração, com indicações do nome do fabricante, às vezes preço, e endereços nas principais capitais, onde esses artigos podem ser encontrados. A pretexto de "reportagem de serviço", privilegiam-se fabricantes que anunciam em suas páginas. O circuito está fechado: o conteúdo vende a revista para a leitora (ou a atrai) e a editora vende a leitora para o anunciante.

A sofisticação da vida nas grandes cidades exigiu a diversificação de produtos. Assim, lançam-se edições especiais de moda, beleza, decoração, culinária, surgindo até revistas que se tornam independentes, como é a *Casa Claudia*. O requinte permitiu o lançamento, na segunda metade da década (maio de 1975), de veículos luxuosos, como *Vogue*, edição brasileira da revista internacional, com seu costumeiro apuro gráfico, fotos de pessoas da alta burguesia e matérias de moda, beleza, turismo etc. inacessíveis para a maioria da população. A V*ogue Brasil* foi lançada por Luis Carta, que havia trabalhado na Editora Abril.

Enquanto a produção editorial de revistas vai se aperfeiçoando cada vez mais, os jornais, mais preocupados com outras editorias que não a feminina, vão ficando para trás em relação a essa imprensa específica. Assim, a *Folha de S.Paulo* reserva algumas páginas da edição de domingo para a mulher; e *O Estado de S. Paulo* mantém aos domingos um suplemento ultrapassado, com matérias pouco adequadas à realidade brasileira, receitas estrangeiras com ingredientes caríssimos, um romance publicado em capítulos e indicações de produtos (moda, beleza, decoração, sugestões de presentes) de alto custo, inacessíveis para quase todas as suas leitoras (mesmo tendo em vista a burguesia que era público do jornal). Então, como produto para grande circulação, o "Suplemento feminino" não estava bem dimensionado, pois não preenchia funções básicas que os outros veículos preenchem, ainda que sejam completamente comerciais.

Mas o produto mais veiculado nas revistas gerais, e nas femininas ou masculinas, foi o sexo. Sexo foi o principal produto editorial vendido nesta década. A grande repressão política dos primeiros anos canalizou as insatisfações para "desrecalque" em outras áreas. As revistas masculinas eram censuradas (com retoques em fotos de nus etc.), mas havia uma permissividade controlada e que interessava ao sistema – desviava as atenções. Nas revistas femininas, o sexo foi conquistando lugar, palmo a palmo. De referências à insatisfação sexual da mulher casada, foi passando a matérias sobre virgindade, masturbação, orgasmo etc. e no final da década, várias revistas femininas já conseguiam publicar, com todas as letras, os nomes dos órgãos sexuais femininos, coisa inimaginável nas contidas revistas da década de 1960. Mas esse avanço sexual não se processou da mesma forma nas revistas femininas. As revistas mais comportadas, como *Claudia*, foram muito cautelosas. *Desfile*, por ser carioca, foi um pouco mais ousada. *Capricho* e congêneres também foram vagarosas, em parte por serem consideradas revistas para um público mais jovem.

No entanto, o filão estava descoberto. Se não se podia publicar um caderno de educação sexual em *Capricho*, porque não criar uma outra revista de fotonovela cuja preocupação principal fosse sexo? Assim nasceu *Carícia*, da Editora Abril, em 1975: uma revista pequena (dava para carregar na bolsa, o que evitava os preconceitos já formados sobre revista de fotonovela, que as mulheres mais "cultas" se envergonham de ler – mas liam), com fotonovela e demais seções e um tratamento mais aberto em relação às questões sexuais.

As outras editoras seguem o mesmo caminho, lançando produtos semelhantes. A Editora Três, de São Paulo, formada por profissionais oriundos da

Abril, em 1973 lança *Mais*, revista feminina de nível médio para cima, com algumas preocupações intelectuais; e *Eva* (em novembro de 1977), uma revista também pequena, de artigos sobre sexo tentando um certo aprofundamento, incluindo, em alguns deles, até a bibliografia consultada, e que durou poucos números.

O produto mais original no que se refere à destinação foi *Nova*, da Editora Abril, versão brasileira da *Cosmopolitan* americana. Até então, as revistas eram dirigidas à dona de casa, ou à moça jovem – de um lado *Desfile* e *Claudia*; de outro *Capricho*, *Sétimo Céu* etc. *Nova* seria para a mulher adulta, casada ou não, com poucas preocupações domésticas e com muita preocupação sobre sexo. Uma mulher mais "liberada", que não pensa em casamento, necessariamente. É uma revista com uma linha mais "feminista", por veicular uma ideologia voltada para a mulher como ponto principal, só que ainda dentro de uma perspectiva totalmente consumista, exacerbada com doses de sofisticação. A princípio, parece ser uma publicação que defende a mulher; mas, no fundo, serve mais para promover a integração na sociedade de consumo.

Ao lado desses produtos altamente industriais, temos algumas tímidas tentativas artesanais de jornais e publicações que visam à promoção da mulher como ser humano, buscando identificação com as classes populares. *Nós Mulheres* foi um tabloide que surgiu em junho de 1976, continuando, com interrupções, até 1978, fruto de um grupo de mulheres, jornalistas ou não, que se reuniam e editavam matérias sobre problemas femininos. As condições financeiras eram precárias, o jornal dependia de doações e da boa vontade das colaboradoras. Tentava-se redigir textos que pudessem ser entendidos pelo povo, usava-se ilustrações, fotos etc., com essa intenção; mas era um processo sem muito *feedback*: não havia como verificar a penetração ou não do veículo em camadas populares. *Brasil Mulher*, ligado ao Movimento pela Anistia, também de 1976, foi outra experiência nesse sentido.

Nessa época, nas periferias de São Paulo e de outras capitais, estavam surgindo boletins, jornaizinhos, dezenas de publicações, todas fora do processo industrial, usando xerox, mimeógrafo e outros meios baratos de impressão. Eram distribuídas de mão em mão, e elaboradas muitas vezes por pessoas do povo. Não tinham anúncios, dependiam da venda ou de cotizações, e representavam um tipo novo de informação comunitária. Eram incipientes, não conservavam muita periodicidade. Dentro da conceituação seguida por esse trabalho, existiam poucos veículos dedicados exclusivamente à mulher.

Um exemplo dessa pequena imprensa é *Mulher, Uma Luta Rumo à Libertação*, folheto editado pelo Centro de Direitos Humanos de São Miguel (SP), com muitas ilustrações e quadrinhos sobre a participação da mulher na vida da comunidade, procurando explicar o que é clube de mães, direitos trabalhistas etc. em linguagem simples e didática. Como esse, existiam vários outros folhetos que representam o nascer de uma imprensa popular, destinada talvez a curta vida.

A imprensa alternativa ou "nanica" que cobria assuntos gerais firmou-se nesta década, como um gênero definido e combativo, apesar de lutar contra a censura e enfrentar condições financeiras geralmente precárias. *Opinião* (1972), jornal semanal ensaístico, e mais tarde *Movimento* (1975) são protótipos desses veículos de discussão política dos problemas nacionais. O carioca *O Pasquim*, de 1969, anárquico e satírico, alcançava enorme sucesso. Nas principais cidades do país surgiam semanários de oposição que, no entanto, pouco duravam, por causa do clima que reinava no país. O *Coojornal*, de Porto Alegre, fruto de uma cooperativa de jornalistas, foi um dos que permaneceu. Até o jornal *O São Paulo*, da Arquidiocese de São Paulo, foi alvo de rígida censura durante anos. Já no fim da década, jornais mais agressivos, como *Repórter*, vêm à luz; aparecendo também publicações que defendem minorias, como *Lampião*. Bernardo Kucinski traçou um consistente painel político dessa imprensa de resistência em "Jornalistas e revolucionários: nos tempos da imprensa alternativa".

A revista *Veja* verá nascer sua concorrente: *IstoÉ*, veículo mensal que se tornou semanal. A princípio, *IstoÉ* apresentava algumas características próprias, que prenunciavam inovações nesse tipo de produto: menos editorias, matérias assinadas etc. Depois, dobrando-se a exigências mercadológicas, ampliou sua pauta, uniformizou seu estilo, assemelhando-se enfim à sua irmã mais velha, com quem disputa os valiosos anunciantes, conseguidos por meio de uma linha editorial menos combativa e demonstrações de vendagem crescente.

Texto II/análise

TEXTO: "O que fazer num dia de chuva". Reportagem: Fátima Jinnyat e Dulce Pickersgill de Paula; Foto: Roberto Buzzini
VEÍCULO: *Nova*, n. 68, São Paulo: Abril, maio 1979, p. 86-9.

Texto e imagem se unem, numa "nova" representação da mulher. Uma mulher bonita, bem-vestida (isso já vinha sendo imposto desde o século XIX); luxo – mas com certo desleixo; tudo muito à vontade (isso já é recente) e principalmente com um novo elemento: o homem.

Em geral, mesmo com as "experimentações" fotográficas que tiram das matérias de moda o caráter estático de figurino, mera mostra de modelos, a tendência ainda é dar um ar "arrumadinho" às fotos de moda, com manequins bem penteadas e maquiadas. Nas matérias que mostram roupas íntimas existe mais descontração, embora a pose num quarto bem decorado e arrumado predomine. No entanto, ainda que haja menos rigidez de postura nessas fotos para sugerir priva-

O Que Fazer Num Dia De Chuva

**Como ficar em casa sem morrer de tédio?
Aqui, Márcia e Carlos descobrem as alegrias que fazem
um dia de chuva tornar-se especial.**

REPORTAGEM: FÁTIMA JINNYAT E DULCE PICKERSGILL DE PAULA
FOTO: ROBERTO BUZZINI

cidade, nem por isso deixa de ser uma cena "composta" e habilmente arranjada por produtoras, em seus mínimos detalhes. Aparentemente, o casal está à vontade; mas no fundo existe uma ordenação meticulosa que permite essa impressão.

A mulher continua bela e bem-arrumada, apesar de à vontade. O que mudou, além dessa pseudodescontração? Três ingredientes básicos estão sendo incluídos nessa receita de mulher moderna: sexo, prazer e consumo sofisticado. A revista é dirigida à mulher mais adulta, mais liberada e independente, não necessariamente casada. Por isso, apesar da presença do homem em momentos de grande

◁ Aproveite os almofadões da sala
para um gostoso
cochilo nos braços dele.
Vista um confortável blusão de malha
e meias de lã.
Ao fundo, uma música suave
faz contraponto
ao barulhinho da chuva caindo no jardim.

▽ Deixe correr a imaginação e desenhe
com ele
coisas criativas e
bem coloridas.
Procure uma camiseta que ele não
usa mais
e transforme-a
numa "t-shirt" especial.

▽ Se você gosta de
dançar
à moda antiga,
"cheek-to-cheek",
coloque
um disco de
Glenn Miller e dance
como nos filmes da
década de 40.

◁ Leia para ele
as últimas notícias
do dia, ou releia aquele
lindo conto do
Drummond que emocionou
tanto você.
Ele vai adorar
ouvi-lo
com a sua voz.

◁ Ele adora bancar o fotógrafo?
Então, vista uma
roupa sexy, uma sandália de
salto agulha, mil
colares, deite-se languidamente no
sofá e pose para ele.
Afinal, você
não é a modelo preferida?

intimidade, não se faz menção a estado civil. Não se sabe se eles são solteiros ou casados, embora as mesmas fotos, numa publicação mais "conservadora" fizessem pressupor que os dois são marido e mulher. Aliás, apesar de grande parte das matérias de *Nova* ter apelo sexual, quase nunca se fala em "marido"; a denominação mais comum é "namorado", de acordo com o marketing do veículo, dirigido em primeiro lugar às mulheres mais livres.

A matéria, que se diz "reportagem", sob o pretexto de fornecer sugestões de lazer num dia de chuva, serve para mostrar roupa, sapatos e objetos, com as indicações

◁ Quem já não teve vontade de passear sob a chuva? Pois então vá! Deixe a água correr sobre a pele até a roupa ficar colada no corpo. Depois, nada mais excitante que uma ducha quente abraçadinha com ele.
ROUPA FEMININA: FIORUCCI; ROUPA MASCULINA: LUROY

▽ Espalhe sobre a mesa tudo o que está na caixinha de recordações. Vai ser divertido reler com ele o cartão de amor que acompanhou o primeiro presente.
ROUPAS: CORI, LUROY E TILTY'S; CAIXINHAS: SE ESSA RUA FOSSE MINHA

▷ Uma macarronada pode ser uma ótima idéia: é fácil de fazer (ele pode ajudá-la!) e o seu "guloso" vai ficar satisfeito. Faça aquela receita especial com frutos do mar, que é sempre um sucesso!
ROUPA MASCULINA: CORI; ROUPA FEMININA: FIORUCCI

△ Divirta-se fazendo compras num shopping center, enquanto a chuva fica lá fora. Compre para ele uma nova máscara de mergulho. Na loja de lingerie, deixe que ele escolha o que você vai usar só para ele. Depois, nada melhor que um autêntico chá das 5, à inglesa.
ROUPAS: CORI E TILTY'S; CINTO: TILTY'S

dos fabricantes ou lojas. Pura indução ao consumo, com tempero de sexo e lazer. Qual a posição da mulher nesse contexto? Usando a linguagem típica das revistas femininas modernas, em que a leitora é "você", temos o abuso da função conativa em frases que lhe dizem o que fazer: "Vista... Deixe correr... imaginação... Leia... Deixe a água correr... Espalhe... Divirta-se... Compre... Estenda... sinta".

Não são sugestões; linguisticamente são ordens.

Ordens para agir, a maioria das vezes tendo implícito o sexo ou em índices românticos no texto (e mais ousados na foto correspondente): "Se você gosta

△ Estenda a rede na varanda e deite preguiçosamente, enroscada no corpo dele. Sirva um cafezinho bem forte (com pitadas de canela fica uma delícia!), e sinta o cheiro penetrante da terra molhada pela chuva fresca.
ROUPA MASCULINA: FIORUCCI

◁ A chuva faz bem para as plantas, mas, se você aproveitar para cuidar delas, elas vão ficar ainda mais bonitas. Enquanto ele poda os galhos secos, você pode remexer a terra do vaso e misturar um pouquinho de vitamina.
ROUPAS: FIORUCCI CORI, SAPATILHAS: FIORUCCI, CINTO: CORI

de dançar à moda antiga, *cheek-to-cheek* [...], ou releia aquele lindo conto do Drummond que emocionou tanto você. [...] Vai ser divertido reler com ele o cartão de amor que acompanhou o primeiro presente", ou em frases bem claras:

Aproveite os almofadões da sala para um gostoso cochilo nos braços dele. [Na foto, ele está nu da cintura para cima e ela veste apenas um blusão]

Então, vista uma roupa sexy, uma sandália de salto agulha, mil colares, deite-se languidamente no sofá e pose para ele.

Deixe a água correr sobre a pele até a roupa ficar colada no corpo. Depois, nada mais excitante que uma ducha quente abraçadinha com ele.

Na loja de lingerie, deixe que ele escolha o que você vai usar só para ele.

Estenda a rede na varanda e deite preguiçosamente, enroscada no corpo dele.

De todas as cenas, não há sugestão erótica; no texto, em apenas quatro: a de desenho, a da cozinha, a das recordações e a das plantas, mas o apelo fica a cargo das fotos. Pintar camiseta e fazer uma macarronada são habilidades que mesmo a mulher mais "sexy" não pode dispensar, para melhor prender o homem. O tricô foi substituído por pintura na camiseta; no entanto, persiste a exigência de algumas prendas "domésticas" nessa nova mulher. Incluí-se também o cuidado com as plantas: além de concessão à mania do verde, necessidade e mito das grandes cidades brasileiras, imediatamente aproveitados pelo comércio e pela cultura de massa.

Aí entra a figura masculina. Numa revista feminina, surge outra personagem: o homem até então pouco presente de maneira direta nesse tipo de publicação (embora seja o motivo-chave da maioria delas). Se analisarmos o ponto de vista, há uma centralização em torno da mulher; o texto é dirigido a ela, como se estivesse imaginando essas hipóteses. No entanto, as ações sugeridas são sempre em função *dele*. Ela vai fazer as coisas para ele, para agradá-lo. Mais uma vez, apesar de toda a aparência em contrário, o eixo principal é a passividade. Basta ver a quantidade de "deixe" que aparece nas legendas. Ainda é a mulher que serve o homem: "Leia para ele..."; "Ele adora bancar o fotógrafo? [...] pose para ele..."; "o seu 'guloso' vai ficar satisfeito..."; "deixe que ele escolha o que você vai usar só para ele". Por trás, há também uma solicitação de eficiência (nas artes femininas, é claro). Então, ainda temos a perspectiva clássica da mulher como objeto. Continua-se a propor o mesmo e antigo tipo de relação com o homem.

Por mais que a revista publique artigos sobre a libertação e maior conscientização da mulher, nas páginas restantes – e na maioria delas – desmente as atitudes inovadoras apresentadas. Ao lado de "O conflito da mulher liberada", nesse número 68, temos "Meu namorado árabe", "Homens que não querem saber de compromisso" e "O melhor esporte para seu corpo" – com títulos assim: "Corra! (Suas pernas ficam bem torneadas)", "Monte! (Seu bumbum fica mais firme)", "Nade! (Seu busto fica mais bonito)" – além de toda a parte visual da publicação, com mulheres bonitas, bem-vestidas, bem maquiadas, roupas provocantes. Qualquer intenção mais crítica só pode se diluir em semelhante companhia.

Consumo e prazer articulam-se e passam por todas as fotos e respectivas legendas. Cochilar nos braços dele, sim, mas com um blusão "Fiorucci".

A ambientação sofisticada, decoração na moda, almofadões, roupas e acessórios caros – somente *tendo* tais coisas é possível ficar à vontade e sentir o cheiro de terra molhada. A ideologia do prazer reflete o hedonismo veiculado pelos meios de comunicação de massa atualmente (cujas expressões máximas são as revistas femininas e as masculinas – estas apenas o outro lado da moeda) no Brasil. Prazer de descansar, de dançar, pintar, comer, comprar... Prazeres para os cinco sentidos, sempre numa visão individualista. O que importa é o próprio prazer; quando muito o prazer a dois. Mas, fora disso, o mundo não existe. A dimensão social fica perdida; anseia-se apenas por uma rede onde se pode ficar enroscada no corpo dele. A felicidade é *comprar* e *amar*. O casal é a solução de felicidade, o caminho apontado; de preferência num cenário em uma ilha paradisíaca até onde não chegam nem os ecos de problemas sociais. O individualismo, o isolamento egoísta, o prazer como sentido de vida. Eis a nova mulher, antiga por dentro, nova por fora, e com mais algumas algemas douradas: o sexo e o consumo.

Texto III/análise

Texto: "Girse, te espero na próxima assembléia"
Veículo: *Brasil Mulher*, n. 10, São Paulo, dez. 1977, p. 5.

Depois do "milagre", do *boom* imobiliário, da propaganda ufanista, a realidade começa a aparecer. Surgem embriões de movimentos populares nas periferias das grandes cidades, especialmente São Paulo, clubes de mães, movimento de custo de vida, reivindicações de creches, postos de saúde que iam fermentando e produzindo alguns resultados. Nas reuniões, nas assembleias, a presença da mulher era uma constante, quando não era a maioria, ou ainda a promotora de tais eventos. A mulher do povo começava a descobrir sua importância como participante do organismo social. Os jornais diários registravam um ou outro acontecimento, às vezes salientavam a presença feminina, geralmente para dar um "toque humano" e não se detendo nas forças sociais em jogo. As revistas femininas de classe média praticamente ignoravam tais assuntos que faziam parte de um mundo que parecia não existir.

Aí entra em cena a imprensa alternativa feminina. *Nós Mulheres* e *Brasil Mulher* tinham a proposta de discutir os problemas femininos e também de popularizar a linguagem a fim de atingir as classes baixas. Nem todas as colaboradoras tinham formação universitária, nem eram todas jornalistas. O esquema de trabalho, bastante precário, também não favorecia as experimentações de linguagem. De qualquer modo, essas publicações começaram a dar cobertu-

Girse, te espero na próxima assembléia

MULHERES, NOSSOS FILHOS ESTÃO PASSANDO FOME!!! SEM PÃO, SEM CRECHES!!! SEM ESCOLAS!!! SEM FEIJÃO!!! ESTA LUTA TAMBÉM É NOSSA!

Girse morreu. Dela são as frases aí de cima Nós do Brasil mulher não a conhecemos pessoalmente. Mas sua atuação na maior parte das lutas que a população da zona sul de São Paulo vem levando, deixou marcas profundas que reaparecem nessas mesmas lutas e nas suas companheiras de trabalho que continuam.

Respirando forte Os olhos brilhando. É desse jeito que suas companheiras falam dela, das coisas que com ela fizeram e aprenderam. Lutas que à primeira vista podem parecer «pequenas, «simples» — por mais ônibus, mais creches, mais escolas — mas de grande significado quando os limites extremos da miséria sufocam e angustiam a todos.

«No dia 1º de maio, o operário lutou e morreu pela jornada de 8 horas e por nossos direitos??? Jornada de 8 horas existe??? Como revelar esta situação? «Grita» outro cartaz rústico, escrito à mão na parede do Clube de Mães que Girse coordenava. A Afirmação repetida várias vezes por suas companheiras «A Girse não bancou a covardia» e pela população da região, que vieram de pontos distantes quando souberam que ia ser feita uma reportagem sobre ela, talvez ajude a explicar porque... «A gente via nos olhos de Girse aquela força...». Força ressaltada por exemplo na Assembléia do Custo de Vida, quando falou para 4 mil pessoas presentes, «da fome,... do sacrifício do dia a dia».

Por tudo isso é que não queremos apenas lamentar seu desaparecimento. Mesmo sabendo que sua morte — aos 33 anos — se deu por reumatismo e inchação em todo o corpo, sem recurso algum, caída no chão da cozinha de seu barraco úmido, igualzinha à morte de tantos outros. Essa reportagem sobre Girse é uma tentativa de entendê-la. Entender seus anseios, projetos e intenções. Enfim, sua permanente inquietude e inconformismo transformando em ação contra as condições em que a maior parte de nossa população é forçada a viver.

«ELA NÃO BANCOU A COVARDIA»

A história de Girse é pricipalmente a história de seu trabalho comunitário. Como coordenadora do Clube de Mães, seu trabalho se estendia ao conjunto das dificuldades que o pessoal da periferia vive. Enfrentar os problemas que «as mães sentem na pele» e que são muitos: falta de transportes, falta de vagas nas escolas, falta de água encanada e esgoto, falta de creches e, sobretudo, falta de salários adequados para suprir os constantes aumentos do custo de vida.

A sabedoria que a vida e o pensar sobre a vida lhe deu, a coragem e a disposição para lutar, fizeram com que ela logo se ligasse às lutas da comunidade Incansável, entendia que apenas unidas as mulheres teriam condições de enfrentar uma situação tão adversa. Por isso construía a vida comunitária «Ela queria formar uma comunidade mais forte para gente poder vencer alguma coisa, né?», conta uma amiga sua.

Seu sonho era montar o curso de corte e costura no Clube. Com ele as mães poderiam ter um dinheirinho a mais ou economizar, fazendo as roupas em casa. Mas por trás dessa necessidade econômica, Girse pretendia desenvolver o espírito comunitário, trazer mais mulheres para dentro do Clube de Mães, aproveitar aqueles momentos de atividade comum para mostrar a elas quais as causas dos problemas que afligem a periferia.

Girse sabia, também, que o povo só entendia porque estava numa situação ruim quando enfrentava essa situação, lutando para transformá-la. Porisso insistia sempre «não vamos desanimar não. Nós vamos lutar».

«ELES LÁ EM CIMA SEMPRE ABUSAM MESMO DA GENTE»

«Ela falava que a gente era muito preso, muito calcado, muito pisado. E que eles lá em cima sempre abusam mesmo da gente. Que a gente não tinha liberdade de falar. Como a gente não tem mesmo», falam as mulheres.

«No dia 10 de setembro realizou-se, no cemitério de Campo Grande, um sepultamento diferente. No longo cortejo, poucos pertenciam à família da falecida. Eram pessoas unidas por laços de outra espécie: pessoas unidas no mesmo anseio de libertação e na luta pela justiça. Eram pessoas de todas as nossas comunidades. E não fomos ali para sepultar Girse. Fomos para provar que ela não morreu, nem morrerá, porque quem une em torno de si o povo explorado que luta por uma vida melhor continuará vivo em cada ato e em cada passo da luta desse povo».

Trecho extraído do Boletim Informativo da região onde viveu Girse, e que reune 14 comunidades.

Girse entendeu quem é o povo, o seu povo. O povo para ela não é todo mundo que vive neste país. Povo é o pessoal que vive como ela, naquelas condições de vida. E não se confunde com quem vive em grandes mansões, em luxuosos apartamentos. Povo é uma coisa muito próxima: é quem trabalha o dia todo ganhando apenas para o seu sustento.

Quando Girse fez o cartaz sobre o dia 1º de maio, associou duas coisas: a luta dos trabalhadores e as prisões injustas. Para dentro daquele Clube de Mães se trazia uma idéia. Quem prende? Por que prende? Certamente Girse estava falando de prisões de assaltantes comuns. Falava no dia 1º de maio, quando dois trabalhadores morreram há quase um século atrás por defenderem interesses dos operários. Girse sabia, mesmo que intuitivamente, que quem faz as leis, quem prende, está de um lado. E este não é o lado do povo, seu povo.

é sem razão que a Girse era tão erida. Ela expressava um co do pessoal da periferia. E alé mais, lutava, sem parar e sem uas, para conseguir mesmo que uma pequena vitória, como foi o nento das vagas na escola e o post de saúde na região.

A morte de Girse pode ser para os trabalhadores e para os oprimidos como mais uma vitória dos poderosos. Porisso é que é preciso mostrar que Girse não parou de lutar. Girse continuará presente em todas as lutas do povo.

«A mulher e ninguém pode ficar de braços cruzados»

Girse nasceu em Minas Gerais, em 1944, filha de mãe solteira que não chegou a conhecer. Casou-se com Sebastião, pedreiro, e teve com ele as duas filhas. Moravam em um barraco de madeira com água do poço, na periferia de S. Paulo. Foi empregada doméstica, mas nos últimos tempos não podia trabalhar, em razão de reumatismo e inchação.

Aprendeu a ler e escrever sem ter frequentado escola. Quando foi tirar seu título de eleitor, o funcionário achou que ela era analfabeta. Decidida, escreveu num cartão: «Sei ler, sei escrever e algo mais, se for preciso».

Integrou-se ao trabalho da comunidade da região, enfrentando muitas vezes a oposição do marido. Sua participação nas lutas do povo, ao lado de outras mulheres e de outros homens, fez com que Girse desenvolvesse sua própria visão do papel da mulher na sociedade. «A mulher e ninguém podia ficar de braços cruzados, esperando ser lá o quê. Ela não acreditava num Deus bonzinho, que mandava as coisas feitas pra ninguém. Também sentia que a mulher tem um papel hoje em dia. A gente tem que

ficar firme, nós somos gente e a mulher não é mais como antigamente, que tinha que ficar por baixo do marido. Ela tem que enfrentar, mas com firmeza e com paciência. Quer dizer, não desistir. Um dia o marido dela colocou ela na parede: ou ele ou a comunidade. Ela escolheu a comunidade. Queria os dois, mas no caso dele não querer, ficava com a comunidade. Ela achava que era importante ter um marido, mas um marido não escravizasse a mulher, né? Sempre pensava que o trabalho da comunidade não era pra ela. Era pra ela, pros filhos, pra ele e pra todos que vivem como nós, nessa pobreza». (depoimento de uma de suas companheiras do Clube de Mães).

BRASIL·MULHER

ra a assuntos até então desprezados pela grande imprensa. Carestia, sindicato, salários e direitos trabalhistas da mulher, alimentação, terrenos clandestinos e outros. Mesmo os temas tradicionais, como crianças, recebiam um enfoque, um ponto de vista mais feminino e consciente. Mas, ao lado de matérias que diziam respeito à mulher do povo, anistia, estudantes, Mercedes Sosa e outras traíam o meio intelectual de suas realizadoras. Fazer jornalismo de baixo para cima é muito difícil. Mas as redatoras de *Nós Mulheres* e *Brasil Mulher* tentaram. Um dos textos que traz alguns passos nesse sentido: é "Girse, te espero na próxima assembléia", de *Brasil Mulher*. Daí a escolha. Essa reportagem trazia alguns caminhos novos ao jornalismo feminino brasileiro.

Brasil Mulher (dezembro de 1975) foi lançado em Londrina com o apoio do Movimento Feminino pela Anistia (MFA), criado por Therezinha Zerbini. Em 1976, o jornal transferiu-se para São Paulo, sob responsabilidade da Sociedade Brasil Mulher.

"Girse" ainda não fazia parte desse tipo de imprensa, mas pode ser considerada precedente. Passemos à análise:

- Dentro das categorias jornalísticas, a matéria seria considerada interpretativa: trata da morte de Girse, traz uma pequena biografia num box, um trecho do Boletim Informativo da região onde Girse vivia, depoimentos de pessoas que a conheciam etc. Isso numa análise mais superficial e levando em conta que essa divisão é metodológica e não resiste a uma crítica mais profunda. Aliás, a divisão informativo-interpretativo-opinativo é bastante questionada atualmente, como já dissemos antes. Por isso mesmo, a matéria tem muito de opinativo, na medida do seu posicionamento de louvor à líder comunitária morta e também na parte final, quando incita o povo a seguir esse exemplo, em tom inflamado.
- A imprensa feminina é sempre dirigida a uma segunda pessoa. Como vimos, o "você, minha amiga" é o destinatário preferencial da maioria das mensagens, esteja explícito ou não. Algumas vezes, a matéria é redigida em terceira pessoa, com uma certa impessoalidade em relação à destinatária, pelo menos na estrutura do texto. Em "Girse", o uso da primeira pessoa do plural – nós – representa uma angulação diferente da seguida pela imprensa feminina. As redatoras da matéria posicionam-se diante da personagem central: "Nós do *Brasil Mulher* não a conhecemos pessoalmente [...] Por tudo isso é que não queremos apenas lamentar seu desaparecimento".

Esse posicionamento representa ainda um novo tipo de foco narrativo, em que entram dois elementos: o sexo (as emissoras se assumem como mulheres) e o grupo (no fundo, a ideia de união, de pensamento comum). Há uma personalização maior do emissor. Não é um redator invisível que transmite as informações conforme as tradicionais receitas jornalísticas, parecendo apenas um canal, um meio de ligação, de transcrição da cena em palavra impressa. Não. Quem escreve é um grupo de mulheres que fala em "nós". Elas aparecem e mostram também sua crença no grupo.

Podemos ressalvar que o uso de nós surge em editoriais, principalmente no século XIX e início do século XX. Já assinalamos o tom editorial da matéria em análise. No entanto, embora o final seja realmente opinativo – e então justificaria o uso de "nós" – achamos que há um caráter novo nessa utilização, que reflete uma atitude diferenciada, comprometida, do emissor em relação ao que vai ser transmitido e uma relação não tão impositiva com os destinatários. A grande diferença deste texto, comparado a outros da imprensa feminina, é a personagem central. Para os critérios tradicionais do jornalismo, Girse não seria personagem importante o suficiente para ser motivo de uma reportagem inteira. Como na literatura – lembremos Auerbach (1971) – o jornalismo privilegia certas personagens. Políticos, industriais, militares, gente famosa, enfim, os representantes do poder, da cultura de dominação, esses são notícia. Esses fazem notícia. Gente pobre, desimportante, funções subalternas, ah, "essa gente" só é notícia nas páginas policiais. Agora, nas coberturas de periferia, a classe baixa aparece de vez em quando dando sua opinião sobre a luz que não há, sobre o riacho que transborda... mas quase sempre sob a forma do que se chama "enquete" no jornalismo. Isto é, pergunta-se a diversas pessoas o que elas acham de determinado assunto, e de uma maneira bastante superficial. Quando muito, o favelado que fala da falta de água, a faxineira que reclama da condução são apenas nomeados. Mas não surgem como personagens. Dificilmente se faz um perfil de uma personalidade que não é considerada "jornalística" pelos padrões correntes da grande imprensa.

O critério de quem é "fonte" muda até em jornais de uma mesma empresa. Nos anos 1970, por exemplo, em *O Estado de S. Paulo*, eram ouvidos prefeitos, secretários, administradores regionais, industriais, profissionais liberais, professores, pessoas de um certo nível. Raramente na cobertura local a voz do marginalizado tinha nome, cara, traços mais descritivos e definidores que meros estereótipos. Ele somente aparecia em reportagens especiais, em série ou em edições de domingo – trata-se da "grande reportagem" assinada. O *Jornal da Tarde* abria um pouco mais de espaço para perfis e depoimentos de pessoas da classe baixa, mas também em matérias assinadas, como as de Marcos Faerman. Murilo de Carvalho na "Cena brasileira", do jornal *Movimento*, dava corpo e voz a personagens não "jornalísticas". Há quem note, na presença de personagens "baixas", uma tendência que começou nos Estados Unidos, com o *novo jornalismo*, que abandonava os dogmas que faziam de certos fatos e de certas pessoas "notícia". Assim, o fato não precisava ter proximidade temporal para ser jornalístico; não precisava ser praticado por alguém de importância na escala social, ou um olimpiano (cf. Edgar Morin, 1969). A reportagem podia focalizar um dia de uma balconista humilde e absolutamente desconhecida. E mais: podia ter um tratamento literário, o texto não se prenderia aos modelos jornalísticos consagrados. E mais ainda, podia ser jornalístico e ficcional ao mesmo tempo, isto é, podia não ser fato real. Mesmo que não tivesse acontecido, se o fato reportado transmitisse informações ao público, pelo menos de uma vivência, era jornalismo. O novo jornalismo ou jornalismo literário acabou ganhando bastante espaço no final do século XX, pelo menos como discussão acadêmica.

Nos anos 1970, Girse não seria objeto de uma reportagem, empregada doméstica, moradora de um barraco na periferia de São Paulo, suas ações não mereceriam destaque jornalístico. Mas em 1977 ela pode ter uma página inteira de um tabloide alternativo. Talvez seja pouco, talvez ainda seja uma iniciativa de dominadores para dominados; afinal, não podemos negar que as redatoras pertencem à elite intelectual, em sua maioria. De qualquer maneira, a "ascensão" de Girse a personagem jornalística representa um avanço em relação aos caminhos até então seguidos pela imprensa feminina não só brasileira como estrangeira. Ainda não é um jornalismo praticado pelo povo, pela própria comunidade. Ainda é algo de cima para baixo, uma espécie de concessão, ou melhor, reconhecimento de uma realidade. Se houver resquícios de paternalismo, pelo menos não se resume na atitude assistencialista de outras reportagens que mostram vidas miseráveis.

Há uma tentativa de reproduzir a linguagem popular: "A Girse não bancou a covardia [...]. E que eles lá em cima sempre abusam mesmo da gente [...]".

Além disso, a colocação de pronomes ("colocou ela na parede", por exemplo), o uso de "gente", "né", entre outras expressões, também indicam essa busca de um texto mais coloquial. Outro dado é o uso de ilustrações desenhadas, que tornam a página mais atrativa, menos pesada.

A matéria ainda se inscreve na esfera do *dever*: Girse é apresentada como um exemplo a ser seguido. Mas não um exemplo que se destaca pelo seu individualismo, pelas suas idiossincrasias, como nos perfis apresentados pela grande imprensa de personalidades ou artistas. Não se trata de um dever individual, mas de um dever coletivo. O que importa, na personagem focalizada, é o seu trabalho para com os outros, a sua atuação comunitária. Há todo um estímulo para que surjam muitas "Girses", um ser mais *coletivo* do que *individual*. O modelo sugerido distancia-se muito dos outros comumente oferecidos pela imprensa feminina.

A GATINHA E A BELEZA FUNDAMENTAL

Contexto: Década de 1980

As fotonovelas chegam ao fim, a segmentação começa a ganhar força, a beleza se direciona para a estética do corpo. Eram anos de crise econômica: surgiram revistas de serviço, que sugeriam à leitora "faça você mesma". As adolescentes atingiram o status de importante nicho no mercado de revistas. No entanto, esta década foi um tempo de luta e conquista da democracia.

Nos anos 1980, havia todo um clima de busca de libertação das amarras autoritárias. A Lei da Anistia, de agosto de 1979, permitiu a volta de exilados políticos. Em 1980 e 1981, houve prisões dos líderes do ABC, entre eles Lula, então presidente do recém-criado Partido dos Trabalhadores. Em 1981, Franco Montoro, governador do Estado de São Paulo, criou o primeiro Conselho Estadual da Condição Feminina. E a primeira Delegacia da Mulher começou a funcionar em São Paulo em agosto de 1985. Os jornais e as lideranças políticas empreendiam ações visando ao restabelecimento das eleições diretas para cargos executivos. Assim, o movimento das Diretas Já teve seu passo inicial numa manifestação pública convocada pelo PT no dia 27 de novembro de 1983, manifestação com a presença de Leonel Brizola, Ulysses Guimarães, Fernando Henrique Cardoso, Lula, Mário Covas, entre outros.

A emenda Dante Oliveira que previa eleições diretas para presidente não foi aprovada e aconteceu a eleição pelo colégio eleitoral em 15 de janeiro de 1985, sendo eleito presidente Tancredo Neves, que morreu sem ter tomado posse. Assumiu a presidência o seu vice, José Sarney. Em 1988, foi promulgada a nova Constituição brasileira, que estabelece em seu artigo 5º, I: "Homens e mulheres são iguais em direitos e obrigações", completado pela grande mudança do artigo 226 §5º: "Os direitos e deveres referentes à sociedade conjugal são exercidos igualmente pelo homem e pela mulher". Com a Constituição, mulher e homem dividiam a chefia da família: o sistema deixava de ser patriarcal. Também foi aprovado o voto aos 16 anos de idade. Um tema praticamente ignorado nas Constituições anteriores – a defesa do meio ambiente – começa a aparecer na forma de combate à poluição e preservação de flora e fauna. Ecologia já estava presente nas páginas de revistas femininas como *Claudia*; e até *Capricho* publicava matérias sobre o tema.

A década presenciou planos econômicos que tentavam deter a marcha da inflação. Embora estimuladas por campanhas que envolviam jogos políticos, as mulheres mobilizaram-se a favor do controle de preços das mercadorias. No universo da mídia impressa e televisiva, a Rede Globo se constitui como a maior força no que se refere a indústria do entretenimento e de alcance a todo o território brasileiro. A revista *Veja* se consolida como a grande revista semanal de informação; em 1983, alcança 500 mil exemplares. Em 1986, foi lançada a revista *Trip*, criada por Paulo Lima, voltada ao público jovem masculino, amante de esportes radicais – principalmente surfe – e bastante interessado em cultura pop e em algumas formas alternativas de vida. Como revista masculina, incluía ensaios sensuais femininos, mas com propostas distintas de uma publicação como *Playboy*.

Apesar das incertezas inflacionárias, houve espaço para um lançamento voltado para a moda de grifes famosas e das últimas novidades dos desfiles internacionais: em 1988 é lançada pela Editora Abril a revista *Elle*, licenciada da homônima francesa. Roupas maravilhosas, ambientes sofisticados, reportagens sobre lugares exóticos, indicações de hotéis e restaurantes luxuosos e vida de astros do cinema – de preferência estrelas estrangeiras – formam um conteúdo para despertar aspirações de ascensão social.

Se a década de 1970 foi um período de grandes reivindicações feministas, inclusive com o aparecimento de pesquisas sobre relações de gênero dentro das universidades, os anos 1980 começaram a ver alguns resultados dessas lutas. No âmbito da Universidade de São Paulo, foi criado em 1985 um Núcleo de Estudos da Mulher e Relações Sociais de Gênero (Nemge), reunindo pesquisadores de diversas faculdades que trabalhavam sobre a questão da mulher. Grupos de pesquisadores organizavam-se em institutos e ONGs em defesa da mulher. A Ecos – Comunicação em Sexualidade foi fundada em 1989, em São Paulo, com a finalidade de promover e transformar valores e comportamentos relacionados com sexualidade, saúde e direitos reprodutivos e consolidou-se enquanto ONG atuante na defesa de adolescentes. Esse universo de intervenção foi expandido com temáticas que associam sexualidade e questões de classe, raça, gênero e idade, bem como a diversidade de orientação sexual. Gravidez adolescente, aborto, drogas, prevenção às DST/Aids foram trabalhados em vídeos especialmente produzidos e utilizados em ações de comunicação, conscientização e treinamento.

O mercado de trabalho estava se abrindo mais para a mão de obra feminina; as mulheres avançavam cada vez mais nos bancos universitários; aumentava pouco a pouco a participação da mulher na política. Em 1970, as mulheres eram 20,9% da população economicamente ativa; em 1990, eram 35,5% (fonte: IBGE, AEB 1980 e 1992).

A inflação e as dificuldades econômicas propiciaram o surgimento de revistas que visavam ser úteis à vida das leitoras. A revista *Criativa*, lançada em 1982 pela Rio Gráfica Editora, ensinava a fazer uma série de objetos, trabalhos de artesanato e soluções práticas para casa, possibilitando inclusive que se conseguisse uma renda suplementar. *Saúde!* é de 1983; *Corpo a Corpo*, de 1987; *Boa Forma*, de 1988. Os cuidados com a saúde e a alimentação, a disseminação das academias de ginástica eram índice de que a figura corporal estava adquirindo cada vez mais importância. A segmentação era crescente: *Globo Rural* (1985), *Nova Escola* (1986), *Superinteressante* (1987), *Arquitetura e Construção* (1987). A edição regional *Veja São Paulo* (1985) inaugurava um novo formato de guia de lazer com indicações gastronômicas e de espetáculos.

As telenovelas foram um dos fatores mais importantes para o declínio do interesse em relação às fotonovelas. No ano de 1980, a revista *Capricho* ainda publicava esse tipo de narrativa fotográfica, às vezes com a novidade de ser em cores (outubro de 1980) e trazendo na capa a advertência: "Desaconselhável para menores de 18 anos". A revista deixou de publicar fotonovelas em 1982 e se transformou em uma revista mensal de variedades que visava uma mulher jovem, de nível socioeconômico mais baixo do que a leitora de *Claudia*. Mesmo assim, a publicação não encontrava a sua fórmula ideal; carregava o rótulo pejorativo de ser identificada como revista de fotonovela e o número de exemplares vendidos diminuía a cada mês. Foi então que a revista sofreu uma transformação radical. Percebendo o grande crescimento da juventude como mercado consumidor – e a necessidade de um veículo mais apropriado à adolescente – foi desenvolvido um novo conceito: "A revista da gatinha", com a ajuda do publicitário Washington Olivetto, da DPZ, agência de propaganda responsável pela conta de *Capricho*. O reposicionamento aconteceu em maio de 1985: a publicação voltou-se para um público entre 13 e 20 anos e conquistou grande sucesso. Moda, beleza e comportamento formavam o tripé de conteúdo. Embora desde seu lançamento, há mais de trinta anos, *Capricho* fosse lida por uma certa quantidade de garotas, essa fórmula marcou a efetiva descoberta do mercado de revistas para adolescentes. A mudança foi empreendida por Célia Pardi, diretora de redação de 1982 a 1988; em seguida, ela passou a dirigir a revista *Claudia*. O primeiro número de 1988 ainda trazia a marca "miau" aplicada sobre o logotipo *Capricho*, somando-se ao slogan "a revista da gatinha". Na capa, chamadas sobre "Aborto, a dura realidade do dia seguinte", "Quando uma garota se apaixona por outra garota", "Minha irmã, minha rival", moda, beleza de verão, férias, Madonna e Milton Nascimento, o concurso "Look of the Year – 60 gatinhas e um sonho: ser top model". Temas como aborto e homossexualismo dificilmente estariam nas capas da revista na década de 1970; mas agora havia espaço para eles. Em contrapartida, o crescimento da aura em torno das modelos era visível. Além da extensa reportagem sobre o concurso internacional – oito páginas recheadas de fotos –, a revista promovia concursos para escolher a garota da capa de cada mês. "Look of the Year", evento cercado de patrocínios, espécie de sucessor de concurso de miss, elegia a vencedora entre garotas com idade média de 16 anos. O desejo de ser "modelo" estava se firmando cada vez mais entre as adolescentes.

Em 1989, a revista resolveu buscar leitoras um pouco mais velhas e trazer matérias mais ousadas sobre sexo, acreditando que o assunto aumentaria a circulação. Houve um retrocesso: isso não surtiu muito efeito porque *Carícia*, agora da Editora Azul e *Querida* (Editora Globo) já atuavam nesse modelo editorial de publicação feminina para jovens de classe C entre 17 e 25 anos. Na capa da edição de março de 1989, a chamada: "Fique fria! Dá para ser feliz apesar dos imprevistos da transa"; mas na seção "Você e o mundo" há uma espécie de crônica do jornalista Nirlando Beirão, na época redator-chefe da *IstoÉ Senhor*, sobre a eleição de Luiza Erundina como prefeita de São Paulo, com o título: "Dona Luiza vence no país do masculino". Foi um pequeno intervalo; ao findar a década, *Capricho* havia se definido para um público adolescente de 12 a 18 anos, tendo como diretora de redação Mônica Figueiredo. Houve uma grande reformulação que implicou um design gráfico mais movimentado e atual. Entre os editores estavam Marília Scalzo, Tato Coutinho, Amália Spinardi, Patrícia Broggi; e como repórteres Ana Cecília Lessa e Sandra Hirata. Essa equipe implantou e firmou o novo projeto, produzindo um consistente conteúdo editorial totalmente voltado para a leitora bem jovem.

A revista também atingia um contingente de garotos – que liam os exemplares de irmãs ou amigas – tentando compreender o universo feminino e descobrir maneiras de conquistá-las. No circuito de interação com leitores, as revistas femininas sempre ostentaram números expressivos em suas seções de cartas. Sugestões, consultas sobre temas como saúde, direito, relacionamentos são seções presentes desde os primórdios da imprensa feminina. No caso da Editora Abril, o atendimento ao leitor – instituído por Victor Civita já nas suas primeiras publicações – funcionava e ainda funciona como termômetro dos anseios do público. Por volta de 1988, *Capricho* recebia mensalmente entre mil e duas mil cartas de leitoras[6]; em tempos pré-internet esse volume indicia a vitalidade da seção, além de mostrar a grande necessidade que as adolescentes têm de interagir com uma revista na qual elas confiam.

Texto II/análise

Texto: "It's my life"
Veículo: *Capricho*, n. 12, São Paulo: Abril, ano 36, dez. 1989, p. 12.

Os títulos de seções e matérias dessa edição da revista mostram o sentido do projeto editorial vinculado ao universo adolescente e à cultura pop. As letras parecem as de uma máquina de escrever. Assim, a carta da diretora se chama

---

6. Essa cifra é apontada por Sandra Hirata – responsável pelo serviço de atendimento de *Capricho* em 1988. In: Rotenberg, Elsie Laura Klabin. *Revistas femininas: imprensa em constante mutação*. 1989. Trabalho de conclusão de curso. Escola de Comunicações e Artes, Universidade de São Paulo, p. 8.

"DIÁRIO DA REDAÇÃO"; a seção de cartas, "DIGA AÍ"; consultas, "HELP"; foto de rapaz bonito, "COLÍRIO"; ecologia, "ESSA É MINHA TERRA"; discos, "SOM"; cinema e vídeo, "TELÃO TELINHA"; televisão, "SE LIGA"; livros, "NO PAPEL"; notas, "TUDO & TODAS"... A capa traz uma jovem "gata" identificada como tendo 16 anos. As chamadas são poucas: "luz!" escrita em letra cursiva; e mais: "Especial de verão / Isabela Garcia / Transar ou não transar: eis a questão". Transar ou não transar e a primeira vez são temas recorrentes nas revistas para meninas. Essa matéria (p. 33), sob a rubrica "EU E MEU GATO" reúne depoimentos de garotas que tem 16 ou 17 anos: "Eu morria de medo de ficar grávida e de vergonha do meu corpo. Com meus pais não tocava no assunto e até minhas amigas eram contra. Só podia falar disso com quem já tinha passado pela mesma situação e o que mais me apavorava era a possibilidade da minha mãe descobrir"; "uma vez eu transei com um gato por impulso e o encanto foi embora. Gostava muito dele, mas depois não nos encontramos mais nem pudemos falar sobre o que aconteceu. Ele deve ter pensado que eu agia sempre assim. Senti-me péssima".

A presença de cantores e artistas é crescente: a cantora Rita Lee assina uma coluna sobre ecologia; o cantor Leo Jaime assina a última página "FIM DE PAPO" e entrevista a atriz Isabela Garcia. No entanto, as capas dessa década eram predominantemente de modelos ainda pouco conhecidas.

A matéria escolhida – "It's my life" – marca uma tendência que mais tarde se disseminaria pela imprensa: textos escritos em primeira pessoa, expondo detalhes da vida pessoal e divulgando fotos do dia a dia. Isso podia ser caracterizado como uma espécie embrionária de interatividade: a leitora participava produzindo matérias. Depois, a internet e as máquinas fotográficas digitais facilitaram o caminho para blogs e fotologs, herdeiros da tradição diário íntimo – só que este era para ser pouquíssimo divulgado. O título em inglês remete à cultura americana e cria laços de identificação com a adolescente que gosta de rock. No rodapé, o pedido de colaboração: "mande dez slides de boa qualidade e um texto contando um pouco de sua vida para a seção It's my life [...] Todo mundo vai adorar conhecer você".

Fotos acompanhadas de textos explicativos estruturam a matéria, que traz a identificação de autoria: por Isadora L., 16 anos, estudante, segundo colegial, São Paulo. A primeira foto é da autora, que se apresenta: "Oi, gente! Meu nome é Isadora, mas podem me chamar de Isa. Sou do signo de Áries, descendente de italianos e turcos. Geniosa? Não... só um pouquinho. Estou cursando o segundo colegial e não tenho feito outra coisa senão estudar [...]".

A informação de estar cursando o segundo colegial é bastante frequente na revista, índice da faixa de público preferencial. Outra foto mostra Isadora com sua mãe e três irmãs. Ela disse que são muitas mulheres e aproveita para introduzir a separação dos pais: "E o pai? Fugiu!!! (brincadeirinha). Meu pai saiu de casa há um ano. Foi por causa da tal incompatibilidade de gênios. Foi barra, barra mesmo! Ele está namorando, e eu não gosto. É ciúme, eu sei, mas não dá para controlar. Ainda bem que a minha mãe não quer saber de novos relacionamentos..."

Os elementos principais do universo da garota estão presentes: amizade, animais domésticos, namoro. O cão Pitthy aparece em uma foto com sua dona: "[...] é o único que aguenta todo mundo aqui em casa sem reclamar". Ao lado da foto em que ela está com a amiga, o relato de como começou a amizade há três anos e a comparação de personalidades: Isadora se acha insegura, com dificuldades para escolher uma profissão, ao contrário de sua amiga Mariana, que "sempre soube o que quis". Mais uma foto com outras amigas e a seguinte confissão: "Acho que estou sofrendo da mesma síndrome da minha mãe: não consigo gostar de ninguém. Me apaixonei só uma vez, mas não deu certo. No momento, estou curtindo meus amigos".

O tom confessional, o uso de apelidos, a exposição de emoções, tudo dá um caráter de linguagem oral e transmite bastante verossimilhança. Depoimentos são formatos muito comuns nas revistas femininas. A novidade desta pequena seção é o espaço para uma fala adolescente sem intermediação do jornalista, prenunciando um estilo que será dominante nas revistas para adolescentes nos anos 1990 e mais adiante, nas produções de blogs na internet. Mais e mais a leitora adquire voz ativa nas publicações a ela dirigidas, inaugurando uma era de jornalismo colaborativo.

Texto II/análise

Texto: "Espelho, espelho meu", de Leda Beck
Veículo: *Mulherio*, n. 5, jan.-fev. 1982, p. 12-3.

Mulherio foi o mais duradouro dos jornais feministas dessa década; iniciado em 1981, foi publicado até 1990. A Fundação Carlos Chagas – instituição que realizava estudos sobre educação, exames vestibulares e provas para concursos públicos – também vinha financiando pesquisas sobre mulher por meio do "Concurso de dotações para pesquisas sobre mulher", inclusive com apoio de fundações internacionais como a Fundação Ford. Pesquisadoras da Carlos Chagas alimentavam a ideia da criação de um jornal sobre mulher. Inicialmente, pensava-se num público constituído pelos órgãos de comunicação, grupos de mulheres e entidades culturais e acadêmicas (cf. n. 0, de março-abril de 1981).

O primeiro número saiu com a data de maio-junho de 1981, sob a direção da jornalista Adélia Borges e com o conselho editorial formado por Carmen Barroso, Carmen da Silva, Cristina Bruschini, Elizabeth Souza Lobo, Eva Alterman Blay,

Ano II, n° 9, SETEMBRO/OUTUBRO 1982 — Cr$ 150,00

Na dança das eleições, caímos no samba da política feminina

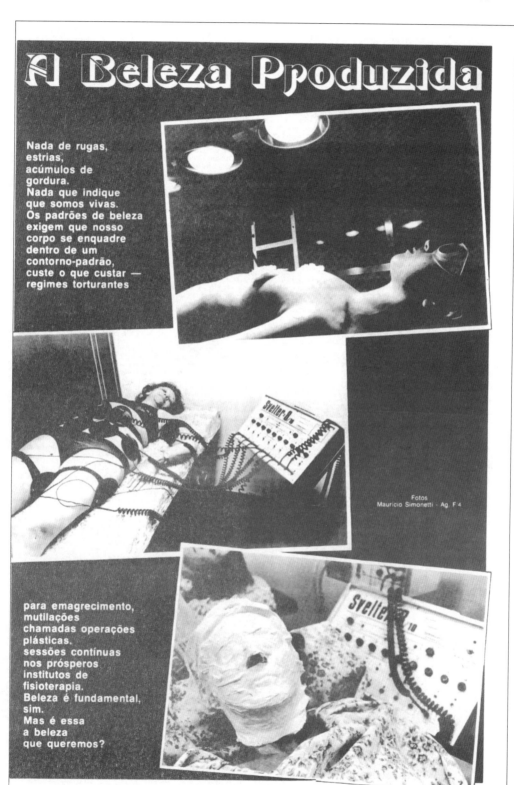

Corpo

— Quanta mulher bonita, meu Deus! O jovem executivo brasileiro, em sua primeira viagem à Europa, deliciava-se à mesa de um café de Saint-Germain-des-Prés, em Paris. Mulheres que, no Brasil, ele só via em festas especialíssimas ou em capas de revistas femininas passeavam diante de seus olhos todo o vigor de um indústria de prêt-à-porter "popularizada" pelo alto poder aquisitivo do francês. E, no entanto, é certo que, se ele as visse numa praia brasileira, cobertas por um sumário biquíni, elas não chamariam tanto sua atenção nem despertariam a admiração que não o deixava fechar a boca.

O que, então, o fazia considerar bonitas aquelas mulheres? A primeira coisa que passa pela cabeça são as bonecas: nossas bonecas são todas loirinhas e de olhos claros, pele diáfana. Elas são um dos muitos **modelos de beleza**, o mesmo que ocorre a José, 30 anos, corretor de seguros, que definiu sem hesitar uma mulher bonita como sendo "loira, de olhos azuis, queimada de sol". Ainda que o "queimada de sol" seja uma concessão tupiniquim, é surpreendente que, num país de mestiços, o padrão de beleza feminina que vem imediatamente à mente de um brasileiro médio seja a loira, de olhos azuis.

Ou verdes: Paula, 18 anos, vestibulanda típica da nossa juventude dourada, cita Bruna Lombardi como exemplo — com o que concordam imediatamente suas colegas, nas escadarias da Fundação Armando Álvares Penteado. Mas Maria, 15 anos, que tem justamente os olhos azuis do modelo europeu, só que é auxiliar de vendas em Taboão da Serra, acha que não basta esse detalhe e um "corpo legal": é preciso também "uma pintura boa, um cabelo bem penteado". Porque a mulher bonita, a seu ver, "é bem arrumadinha, bem vestida". E não simplesmente "gostosa", como disse um divertido camelô no viaduto do Chá, enchendo a boca com a palavra.

"Arrumação" como sinônimo de beleza e beleza como sinônimo de status: porque é preciso dinheiro sim, e muito. Ou Maria das Dores, **margarida que varria preguiçosamente a Xavier de Toledo**, não teria ruborizado para responder se é bonita: "Quando me arrumo, em dia de festa, sou sim... Acho que sou... Mas não que nem os ricos..." Pois os ricos podem recorrer a todos os artifícios da indústria da beleza: os modelos, assim, condicionam as pessoas, e muito especialmente as mulheres, aos interesses econômicos do sistema.

Neusa, 27 anos, cabeleireira, não acha que exista um modelo universal de mulher bonita. "As novelas de televisão influem muitíssimo", diz ela. "Conforme muda a novela, muda o modelo." De fato, a maioria das mulheres de seu salão cita Vera Fischer, a "Luíza", de "Brilhante", como exemplo de mulher bonita.

"Luíza" é a mulher perfeita para a sociedade de consumo: além de bonita, é também uma mulher emancipada, que se veste simplesmente — mas sempre na moda e com muito charme — se maquia com suavidade. Despedida do emprego, abandonada pelo homem de sua vida, nunca perde o bom humor: conserva todas as qualidades da clássica esposa-e-mãe, é compreensiva, carinhosa, alegre, terna. Nunca está suada, despenteada, com a maquiagem borrada, nem no fim de um exaustivo dia de trabalho e grandes emoções.

Evidentemente, Vera Fisher não é "Luíza". Como Sônia Braga, a baixinha de pernas finas que "ninguém olha na rua", não é Sônia Braga, a morena sensual e langorosa produzida pela Globo. Como ela mesma admite, nada a torna especial quando não está produzida para novelas ou filmes.

Assim, os modelos são criados e transformados continuamente, tornando impossível à comum das mortais acompanhar as alterações, que não são apenas superficiais mas de essência: peitos grandes ou pequenos, corpo esbelto o chonchudo, olhos verdes ou azuis. disso, cada modelo produzido é abs mente inatingível, mesmo isolado, que é "perfeito", como é o ca "Luíza".

Anésia, artista plástica, lembr os gregos foram os primeiros a vale socialmente a beleza formal. E Afrodite era a deusa da Beleza e do e, desde então, a mulher bela é a m amada. E quem não quer ser ama

Mas "quem ama o feio, bonit parece", como diz o ditado, o que m que há alguma coisa além da forma explica a insistência das pessoas, qu perguntadas sobre a beleza, em re der como Terezinha, 48 anos, auxili enfermagem:

— Beleza externa ou beleza int O Nelson Ned, por exemplo, é um a nho, mas tem qualidades como c Eu acho que o interior dele é uma maravilhosa.

Da mesma forma reage Ana corretora de seguros, 45 anos, que f "beleza espiritual", e o contador 25 anos, que não olha "só a beleza na da pessoa", mas pede desculp não estar de gravata, pela barb fazer, pelo cabelo despenteado.

Só Anésia destoa desse discur dualidade, citando Bergman: "O profundo é a pele, dizia ele. Ta acho que o ser humano não é uma c da qual se vão tirando as casc

Espelho,

Você é bonita? as mulheres reagem co entre a frustração e a culpabi apesar de tudo o que n onde é que

Ana Maria
"Andar bem arrumado é muito importante. E pra se arrumar é só ter bom gosto."

Maria das Dores
"Eu? Bonita? Às vezes... Mas não que nem os ricos."

MULHER DE PAPEL

gar ao miolo da espiritualidade..."
Mas Marília, 47 anos, dona-de-casa, reta sem hesitar: "O que define uma her bonita é, em primeiro lugar, a patia". E, no entanto, não é de sua patia que ela está cuidando num sa-de beleza de bairro. Mas logo se trai: lher bonita é a que tem traços perfei- Eu, por exemplo, sou muito mais pática do que bonita". E volta à linha beleza exterior: "Mulher bonita é ela que não precisa de nada: sai do ho bonita, acorda bonita".
As idas e vindas de Marília em torno eleza, tão evidentes em sua fala, são s sutis em outras mulheres, especial-te nas mais jovens. Na essência, con-, voltam ao mesmo triste impasse: o coordenar auto-estima e exigência al? Como gostar de si mesma, e, ao mo tempo, parecer ser outra, dar a ressão de ser rica e bela, tanto quanto idrão estabelecido exige?
Pois a beleza dos modelos difundidos é só formal: ela também tem muito a com dinheiro, com prestígio social, status. A maquilagem, por exemplo, portante para ficar mais aparentosa, o diz Ciumara, 18 anos, caindo de me. Retendo o sorriso de dentes que-os, ela fala muito em aparência, tan-uanto Maria: "A gente se arruma pra aparência pros outros, né? A gente pode aceitar não se arrumar, eu acho o. Vai andar assim que nem um...".
Marlene, diagramadora de 34 anos,

elho meu

salão de beleza,
arçável constrangimento:
uma Vera Fischer
esejar sê-lo,
n sobre "beleza interior",
de agradar?

Neusa
"Nessas bobagens
gente escolhe sim.
las vá decidir como
quer viver ou comer."

conta que viu uma peça em que a atriz olha no espelho e 'descobre' seu rosto: "Ela descobre que o rosto é seu, e que ela não pode continuar se reconhecendo no outro, deixando que seu rosto seja o reflexo do desejo e da expectativa do outro. Preciso recuperar meu rosto para fazer dele o que eu quiser e é isso que vai me dar prazer".

E aí talvez esteja um dos muitos XX da questão: os rostos das pessoas, e muito especialmente os das mulheres, não são — parecem. Parecem o que não são para poder corresponder a modelos de beleza que são sinônimos de valorização social — admiração, prestígio, sucesso, amor. A ordem é tentar fazer-de-conta-que.

O problema é que, no frigir dos ovos, as grandes enganadas somos nós mesmas: nos persegue uma frustração por estarmos inevitavelmente distantes dos modelos — "porque eu sou única e não posso ser outra", como diz Marlene. Essa frustração é clara em Cida, 27 anos, que trabalha na seção de embalagem da Ciba-Geigy: "Acho que ainda falta muita coisa em mim para ser bonita", diz ela, com um ar constrangido.

O sistema explora essa frustração, como explora e recupera habilmente toda tentativa de criar modelos marginais — e o movimento hippie é um exemplo típico: hoje, podem ser encontrados jeans com a etiqueta Pierre Cardin a preços extorsivos...

Esses estilos e modelos nos penetram tão profundamente que mesmo uma intelectual feminista como Anésia não consegue escapar quando perguntada sobre a própria beleza: "A gente discute e tal, mas a gente também não quer ser um buxo, né? Nós todas, mulheres, estamos muito presas ao padrão".

Será que não há saída? O sistema é mesmo cheio de tentáculos e nos envolve a todas inelutavelmente? Talvez as coi-

Pedro
"Eu me acho bonito
conforme o traje.
Hoje, por exemplo,
falta a gravata."

Maria
"Mulher bonita
tem um corpo legal,
uma pintura boa,
um cabelo bem
penteado."

sas não sejam tão ruins. A própria recuperação do movimento hippie tem seu aspecto positivo: mal ou bem, alguma coisa do movimento ficou.

A criatividade, por exemplo, está na moda: "faça seu tipo, invente sua roupa". O sistema ganha dinheiro com isso? Sem dúvida. Mas nós ganhamos a possibilidade de não seguir esquemas rígidos — como eram o cabelo desfiado e o laquê dez anos atrás —, de combinar estilos variados sem a censura do grupo social.

É isso talvez que permite a Cláudia, 23 anos, auxiliar de escritório, dispensar o rouge: "Gosto da minha bochecha rosada pelo sol". Ou a Paula, a vestibulanda, definir a mulher bonita como aquela que "tem vida". Ou ainda a Dora, dona-de-casa de 27 anos, ousar desafiar o modelo Vera Fischer: "Eu não disse que ela é mais maravilhosa do que eu. Eu só acho ela bonita. E eu também. Como todas as mulheres são bonitas".

"Hoje, a moda está muito à vontade", explica Neusa, 27 anos, dona de um salão de beleza. "Você usa o cabelo crespo, liso, você usa o que você quiser." Diante do argumento de que a decisão pode não ser tão pessoal assim, que obedece aos interesses de indústrias que criam necessidades, Neusa reage:

— A indústria simplesmente cria. Você usa se quiser. Dentro disso, pelo menos, você escolhe. Pra essas bobagens, todo mundo fica à vontade. Mas decida onde você quer viver e da maneira que você quer viver, da maneira que você quer se alimentar, que é necessário: você não tem decisão. Pergunte a um favelado o que ele quer almoçar. Ele pode ficar querendo a vida inteira: ele não vai decidir.

Tá certo, Neusa. A chave deve estar por aí: exercer o poder de seleção sobre os modelos, usar os modelos e não se deixar usar por eles, não ser apenas um manequim desengonçado na passarela social. Porque a Twigg é a Twigg, mas eu sou eu e você é você. E nenhuma de nós poderá ter o rosto da outra.

Sueli
"Ah, eu não acho eu bela não...
A gente deixa que
os outros achem a gente."

Beleza é fundamental, sim

Maria Rita Kehl

"As feias que me perdoem mas a beleza é fundamental"

Frase sacana a do poeta. Nos coloca a todas diante do angustiado dilema de decidir (nós não; nós não decidimos nada - nesse assunto, os outros é que decidem por nós) se estamos lá ou cá. Na primeira ou na segunda linha. Entre aquelas que possuem o que é considerado fundamental ou entre as dispensáveis, a quem resta somente perdoar o poeta. Ou pedir perdão por aquilo que nos falta.

Vinicius de Moraes talvez se sentisse com poderes de juiz não apenas por ser do sexo masculino, mas por estar seguro em nos agradar. Ou seja: seguro de que, no seu caso, a beleza (estou sempre me referindo à beleza física estereotipada, ao padrão global, de qualidade a que estamos submetidos, é claro) não é fundamental. O poeta se colocava na posição de quem escolhe (como tantos outros), seguro de que seus atributos lhe possibilitariam ser aceito pela escolhida. No caso, por exemplo, o fato de ser um homem sensível, poeta reconhecido, experiente da vida, e, quem sabe, carinhoso, envolvente, etc - tudo isso poderia fazer dele um homem desejável. Mas, à "mulher feia", nem todas essas qualidades reunidas seriam suficientes: "beleza é fundamental".

A primeira justificativa para esta diferença entre homens e mulheres é bastante conhecida: o homem é aquele que olha; seu desejo passa pelo olhar. A mulher é olhada e seu desejo passa principalmente por aí — por se fazer desejada. O que é uma verdade empírica mas pode se tornar uma mentira se formos um pouquinho além das aparências. Começando pela constatação mais banal: a mulher não olha porque foi reprimida, ensinada e educada para não olhar. Na nossa cultura, a mulher que encara ostensivamente o homem é a prostituta, e este signo todas nós fomos ensinadas a não portar em nenhuma situação. Mas a inibição do olhar feminino pode ter ainda outras razões: este olhar não é impune. O homem pode cometer a violência, a invasão de nos analisar abertamente com os olhos, percorrer todas as formas do corpo da mulher em qualquer lugar público, e o único risco que corre é o de receber em troca uma cara feia ou uma tímida expressão de desagrado. Mas a mulher teme a violência masculina, sobretudo a violência sexual. Eu encaro um homem bonito na rua — e depois? Se ele vier atrás de mim? Se ele pensar que ...? etc etc etc. Posso dizer que meu olhar só se destinbe entre amigos muito próximos, ou em raras ocasiões em que eu consiga realmente me colocar na posição de desejante — sem achar que isto represente uma vergonha para mim.

Mas mesmo quando a mulher olha o homem, ainda se coloca uma questão: o que é que ela vê? Vê a beleza, sim — sobretudo aquela que emana da sensualidade, às vezes da doçura, da sensibilidade. Se é que a repressão tem alguma consequência vantajosa, posso pensar que no caso dos valores envolvidos no mercado sexual de nos

Foto: Nair Benedicto - Ag. F/4

sa sociedade, o fato da mulher ser mais reprimida como conquistadora nos permitiu tempo e espaço para ver, no homem, outras coisas. Se os homens afirmam que vêem na mulher antes de mais nada "belos contornos", considero isso como um empobrecimento de sua capacidade de olhar e ver. Estou convencida de que nosso olhar sabe encontrar no homem sinais do que ele é, além dos contornos de sua musculatura.

Por outro lado, o que mais nos ofende não é não sermos olhadas, contempladas e (às vezes) admiradas, mas o fato de saber que o outro nos olha como se olhasse um corpo morto. Aí está a contradição que a sociedade de consumo criou para a mulher que deseja ser bela segundo suas normas: mais do que nunca, hoje os padrões de beleza exigem que sejamos incorpóreas.

Não somos aceitas e talvez não nos aceitemos como seres que existem a partir de, dentro de, através de um corpo. O corpo que podemos e devemos ostentar, corpo plástico e sem "imperfeições", corpo que esconde todas as marcas do tempo e de nossa história de vida — esse corpo feminino é exibido, cobiçado e consumido nessa condição: a de ser um corpo morto. Nosso corpo é aceito, exposto e aparentemente liberado de uma moral que o considerava como o lugar do pecado — mas é liberto somente na condição de coisa. Como tal, pode e deve exibir sua superfície, sua forma, seu contorno — mas deve forçar suas tendências naturais de modo a que tal contorno se enquadre dentro de um contorno-padrão, custe o que custar.

Hoje, para que a mulher seja ao mesmo tempo "moderna" (ativa, independente, trabalhadora, etc) e atraente dentro dos mesmos padrões de boneca de luxo de antigamente, precisa consumir muito mais. Civilização avançada é isso aí. A indústria dos bens supérfluos nos oferece cotidianamente uma tecnologia que nos convida a intervir sobre o corpo de modo a esconder sua condição de estar vivo, para exibir apenas sua potencialidade como depositário do desejo do outro. O outro, a quem nosso corpo não deve incomodar, cheirar, melar, molhar, revelar-se. O outro que não aceita nosso corpo caso ele envelhecer, engordar, perder a consistência "pneumática", empalidecer, engravidar...

No entanto, depois de tudo isso continuo concordando com uma parte da frase opressiva do poeta: "beleza é fundamental". O que propomos não é o elogio da feiúra, a ideologia do "quanto mais maltratada melhor" — e sim a subversão de nossos conceitos estéticos.

A maior beleza é a do corpo livre, desinibido em seu jeito próprio de ser, gracioso porque todo ser vivo é gracioso quando não vive oprimido e com medo. É a livre expressão de nossos humores, desejos e odores; é o fim da culpa e do medo que sentimos pela nossa sensualidade natural; é a conquista do direito e da coragem a uma vida afetiva mais satisfatória; é a liberdade, a ternura e a autoconfiança que nos tornarão belas. É essa a beleza fundamental.

Fúlvia Rosemberg, Heleieth Saffioti, Lélia Gonzalez, Maria Carneiro da Cunha, Maria Malta Campos, Maria Moraes, Maria Rita Kehl, Maria Valéria Junho Pena, Marília de Andrade, Mariza Correa e Ruth Cardoso. Na capa, uma foto de mãe e filha adolescente, o título "Mamma Mia!" e a chamada sobre maternidade, violência, divisão de trabalho doméstico. O logotipo do jornal – a palavra *mulherio* – tinha letras com design que lembrava as curvas femininas. O jornal também tentou inovar no que se refere a imagem, usando fotos não convencionais, retratos de mulheres operárias, boias-frias, mulheres negras, charges, quadrinhos etc. Um exemplo dessa ousadia é a fotografia (autoria de Nair Benedicto, da agência F/4) da capa do n. 9 (setembro-outubro de 1982), com um casal dançando no meio do salão, debaixo do título que remetia a eleições: "Na dança das eleições, caímos no samba da política feminina".

A matéria selecionada está incluída na seção "Corpo", iniciada com uma página, com o título "A beleza produzida", com fotos de tratamentos estéticos acompanhadas pelo texto:

> Nada de rugas, estrias, acúmulos de gordura. Nada que indique que somos vivas. Os padrões de beleza exigem que nosso corpo se enquadre dentro de um contorno-padrão, custe o que custar – regimes torturantes para emagrecimento, mutilações chamadas operações plásticas, sessões contínuas nos prósperos institutos de fisioterapia. Beleza é fundamental, sim. Mas é essa a beleza que queremos?

O posicionamento do jornal é muito claro, contra a ditadura dos modelos veiculados pela mídia. Aliás, a temática principal dessa edição gira em torno do conceito de beleza aliado à diversidade da população brasileira. A chamada de capa acentua o direcionamento: "Neste número, homenageamos a graça, o charme e a beleza da mulher brasileira"; há uma colagem de fotos de diferentes tipos de mulher: brancas (uma delas a modelo e atriz Bruna Lombardi), mulatas, jovens e maduras e de várias classes sociais.

"Espelho, espelho meu" tenta trabalhar com uma pluralidade de conceitos de beleza. A beleza é um tema inescapável para a grande maioria das publicações dirigidas à mulher, porém quase sempre gira em torno de um modelo ideal. Após o título, a pergunta: "Você é bonita? Na rua, no salão de beleza, as mulheres reagiam com um indisfarçável constrangimento: entre a frustração por não ser uma Vera Fischer e a culpabilidade por desejar sê-lo, apesar de tudo que nos ensinaram sobre "beleza interior", onde é que fica o prazer de agradar?"

O início do texto é sintomático, a enunciação pertence ao homem: "'Quanta mulher bonita, meu Deus!' O jovem executivo brasileiro em sua primeira viagem à Europa, deliciava-se à mesa de um café de Saint-Germain-des-Prés, em

Paris. Mulheres que, no Brasil, ele só via em festas especialíssimas ou em capas de revistas femininas [...]". O pressuposto do raciocínio é de que a beleza feminina depende do olhar masculino. A matéria vai alternando visões femininas a respeito do que é ser bonita. Em contraposição à hegemonia do padrão mulher branca europeia, diversas vozes, devidamente situadas em relação a idade, profissão e classe social, vão articulando ideias de beleza. Assim, a vestibulanda de uma importante faculdade particular aponta Bruna Lombardi como exemplo; a auxiliar de vendas de uma região periférica, apesar de ter olhos azuis, acha que é necessário um corpo legal, uma pintura boa, um cabelo bem penteado. As atrizes das novelas são citadas por muitas das entrevistadas, índice da grande penetração da televisão na construção do gosto.

A polifonia das vozes também se reflete no recurso imagético de se fazer uma espécie de balão de história em quadrinhos para cada uma das pessoas fotografadas:

> Ana Maria [senhora branca bem-vestida, provavelmente classe média alta]:
> "Andar bem arrumado é muito importante. E pra se arrumar é só ter bom gosto."
> Maria das Dores [senhora mulata simplesmente vestida, lenço na cabeça]:
> "Eu? Bonita? Às vezes... Mas não que nem os ricos."
> Neusa [mulher talvez oriental, cabeleireira]:
> "Nessas bobagens a gente escolhe sim. Mas vá decidir como você quer viver ou comer."
> Maria [jovem branca vestida simplesmente, provavelmente classe média baixa]:
> "Mulher bonita tem um corpo legal, uma pintura boa, um cabelo bem penteado."
> Pedro [jovem, branco, com paletó e mala executiva. Provavelmente classe média]:
> "Eu me acho bonito conforme o traje. Hoje, por exemplo, falta a gravata."
> Sueli [moça negra, aparência simples]:
> "Ah, eu não acho eu bela não... A gente deixa que os outros achem a gente."

A poderosa influência das atrizes de novela atravessa todo o texto: mulheres ricas e pobres usam Vera Fischer e Sônia Braga como exemplo de beleza. O texto é pontuado por comentários à imposição de modelos e ao mercantilismo da moda:

> Assim, os modelos são criados e transformados continuamente, tornando impossível à comum das mortais acompanhar as alterações, que não são ape-

nas superficiais, mas de essência: peitos grandes ou pequenos, corpo esbelto ou rechonchudo, olhos verdes ou azuis. Além disso, cada modelo produzido é absolutamente inatingível [...].

A matéria seguinte (p. 14-5) é um artigo da jornalista e psicanalista Maria Rita Kehl, com o título "Beleza é fundamental, sim", iniciado com o verso célebre de Vinícius de Moraes – "As feias que me perdoem, mas a beleza é fundamental" – e a crítica: "Frase sacana a do poeta. Nos coloca a todas diante do angustiado dilema de decidir (nós não; nós não decidimos nada – nesse assunto, os outros é que decidem por nós) se estamos lá ou cá".

A autora explica a diferença bastante conhecida entre homens e mulheres: o homem é aquele que olha, seu desejo passa pelo olhar. A mulher é olhada e seu desejo passa principalmente por aí – por se fazer desejada. Ela continua: "A mulher não olha porque foi reprimida, ensinada e educada para não olhar. Na nossa cultura, a mulher que encara ostensivamente o homem é a prostituta, e este signo todas nós fomos ensinadas a não portar em nenhuma situação".

E a crítica à civilização do consumo vem com todas as letras, incluindo situações bem concretas:

> Hoje, para que a mulher seja ao mesmo tempo "moderna" (ativa, independente, trabalhadora etc.) e atraente dentro dos mesmos padrões de boneca de luxo de antigamente, precisa consumir muito mais. Civilização avançada é isso aí. A indústria dos bens supérfluos nos oferece cotidianamente uma tecnologia que nos convida a intervir sobre o corpo de modo a esconder sua condição de estar vivo, para exibir apenas sua potencialidade como depositário do desejo do outro. O outro, a quem nosso corpo não deve incomodar, cheirar, melar, molhar, revelar-se. O outro que não aceita nosso corpo caso ele envelhecer, engordar, perder a consistência "pneumática", empalidecer, engravidar...

SEGURA E SEXY

Contexto: Década de 1990

A maioria das revistas brasileiras de grande circulação se voltava para o consumo e o culto às celebridades, principalmente televisivas. Todo o direcionamento da imprensa feminina para o mercado, desde seus primórdios, alcança o auge no final do século XX. As revistas femininas são peças fundamentais na concretização da sociedade de consumo. E nesse sentido, o corpo assume o posto de elemento essencial na construção da imagem das pessoas.

A última década do século sofreu uma acentuada aceleração, especialmente por causa da multiplicação comunicativa. Por volta de 1996, a palavra globalização já estava entronizada na mídia e nos meios cultos. A expansão das corporações, as trocas comerciais, a revolução tecnológica nos aparatos eletrônicos e nas comunicações produziam a reorganização política e cultural do mundo. A internet comercial havia sido lançada em 1994; alguns anos depois já estava disseminada pelas principais cidades brasileiras.

A produção de imagens cresceu exponencialmente: vídeo, televisão, circuitos internos, câmeras de segurança, outdoors e indoors impressos e eletrônicos, imagens nas telas dos computadores povoam ininterruptamente o espaço visual das pessoas. Tornou-se praticamente impossível caminhar vinte metros sem deparar com alguma imagem. A pressão que essas imagens de mulher – e de homem – exercem é inescapável, embora muitas vezes pareçam apenas fazer parte do entorno.

Completou-se o processo de abertura política. A estabilização monetária veio com o Plano Real – criado por Fernando Henrique Cardoso, ministro do governo Itamar Franco –, implantado em junho de 1994. O Brasil entrou em uma fase de privatização de estatais; a telefonia passou por grandes transformações. A informatização e o uso de computadores pessoais crescia mês a mês. A internet, que começara a operar em larga escala, já era uma ferramenta muito usada no final da década. Os LPs foram completamente substituídos pelos CDs. Na música, assistiu-se à emergência de criadores populares, mas influenciados pela cultura americana – rap, funk – e com forte relação com a cultura jovem.

A década de 1990 também foi o período de crescimento das organizações não governamentais (ONGs), já incorporadas ao imaginário social e muitas com efetiva atuação em diversos setores. Em 1995, a revista *Veja* alcança 1,1 milhões de exemplares; a publicação teve influência decisiva na queda de Fernando Collor em 1992 – principalmente na edição (27 de maio do mesmo ano) com o depoimento de Pedro Collor, irmão do presidente. Em 1997, a revista publica uma capa com fotos de dez mulheres, quase todas famosas, que assumiam abertamente: "Eu fiz aborto".

A revista *CartaCapital* foi criada em 1994 por Mino Carta. Em 1998, *Veja* ganha mais uma concorrente, a revista *Época*, editada pela Globo, em parceria com a revista alemã *Focus* (essa parceria terminou em 2000). *Caros Amigos* foi lançada em 1997, com uma receita que incorporava algumas marcas da imprensa alternativa dos anos 1970 – inclusive com jornalistas daquela época.

A sofisticação do consumo fez surgir inúmeras revistas segmentadas. Assim, foram lançadas: uma revista sobre gastronomia (*Gula*, 1990); revista sobre motocicletas (*Moto!*, 1994); revistas sobre turismo (*Viagem e Turismo*, 1995; *Próxima Viagem*, 1999); revistas masculinas (*Sexy*, 1993; *Vip*, 1994). O universo tecnológico disparou: *Ação Games*, 1991; *PC World*, 1992; *Exame Informática*, 1993; depois *InfoExame*. O debate crescente sobre as minorias e o respeito à diversidade contribuíram para o lançamento de revistas como *Raça Brasil* (1996), *G Magazine* (1997) e *Sui Generis* (1995-2000).

O universo da cultura e o jornalismo mais crítico e investigativo viram nascer: *Bravo!* (1997) e *Cult* (1997). A divulgação da ciência em grande escala, iniciada em 1987 com a revista *Superinteressante*, ganhou mais um título em 1991: *Globo Ciência*, que depois se transformou na *Galileu* (1998).

Outra grande revista francesa – *Marie Claire* – foi lançada no Brasil no começo da década, em abril de 1991, pela Editora Globo. Seu material de divulgação mencionava a mulher de classes A e B, economicamente ativa. Regina Lemos, diretora da revista, escreveu uma entusiasmada primeira carta à leitora:

> Desde 1954, quando surgiu em Paris, *Marie Claire* é ousada, pioneira, capaz de quebrar tabus como o de que uma revista feminina não pode tratar de assuntos ditos pesados, e que o espírito da reportagem atuante, polêmica e informativa não combina com matérias de moda, beleza e culinária. *Marie Claire* rompe com estes padrões dos quais estamos cansadas e junta o que as outras separam assumindo (com êxito) a contradição que existe na vida, entre belo e chocante, entre prazer e dor.

Marie Claire alcançou bastante receptividade, conseguiu também um grande número de assinantes e recebeu prêmios por suas matérias ousadas como "Especial pênis: força e fragilidade do sexo masculino", de 1992. Em 1996, ganhou o slogan "Chique é ser inteligente".

Em 1993, uma revista sobre crianças, *Crescer*, veio se juntar à veterana *Pais e Filhos* (1968). A Editora Símbolo, de Joana Woo, lançou uma revista dedicada às mulheres maduras: *Bárbara*. A revista *Atrevida* (1994) apareceu para disputar o mercado com a revista *Capricho* (1951). Nessa época, *Capricho* era mensal; a concorrência descobriu que havia espaço para mais uma revista que aparecesse na quinzena subsequente. Atrevida atingiu uma vendagem bastante expressiva, o que provocou o lançamento da *Capricho* quinzenal. Essa periodicidade trouxe um caráter mais jornalístico e a vinculação com acontecimentos atuais.

Nos anos 1950, a indústria de bens de consumo usou as revistas femininas para disseminar seus produtos. Havia certa efervescência de progresso, os projetos de desenvolvimento governamentais, certa disponibilidade de dinheiro. Revistas foram lançadas, ajudando o processo de inserção econômica das classes menos favorecidas.

Os anos 1990 também viram a afluência de setores das classes C e D. O Plano Real, de 1994, trouxe maior poder aquisitivo, abrindo espaço para o lançamento das chamadas revistas populares. Abria-se a possibilidades de um novo mercado: descobriu-se que havia um grande contingente de mulheres que comprariam revistas semanais que custassem R$ 1,50. Tais revistas, que traziam informações úteis para o dia a dia, além das celebridades de praxe, responderam às necessidades das leitoras e rapidamente alcançaram imensas tiragens. O nicho, nas grandes editoras, foi chamado de alto consumo.

Ana Maria, da Editora Azul, surgiu em 11 de outubro de 1996. Ângelo Rossi, ex-funcionário da Editora Abril, havia fundado a Editora Azul em sociedade com Victor Civita (dono de 49% das ações da Azul). O lançamento foi precedido de pesquisas de mercado e o projeto teve algumas edições-teste. A jornalista Laura Capriglione, que fora a primeira mulher em cargo de chefia no jornal *Notícias Populares*, participou do projeto de criação de *AnaMaria*, juntamente com Ana Célia Aschenbach, que assumiu o cargo de editora-chefe. Custando R$ 1,50, *AnaMaria* era a revista de grande circulação mais barata do Brasil. Os temas tradicionais da imprensa feminina: beleza, saúde, moda e comportamento. Na capa, a atriz Cristiana Oliveira. O fato de ser semanal acrescentava-lhe mais vinculação com a atualidade e, como consequência, uma perspectiva mais jornalística. Os três primeiros meses alcançaram tiragens de 400 mil exemplares, alavancadas por concursos que premiavam leitoras com eletrodomésticos, carros e até apartamentos. Depois ficaram em torno dos 300 mil, nos anos de 1998 e 1999. Em 2003 e 2004, a circulação média era de 200 mil (Fonte: IVC/Dinap/VO Assinaturas).

Após o grande crescimento houve uma estabilização; além disso, surgiram concorrentes e revistas relacionadas com novelas: *TiTiTi*, da Símbolo (1998); *Minha Novela*, da Editora Abril (1999); muitas leitoras passaram a comprar uma revista diferente a cada semana. Houve ainda uma concorrência "interna": o lançamento, em 29 de setembro de 1999, de uma revista mais barata (R$ 1,00), voltada para uma faixa mais jovem. Um grupo de estudos interdisciplinares dentro da Editora Abril constatou que havia espaço para uma publicação voltada às jovens de baixa renda que estavam entrando no mercado de trabalho: *Viva!Mais* alcançou facilmente tiragens de 400 mil exemplares nos primeiros meses, tornando-se um *case* no mercado editorial.

O conteúdo de *Viva!Mais* era bastante parecido com o de *AnaMaria*, que teve diminuição de vendas. No entanto, *AnaMaria* já estava privilegiando culinária, tema que se tornou uma de suas marcas e trouxe recuperação nas tiragens. Culinária – receitas e conselhos práticos –, saúde e dietas compõem a editoria de "alimentação". Assim, a vocação da revista direcionava-se principalmente para a mulher casada, que se preocupa com família e casa.

As revistas de grande consumo são um fenômeno surgido na década de 1990, que atravessou a virada do século e se estabilizou. Graças às novas levas de mulheres escolarizadas que vivem nas grandes e médias cidades, esse segmento da imprensa feminina continua a ter presença forte no mercado. Voltadas para certa "aura" doméstica de cuidados com a casa e estímulo para as primeiras inserções no mundo do trabalho, mesmo em ocupações informais, estas revistas prestam serviço às suas leitoras. Aliás, serviço é uma conotação generalizada em tais publicações, que trazem seções com informações práticas para diversos setores da vida cotidiana.

A década de 1990 também pode ser caracterizada como o auge da glorificação das celebridades. O próprio termo "celebridade" e o conceito de revista de celebridade consolidaram-se nesse período. A revista *Caras* é o exemplo mais concreto e mais efetivo dessa tendência. A fórmula da revista é argentina, embora tenha muitas semelhanças com a espanhola *Hola!*, também dedicada à vida de artistas de cinema e televisão, membros da monarquia e figuras da alta sociedade. A franquia *Caras* é editada ainda em Portugal, Angola, Uruguai e Argentina.

A primeira edição da *Caras* brasileira homenageou o maior criador de celebridades: Roberto Marinho, proprietário da Rede Globo e do jornal *O Globo*, com matéria sobre sua segunda lua de mel no Japão. A chamada de capa prenunciava os grandes temas que a publicação exploraria: "A novela de amor do senhor das novelas". Assim, coluna social, enredos de amor e novelas televisivas seriam as linhas-mestras. O segundo número trazia na capa Denilma Bulhões, primeira dama de Alagoas, qualificada como "guerreira". O número três introduz o mundo da televisão com toda sua força: a foto da capa é de Xuxa, figura que apareceria em nada menos que 65 capas até novembro de 2008, sendo a campeã absoluta em aparições.[7]

Caras n. 4 apresenta Pelé; na sequência vemos Cid Moreira, Bruna Lombardi, Roberto Carlos, Cláudia Raia e Edson Celulari, Émerson Fittipaldi e Antonio Fagundes (n. 10). A maioria das capas traz fotos de mulher; há várias fotos de casais e uma minoria de capas apenas com homens. Todas as capas são coloridas e em geral muito bem produzidas; excepcionalmente publica uma ou outra foto de flagrante. A única capa com foto em preto e branco traz uma imagem do casamento de Marta Suplicy com Luis Favre (n. 516, 2003). O filão das celebridades é inesgotável. No campo sentimental, namoros, casamentos, separações, reconciliações, nascimento de filhos. Ou então, eventos, quase sempre pré-fabricados, envolvendo patrocínios e ações de marketing: além de inaugurações e lançamentos de produtos, o "Castelo de Caras" na Europa e a "Ilha de Caras" no litoral

---

7. Pela ordem, as celebridades que mais apareceram, até novembro de 2008: Adriane Galisteu, 40 capas; Angélica, 28 capas; Sasha – filha de Xuxa – 26 capas; Vera Fischer, 23 capas; Gisele Bündchen, 19 capas; e Luciana Gimenez, 19 capas (Fonte: *Revista Caras*, ed. 785, ano 15, n. 47, 21 nov. 2008).

brasileiro, rendem fotos em várias edições seguidas. As celebridades são mostradas em sua "intimidade": fotos em vários aposentos da casa, no jardim, à beira da piscina, na cozinha, crianças, cachorros etc. Tenta-se mostrar um clima de luxo e bem-estar, com lugares muito bem decorados.

A fórmula da revista, de grande penetração entre as classes A e B, também atrai leitores da classe C, que veem formas de vida a imitar. Desde seu início, quando ofereceu fitas de vídeo como brinde – estratégia repetida com vários tipos de "presentes" ao longo dos anos – a revista só ampliou seu público e número de páginas de publicidade. O esquema de uma diversificada coluna social, entremeada por algumas reportagens sobre namoros de cantores, astros de novela, apresentadoras de programas na televisão, um ou outro político, alguns artigos sobre psicologia, saúde, resulta numa leitura leve e descompromissada, a tal ponto que a publicação não tem sumário nem suas páginas numeradas. Essa estratégia também obriga a percorrer muitas páginas da revista – e olhar os anúncios – até encontrar a matéria indicada na capa.

Quase não há lugar para matérias críticas ou para tristeza. Muito raramente vemos uma atriz contando como superou a doença do filho; outra dizendo de sua luta contra uma enfermidade incurável; o ator confessando agressão à esposa e pedindo perdão ou as últimas fotos da modelo que morreu por anorexia. *Caras* tinha, em 2008, 170 mil assinantes e uma tiragem média de 300 mil exemplares.

Televisão e celebridades compõem o universo de uma revista antiga que foi se renovando e atravessou o final do século ocupando um espaço de bastante conceito no mercado. *Contigo!*, iniciada em 1963, era uma publicação do grupo das fotonovelas da Abril (*Capricho, Contigo!, Noturno*). Ela foi direcionada para a cobertura televisiva no período em que outras revistas especializadas da Editora não encontravam suas fórmulas ideais. A revista semanal *Intervalo* era uma precursora do segmento, que depois se chamaria de alto consumo. Impressa em papel barato, com muitas fotos e reportagens sobre programas e astros da tevê, gozava de muito sucesso no começo da década de 1970. Foi então relançada com o nome de *Intervalo 2000* – um misto de revista ilustrada de informação geral, já com foco em celebridades, inspirada na *Oggi* italiana. A Abril acreditava que havia espaço para uma revista de informação popular. *Intervalo 2000* inclusive introduziu a prática de divulgar a idade dos entrevistados, logo ao lado do nome – prática que recebeu muitas críticas e recusas. Fechou-se a revista e os esforços concentraram-se num novo produto: *TV Guia*, formato pequeno, poucas fotos, baseada na divulgação da programação, à semelhança da *TV Guide* americana. A receptividade foi pequena: esquecia-se que a TV Globo havia implantado uma grade que todos sabiam de cor; além disso, já havia muita demanda por fotos dos ídolos.

Contigo!, então, deixou de publicar fotonovela, voltou-se para a televisão e passou a reinar praticamente sozinha. Muita celebridade, muita novela, muita fofoca acompanharam a trajetória da revista. No final dos anos 1990, um novo projeto gráfico, mais qualidade no papel, mais qualidade editorial – reportagens mais longas e bem apuradas, fotos exclusivas de paparazzi – trouxeram uma identidade mais sofisticada à veterana publicação. A abordagem mais popularesca ficava para *TiTiTi*, *Minha Novela* e congêneres. Depois, houve uma fase de popularização; porém, atualmente, ela se consolida como um jornalismo de celebridades bastante confiável, que não cede a estratagemas sensacionalistas. O tema "televisão" movimenta um vasto e crescente mercado e se articula com a questão da representação da imagem da mulher: em termos imagéticos, as mulheres da tela são as principais referências para as brasileiras.

Texto I/análise

TEXTO: "Vista a camisinha", de Cláudia Visoni e Ciça Lessa
VEÍCULO: *Capricho*, n. 3, ano 40, São Paulo: Abril, mar. 1993, p. 36-45.

Os anos 1980 foram de busca de linguagem e de tom para a revista *Capricho*, que acabou por se firmar como dirigida a adolescentes. Nesse tempo, chegou a Aids. A revista, que desde a década de 1970 publicava pequenos manuais de informação sobre sexo e mantinha consultores para responder às cartas muitas vezes angustiadas das leitoras, percebeu que cada vez era mais necessário lidar com o tema. A princípio, a redação temia que os pais das leitoras achassem que escrever sobre Aids para garotas de 12 ou 13 anos era ir longe demais. Depois, viu-se que a maioria dos pais sentia alívio em ter alguém que esclarecesse tais assuntos para suas filhas. Desde 1988, *Capricho* vinha intensificando o discurso sobre controle de natalidade, relações sexuais, Aids, gravidez, aborto e – tecla principal – uso da camisinha. Nos artigos sobre comportamento, saúde, nas entrevistas com atores e músicos, nas respostas a cartas, sempre há alguma menção ao uso do preservativo. Até o final dos anos 1990, praticamente não existe um só número que não lembre dessa prevenção. Há uma postura editorial clara que reforça a necessidade imperativa da camisinha. Nesse sentido, observa-se um eficiente uso do discurso persuasivo apoiado no texto e na imagem. A função conativa – uso do imperativo –, característica da publicidade, atravessa todas as falas sobre o tema: "Camisinha, tem que usar!" é o slogan acentuado em diferentes espaços de cada edição. Além disso, o uso de "você", como já foi apontado anteriormente, induz a uma cumplicidade, um jeito de conversa amiga. Mesmo quando o conativo é bastante assertivo, parecendo mesmo uma ordem, ainda assim predomina o tom amigo de talvez uma irmã mais velha. É possível atribuir características de um discurso didático a essas falas.

Um dos pontos culminantes do desvendamento promovido pela revista *Capricho* foi a foto de capa de março de 1993, como uma garota bem jovem (Luana Piovani), aparentando 14 ou 15 anos, segurando uma camisinha na mão, mostrando-a mesmo. Um vestido discreto, escuro, decote arredondado, uma fita de veludo no pescoço. Era a primeira vez que isso acontecia na imprensa brasileira, e ainda mais numa revista para adolescentes. Provavelmente a única capa similar havia acontecido quatro meses antes, numa revista adulta, a americana *Vanity Fair* que trazia Liz Taylor mostrando o preservativo. Só que era uma personalidade famosa, com uma vivência de luta em relação à Aids, e não uma modelo jovenzinha.

Além da imagem, a capa trazia a seguinte chamada: "Camisinha: tem que usar! / Tem que conhecer, tem que desgrilar. Tudo o que você sempre quis saber sobre a camisinha e nunca teve coragem de perguntar". O texto indica o tom da revista: um imperativo – "*tem* que usar" –, mas em um contexto coloquial, incluindo gíria – "desgrilar" – e uma frase muito comum em publicações sobre sexo – "tudo que você sempre quis saber e nunca teve coragem de perguntar". A intenção didática é clara. Ao mesmo tempo, num contraponto, uma expressão que remete ao tema preferido das meninas, o amor. Assim, em letras maiores: "Bem-me-quer". E a sequência: "Os meninos abrem o coração e falam sobre o romantismo. / Teste: seu namoro vai dar certo?" Há um equilíbrio entre os temas fundamentais: o alerta sobre a camisinha, o que os homens pensam sobre o romantismo feminino e o teste sobre namoro.

Nas primeiras páginas da revista, o Diário da redação, escrito por Mônica Figueiredo, diretora da *Capricho* – mostra as inquietações ao se preparar essa edição que depois se tornou emblemática:

> Uma menina segurando uma camisinha na capa de *Capricho*? Como assim? Assim, uai! Como está aí. Há muito tempo, a gente queria falar sobre camisinha, sobre sua necessidade absoluta, urgente. [...]
>
> Mas esse é o universo de *Capricho*? As leitoras de *Capricho* estão preocupadas com Aids?
>
> Acho que estamos todos preocupados em não associar amor com baixo astral. Prazer com morte. E, como sabemos que é preciso estar atento e forte sempre para curtir, temos que nos prevenir. É simples, até segunda ordem fica combinado assim: camisinha, camisinha, camisinha. [...]
>
> Não queremos chocar ninguém nem bancar os moderninhos. Não queremos que você saia transando fora da hora só porque está usando camisinha. Não queremos que você não siga a sua cabeça, o seu coração. [...]
>
> É delicado? Põe delicado nisso! Mas, como não tem jeito, só temos uma saída: tentar conhecer todo esse assunto ao máximo, ir fundo, perder o medo de perguntar, de se informar.

O tom coloquial, expondo as inquietações da equipe, ajuda a criar proximidade com o jovem leitor. A diretora ainda reforça: "A Ciça Lessa e a Claudia Visoni, que assinam esta matéria, tiveram o maior cuidado durante todo o tempo da reportagem. A escolha da melhor palavra, o melhor depoimento, a frase que passasse o maior carinho".

Nas páginas internas, uma página dupla abre a matéria especial. Um varal com camisinhas penduradas, o título "VISTA A CAMISINHA" aplicado em cima da imagem, seguido de algumas frases:

> Sim, isto é uma campanha declarada:
> Mais ainda: uma ordem. A Aids é uma doença mortal e, infelizmente, ainda não tem cura.
> Ninguém sabe quando vai ter. Ninguém sabe também, olhando para uma pessoa, se ela tem o vírus. E o vírus é transmitido, entre outras coisas, pelo esperma e pelos fluidos vaginais.
> Por isso é fundamental, imprescindível e obrigatório o uso da camisinha quando transar.

Informativo e imperativo, o discurso busca não a persuasão sedutora do anúncio publicitário, mas a persuasão que vem da consciência do problema. A publicação tem consciência da idade e do grau de maturidade do seu público. Por essa razão, nas páginas seguintes, ressalva:

> Mas espera aí um pouquinho...
> Essa campanha é pelo uso da camisinha e não pelo fim da virgindade já. A gente não está mandando você transar, dizendo que está tudo bem, contanto que for de camisinha. Continua valendo todo aquele papo de esperar o momento certo, a pessoa certa. Mas, quando finalmente você sentir que o grande dia chegou, não esqueça a camisinha. Não é porque é a sua primeira vez que não se pega Aids ou engravida. E, se esse grande dia para você já foi, tomara que tenha sido de camisinha.

Todo esse trecho é entremeado de fotos de camisinha, algumas vezes substituindo a letra "a". Usa expressões correntes de outros contextos, como "fim da virgindade já", remetendo à campanha das Diretas Já, num inteligente jogo anafórico. Traz argumentos que fazem parte do discurso sentimental nos adolescentes: esperar o momento certo, a pessoa certa; ou "grande dia" para se referir à primeira relação sexual.

Reprodução da revista *Capricho*, ano 40, n. 3, mar. 1993.

Mas espera aí

Essa campanha é pelo uso da ⬤ camisinha
mandando você transar, dizendo que está tud
valendo todo aquele papo de esperar o moment
você sentir que o grande dia chegou, não esqueç
vez que não se pega Aids ou engravida. E, se ess
de ⬤ camisinha. Senão, a partir de hoje vai t
do tipo "só transo com conhecidos", "a gente s
 Aids não dá para ver na cara. Se você e o se
mesmo, vão ter que fazer três pactos: 1) encara
de jeito nenhum com outra pessoa; 3) arranj
é complicado demais, use ⬤ camisinha de um

Pequena história da camisinha

Nome completo: Preservativo de Látex.
Apelidos: Camisinha ou Camisa-de-vênus.
Ancestrais: Os mais antigos são os envoltórios de pênis que aparecem em desenhos da civilização egípcia. Ninguém sabe do que eles eram feitos. Os romanos usavam camisinhas de membrana de intestino de carneiro. No século XII, um médico inglês chamado dr. Condom aconselhou o rei Carlos II a usar um desses preservativos para evitar filhos ilegítimos. Em 1564, o anatomista italiano Falópio indicou o uso de um envoltório de linho para evitar doenças sexualmente transmissíveis. No século passado, quando foi descoberto o processo de vulcanização da borracha, os preservativos passaram a ser feitos desse material.
Cor: A maioria é bege, meio esbranquiçada. Existem importadas de todas as cores.

Tamanho: É único, mas varia um pouco. Fechada, ela tem circunferência de mais ou menos 5 cm de diâmetro. Aberta, tem em média 17 cm de comprimento.
Formato: Cilíndrico.
Principal ocupação: Agir como método anticoncepcional e contra doenças sexualmente transmissíveis. Atualmente, tem se especializado na prevenção da Aids. Gosta de trabalhar em conjunto com os espermicidas, que lhe dão retaguarda, matando os espermatozóides.
Inimigos: A vaselina e os lubrificantes à base de óleo vegetal ou mineral. Eles furam o látex.
Preparação: As camisinhas, nas fábricas, passam por um monte de testes: de tensão elétrica, água e insuflação de ar (contra os furos), de resistência e tração (para ver sua capacidade de alongamento e flexibilidade), microbiológicos (para garantir sua higienização).

Reprodução da revista *Capricho*, ano 40, n. 3, mar. 1993.

um pouquinho...

ão pelo fim da virgindade já. A gente não está
em, contanto que for de 🛡 camisinha. Continua
rto, a pessoa certa. Mas, quando finalmente
🛡 camisinha. Não é porque é a sua primeira
ande dia para você já foi, tomara que tenha sido
e ser. E nem pense em sair fora com desculpas
na para sempre", "sei tudo da vida dele".
morado não quiserem usar 🛡 camisinha
teste anti-HIV antes de transar; 2) não transar
tro método anticoncepcional. Como tudo isso
z. Essa sábia atitude tem nome: sexo seguro.

Aids é... uma sigla em inglês que significa *Acquired Immunological Deficiency Syndrome*, ou seja, Síndrome da Imunodeficiência Adquirida.

A definição médica disso está no livro *O que é Aids*, de Néstor Perlongher, publicado pela editora Brasiliense: "Síndrome: conjunto de sintomas que ocorrem mais ou menos simultaneamente, tendo uma ou várias causas comuns. A Aids é definida como síndrome porque não tem uma manifestação única; pelo contrário, caracteriza-se pela aparição de várias doenças sucessivas e simultâneas, que ocultam a verdadeira doença.
Imunodeficiência: isto é, deficiência do sistema imunológico. A imunidade é a capacidade que tem o organismo para reconhecer e destruir 'invasores' que o 'atacam'. Por que deficiência? Porque o peculiar dessa doença é que esse sistema deixa de funcionar e o organismo vê-se exposto a uma multiplicidade de agentes infecciosos, muitos dos quais habitualmente inofensivos, mas que, nessas condições, conseguem atingir o pleno desenvolvimento nocivo. A Aids é justamente uma doença do sistema imunológico, que causa um desabamento geral das defesas orgânicas.
Adquirida: há formas de deficiências imunológicas hereditárias. No caso da Aids, a imunodeficiência se dá por contágio, isto é, o agente infeccioso penetra no organismo através do sangue, do esperma ou de certas secreções de um outro organismo no qual se encontra presente."

A cada minuto três novos casos de AIDS são registrados no mundo.
Fonte: Organização Mundial da Saúde

"Assim como você tem que lembrar de tomar anticoncepcional ou de tirar a roupa para transar, agora

Como se pega Aids

● nas relações sexuais: o esperma, o líquido seminal, as secreções vaginais e o sangue menstrual transmitem o vírus HIV de um corpo para outro;

● pelo sangue: recebendo transfusão de sangue contaminado ou reaproveitando a agulha usada por um portador de HIV;

● durante a gravidez, o parto ou na amamentação: a mãe passa o vírus para o filho.

Como não se pega Aids

● beijando na boca, no rosto ou na mão;
● usando os mesmos talheres, pratos, copos;
● deitando na mesma cama, ou sentando na mesma cadeira, banco ou sofá;
● usando os mesmos lençóis, travesseiros, fronhas, cobertores, mantas ou acolchoados.
● trabalhando na mesma máquina, escritório, fábrica ou estudando na mesma classe;
● vestindo as mesmas roupas;
● usando o mesmo banheiro;
● usando a mesma toalha, pasta de dente, sabonete, pente;
● respirando em ambientes onde há aidéticos;
● levando picadas de mosquitos e outros insetos;
● jogando futebol com as meias abaixadas ou praticando qualquer esporte;
● dando uma tragada no mesmo cigarro;
● socorrendo alguém acidentado, mesmo que caia sangue na roupa ou na pele (se não estiver machucada);
● oferecendo o ombro para o amigo chorar;
● doando sangue com seringa descartável;
● sentado na primeira fila do teatro e levando uma pequena gota de saliva na cara, expelida enquanto o ator grita;
● nadando em piscinas de clubes, hotéis, motéis ou residências;
● dando uma mordida no mesmo sanduíche ou um gole no mesmo copo.

Fonte: livro *Aids Hoje*, de Dráuzio Varella, editora do Centro de Recursos Educacionais

Como vestir a camisinha

○ Tire a camisinha do envelope e coloque-a sobre o pênis ereto.

● Segure a ponta da camisinha entre os dedos e vá desenrolando. O espaço que ficou vazio será o reservatório do esperma. Se você não fizer isso, o risco da camisinha romper é maior.

○ Depois da ejaculação, a camisinha deve ser retirada enquanto o pênis ainda está ereto.

P.S.: Lubrificantes à base de vaselina e óleo corroem borracha e não devem ser usados de jeito nenhum. O único lubrificante permitido é o K.Y., da Johnson, que é vendido em farmácias.

Em 1985, os homens portadores de Aids eram 38 vezes mais numerosos que as mulheres no Estado de São Paulo. Em 1992, a proporção era de cinco para um.
Fonte: Boletim epidemiológico da Secretaria da Saúde do Estado de São Paulo.

"Se seu namorado se recusa a usar camisinha, não seja submissa. Mande ele para casa. Os meninos que não usam fazem parte do grupo de risco."
Dráuzio Varella, infectologista

"É preciso acabar de vez com o pensamento mágico de que isso nunca vai acontecer comigo ou, pior, fulano nunca vai fazer isso comigo. Você tem que ter consciência de que a Aids existe. E essa coisa de que usar camisinha é a mesma coisa que chupar bala com papel não dá para continuar. Uma boa experiência é colocar a camisinha no dedo e apertar: você vai ver que não tira a sensibilidade. E não é porque a garota tem a camisinha na bolsa que ela é fácil. Os garotos deveriam valorizar muito mais a menina que anda com camisinha na bolsa. Porque amar é cuidar. A camisinha permite que você continue a usufruir da vida com prazer. Transar com camisinha pode ser uma grande brincadeira. Se a garota fica deitada esperando que o namorado coloque e ele fica de costas, os dois tentando esconder a situação, aí a coisa esfria mesmo."
Marcos Ribeiro, sexólogo

Reprodução da revista *Capricho*, ano 40, n. 3, mar. 1993.

tem mais uma coisa para pensar: a Aids. É uma questão de sobrevivência, não é só de prazer."
Caio Rosenthal, infectologista

EUA
"Esta é a hora da camisinha"

NIGÉRIA
"Transe com segurança"

FRANÇA
"Os preservativos te desejam boas férias"

EUA
"Sexo seguro salva vidas"

BRASIL

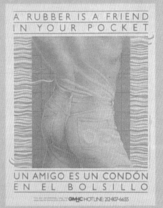
EUA
"A camisinha é um amigo no seu bolso"

EUA
"E se ela ficar muito constrangida para pedir que ele use a camisinha?"

ALEMANHA
"Eu me sinto segura com ela"

HOLANDA
"O Harry não usa camisinha porque só transa com meninas decentes. Boa noite, Harry"

Como convencer o namorado

O argumento mais forte para usar camisinha é que fazer sexo seguro não é um interesse só seu. Com ela, vocês estarão defendendo suas vidas. Além disso, é mais fácil usar camisinha do que fazer um teste de Aids. Agora, na hora H, você pode optar entre esses dois estilos:
- **estilo intelectual:** quando pintar o clima, comece o assunto olhando no olho dele. Diga, de uma maneira bem meiga (você vai saber na hora como), que só pretende transar de camisinha. Mas não espere a coisa ficar quente, porque aí não dá para conversar.
- **estilo prático:** na hora certa, tire a camisinha da bolsa e deixe-a por perto. Não precisa dizer nada, apenas sorrir com uma cara marota.

Se surgir algum comentário bem-humorado na sua cabeça, fale. É bom para o ambiente não ficar muito sério. Mas não fique se forçando a fazer piadinha, porque uma brincadeira de mau gosto nessa hora pode estragar tudo.

> 66 Hoje em dia sempre tem que ter a camisinha. O bom aspecto do garoto ou da menina não quer dizer que ele ou ela não estejam infectados. Esse é um raciocínio que não se usa mais porque simplesmente não funciona. A gente tem que lembrar que qualquer pessoa pode estar infectada e ela mesma não sabe. Não transe com quem tem preconceitos com a camisinha. É suicídio. E usar camisinha é prova de amor, cultura e inteligência. Mas você não deve confiar na camisinha como se fosse a arma ideal e definitiva. Por exemplo, na relação anal a sua eficácia não é de 100%. 99
> Artur Timerman, infectologista

Prova de resistência

Em outubro do ano passado, o Instituto de Pesquisas Tecnológicas (IPT), de São Paulo, testou nove marcas de camisinha (Jontex, Olla, Elite, Fantasy, Premium, Preserv, Prudence, Supersex e Unidus). Dessas, só a Jontex e a Olla foram consideradas aceitáveis, de acordo com as normas da Comunidade Econômica Européia. Seis testes diferentes foram feitos com 1 500 camisinhas de cada uma das marcas, medindo a porosidade, elasticidade e resistência dos produtos.

Novas técnicas de compra

Na CAPRICHO de setembro, a matéria *Por Favor, Pare Agora*, sobre anticoncepcionais, traz algumas dicas de como disfarçar a vergonha na hora de comprar camisinha. São elas:
- usar óculos escuros;
- pedir para uma balconista mulher;
- comprar de madrugada numa farmácia 24 horas;
- comprar um monte de coisas em uma drugstore e jogar a camisinha disfarçadamente no meio dos outros produtos;
- ser cara-de-pau e fingir que não está nem um pouquinho com vergonha.

O Laboratório CAPRICHO acaba de desenvolver seis novos métodos, que são:
- pedir para o seu namorado comprar;
- ir à farmácia de bicicleta para sair correndo;
- ir com um monte de amigas;
- roubar do seu irmão;
- comprar no supermercado, onde o produto está exposto e você não precisa pedir nada para ninguém;
- perguntar para o balconista da farmácia: "O senhor vende camiseta?" Ele vai dizer que não e aí você ataca: "E camisinha?" Ele vai dizer que sim e você pede logo uns seis pacotes para o estoque durar um tempão.

75% dos 10 milhões de portadores do vírus da Aids em todo o mundo não são homossexuais, hemofílicos ou usuários de drogas. Contraíram o vírus em relações heterossexuais.
Fonte: Organização Mundial da Saúde (nov./1991)

> 66 Não é covardia ter medo da Aids. E não se pode confiar numa pessoa só porque ela é bonitinha, limpinha e de boa família. A única maneira segura de saber se o parceiro tem o vírus é pedir um exame de HIV atualizado, muito menos prático que andar de camisinha. Então, por favor, aprenda a andar com a camisinha na bolsa. 99
> Lidia Rosenberg Aratangy, psicóloga

Dicionário da camisinha

inglês	condom, rubber
alemão	kondome
espanhol	preservativo, condom
italiano	preservativo
francês	capote anglaise, préservatif
português de Portugal	durex

A cada 1 milhão de vezes que se usa preservativo no Brasil, 333 casos de Aids são evitados.
Fonte: Ministério da Saúde

Reprodução da revista *Capricho*, ano 40, n. 3, mar. 1993.

Válido para meninos e meninas

Na minha opinião, os dois maiores motivos pelos quais 90% dos casais de jovens vão para a cama (a areia da praia, o banco reclinável do carro ou o elevador do prédio) sem camisinha são:

1) As gatas, por questões que vão além da nossa vã filosofia, nascem portadoras de um vírus para o qual não há cura: o romantismo. Elas sempre acham (quando se apaixonam) que aquele cara é especial. Com uma bundinha daquelas, um sorriso perfeito e aquele rabo-de-cavalo, não pode ter doença nenhuma. A garota acaba sempre pensando: "Ele não vai fazer isso comigo". Vai, sim!

2) Os garotos pensam um pouco assim também. "Essa gata é demais. Ela é supercheirosa, superlimpinha." Mas o que mais pega na cabeça dos caras é o fantasma da brochada. Só Deus e nós sabemos o quanto "corta a onda", depois de horas de barzinho, semanas de cinema e, principalmente, momentos quentes, parar tudo e pedir licença pra procurar o pacotinho, abrir a embalagem e desenrolar o látex gosmento sobre o "piu-piu".

Não tem essa. Não dá para ter. O Dr. Dráuzio Varella, uma das grandes feras que encara Aids de frente desde 1981, me falou outro dia: "Paulo, se eu fizesse um poster com todos os gatos e gatas infectados pelo HIV que eu estou tratando, bate em qualquer poster de agência de modelos".

Você pode ter lido que homem não pega de mulher. Bobagem. Pega, sim. Está provado. A chance é menor, mas existe e é fatal. É como fazer uma roleta-russa com um revólver cujo tambor tem 100 buracos em vez de cinco ou seis. Mesmo com uma bala só, você pode se matar. O jeito é ser criativo. Nos Estados Unidos, as lojas especializadas em camisinhas, como a Condonmania, da Bleecker Street, em Nova York, vendem camisinhas com gosto de morango, menta e laranja, com monstrinhos na ponta, embalagens engraçadas. Tudo para quebrar o gelo e transformar o preservativo num acessório engraçado no jogo da sedução. Na Austrália, vi várias garotas com brincos camisinha. Na hora H é só tirar da orelha e vestir o boneco.

A *Trip* recentemente lançou uma edição especial que tinha grudada na capa de cada exemplar uma camisinha Preserv importada. Aquela história de que transar de camisinha é como chupar bala com papel hoje só ficou na cabeça de quem acha que masturbação é pecado, que o Collor foi vítima de um complô da imprensa e no fundo é um cara legal, que o Tom Cruise já acorda penteado e de dente escovado e que o Axl Rose é o grande pensador do século XX. "Wake up. No glose, no love."

Paulo Lima, editor da revista *Trip*

Estes cartazes participaram do concurso da ADG (Associação de Designers Gráficos) para uma campanha do Gapa.

1º colocado

Como sair bem de 10 situações complicadas

1
— Eu tomo pílula. Você não precisa botar camisinha.
— Eu tô a fim assim mesmo. Pode proteger a gente de infecções que a gente nem sabe que tem.

2
— Eu não sinto nada com camisinha. É como entrar no chuveiro de capa de chuva.
— Pode até perder um pouquinho do prazer, mas você vai ver, ainda sobra um monte.

3
— Se tiver que parar agora, eu vou brochar.
— Eu coloco pra você. Você vai se amarrar.

4
— Camisinha acaba com o romantismo.
— Vem cá meu bem...

5
— Camisinha não é natural, é a maior corta-onda.
— Doença também não é natural e corta mais onda.

6
— Nenhum dos meus ex-namorados usava isso. Homem de verdade não tem medo.
— Não me compare. Homem de verdade cuida da mulher com quem ele sai e do relacionamento dos dois.

7
— Só dessa vez, vamos transar sem.
— Só precisa de uma vez pra criar um grande problema.

8
— Mas não tenho camisinha aqui.
— Eu tenho.

9
— Você trouxe camisinha porque já estava planejando me levar para a cama, seu danadinho.
— Eu sempre ando com uma porque eu quero me cuidar. Hoje eu trouxe porque quero cuidar de nós dois.

10
— Camisinha? Você acha que eu sou uma vagabunda?
— Nem eu nem você, só acho que estamos em 1993.

Adaptação do livro *Cutting the Risks for STD's* (Diminuindo os Riscos de Pegar Doenças Sexualmente Transmissíveis), de Grieco A., 1987.

Este broche com as máscaras da comédia e da tragédia não é uma declaração qualquer de amor ao teatro. Quem o compra está contribuindo para o Fundo de Assistência à Classe Teatral, uma espécie de poupança para ajudar financeiramente os profissionais de teatro portadores do vírus da Aids. Para saber onde comprá-lo é só ligar para o Sindicato dos Artistas do Estado de São Paulo, (011) 223-0777 ou 223-9024.

Japão campeão

O Japão é o campeão mundial do uso de camisinhas. Lá, as pílulas são usadas apenas como tratamento hormonal e os preservativos são o anticoncepcional de 80% dos casais. Há máquinas de camisinhas espalhadas pelas cidades e vendedores a domicílio. Resultado: os casos de Aids são raríssimos. Em 1991, dos 238 japoneses que contraíram a doença, 145 pegaram o vírus em relações sexuais com estrangeiros.

A fitinha vermelha na camiseta do sósia de Freddie Mercury é o símbolo de solidariedade com todos os portadores do HIV

Entre 10 e 12 milhões de pessoas no planeta são portadoras do vírus da Aids. 2 milhões já desenvolveram a doença. Estima-se que até o final do século estarão infectadas entre 30 e 40 milhões de pessoas.

Fonte: Organização Mundial da Saúde

Rapidinhas

75% dos jovens franceses sabem que usar preservativo é a melhor maneira de se proteger contra a Aids, mas só 9% transam sempre de camisinha.

Fonte: Association Jeunes contre le SIDA.

Até o ano passado, anúncio de camisinha não entrava nos intervalos das grandes redes de televisão americanas. Em fevereiro de 92, a CBS, a NBC e a Fox Broadcasting abriram os olhos e derrubaram a proibição.

O diretor Jonathan Demme (de *O Silêncio dos Inocentes*) está filmando *Philadelphia*. Tom Hanks faz o papel de um advogado que perde o emprego quando descobrem que ele tem Aids.

A empresa britânica London International, fabricante das camisinhas da marca Durex, está fazendo pesquisas para lançar no mercado uma camisinha ecológica, biodegradável.

Em 1992, na Vila Olímpica de Barcelona, foram instaladas 23 máquinas automáticas de camisinha, com um estoque total de 50 mil preservativos.

Para não dizer que não falei em números

A pesquisa mais recente sobre Aids e comportamento sexual da juventude brasileira foi feita pela agência de publicidade Standard, Ogilvy & Mather. Foram entrevistadas 400 pessoas entre 14 e 23 anos, em São Paulo, Rio de Janeiro e Porto Alegre. Aqui está uma parte dos resultados:

Você já transou?
81% dos meninos e 51% das meninas responderam "sim".

Com quem você costuma transar?
69% dos meninos e 88% das meninas que não são virgens transam com a (o) namorada (o).
33% dos meninos e 6% das meninas com parceiros eventuais e
4% dos meninos responderam que transam com prostitutas.

29% dos entrevistados disseram ter dúvidas sobre as formas de contágio da Aids.

25% dos que transam disseram que não se previnem.

Como você se previne?
56% dos meninos e 21% das meninas usam camisinha. 12% evitam relações sexuais com desconhecidos e 8% têm um só parceiro.

Entre quem transa...
36% sempre usam camisinha;
30% usam às vezes;
19% não costumam usar;
14% nunca usaram.

27% dos entrevistados conhecem alguém que esteja com Aids.

Desde 1988, 1º de dezembro é o Dia Mundial de Luta contra a Aids

Reprodução da revista *Capricho*, ano 40, n. 3, mar. 1993.

" Aos 16 anos, tive meu primeiro namorado e fiquei com ele dois anos e meio. Depois desse tive outros três namorados firmes, todos meninos normais, de boa família. Só transei com eles, com esses quatro caras, e nem passava pela minha cabeça usar camisinha. Nunca imaginei que algum deles fosse portador do HIV. Mas foi assim que peguei o vírus. Só descobri que estava infectada quando fui fazer um tratamento para engravidar e o médico pediu um teste anti-HIV. Totalmente por acaso. No dia em que o médico leu o resultado, disse que eu estava com Aids e me expulsou do consultório. Saí de lá desesperada. Uma amiga me deu a maior força. Juntas fomos nos informar, pois nenhuma de nós sabia muito sobre a Aids. Demorou mais ou menos um mês para eu assimilar e aceitar que poderia viver como qualquer outra pessoa. Só procurei um grupo de apoio a portadores quando estava bem; queria levar soluções para eles e não só problemas. Procurei o Grupo Pela Vidda e acabei conhecendo o Antonio Carlos, meu noivo, lá. Faz quatro meses que estamos morando juntos. Vamos nos casar em março. Eu fisicamente estou ótima, com a cabeça maravilhosa. Não fico o tempo todo com a idéia de que vou morrer. "
Lena Dias Ferreira, 22 anos

Olha a capa da *Vanity Fair* que inspirou esta matéria. Elizabeth Taylor tem tudo a ver com essa luta. Desde 1985 ela vem fazendo o que pode, presidindo a Fundação Americana para a Pesquisa contra a Aids

A vez das mulheres

A camisinha feminina já existe. Ela se chama Reality nos EUA e Femidom nos países europeus onde já é comercializada (França, Inglaterra, Suíça e Austrália). Em dezembro, ela passou por sua maior prova: foi aprovada pela rigorosa Administração Federal de Drogas e Alimentos dos EUA (FDA). Segundo os testes realizados, se bem colocada, a Reality dá 95% de segurança à mulher, protegendo contra a Aids e a gravidez. Como o preservativo masculino, o feminino é uma membrana de proteção contra fluidos sexuais e esperma. Parece um pequeno saco, com dois anéis que fixam a camisinha no colo do útero e na entrada da vagina. Numa pesquisa realizada em Sacramento, Califórnia, EUA, 75% das mulheres aprovaram a novidade.

Casos de Aids notificados à
Organização Mundial da Saúde até 30/6/92
África — 152 463
Ásia — 1 552
Europa — 66 545
Oceania — 3 670
América — 277 042 (Brasil — 33 360)
Estes números são oficiais, mas a OMS estima que dois milhões de pessoas, entre elas 500 000 crianças, já manifestaram a doença até hoje. E entre 10 e 12 milhões de pessoas são portadoras do vírus atualmente.

Faça alguma coisa você também

Tem muita gente que resolveu fazer alguma coisa pelos portadores e doentes de Aids. Se você precisar de informações ou quiser ajudar, procure o Grupo de Apoio e Prevenção à Aids (Gapa), (011) 66-0755/(021) 571-4141, ou o Grupo pela Vidda, (011) 258-7729/(021) 224-1654. Eles têm filiais pelo país e mil contatos com todo mundo que está ajudando. Estas são algumas das entidades: ● ARACAJU (SE): Dialoguei, (079) 235-8164 ● BELO HORIZONTE (MG): Clínica Ammor - Atendimento Médico ao Menor de Rua, (031) 444-3877/441-0867; Projeto HIV e Jovens de Rua, (031) 273-5626; Assistência Brasileira de Combate à Aids, (031) 227-0880 ● CAMPINAS (SP): Centro de Controle e Investigação Imunológica Dr. Corsini, (0192) 42-7599 ● CAMPO GRANDE (MS): Casa de Assistência aos Portadores de Aids, (067) 751-2791 ● CURITIBA (PR): Assistência Previdencial de Apoio aos Portadores de Aids, (041) 264-4490 ● GUARULHOS (SP): Grupo de Prevenção, Apoio e Solidariedade em Aids, (011) 968-0200 ● JOÃO PESSOA (PB): Grupo Interdisciplinar de Aids (Gida), av. Campo Salles, 3146, CEP 58033; Movimento Nacional de Meninos e Meninas de Rua, (083) 231-0960 ● LONDRINA (PR): Associação Londrinense Interdisciplinar de Aids, (0432) 27-5330 ● NATAL (RN): Corrente Amiga contra a Aids, (084) 221-0166 ● PORTO ALEGRE (RS): Nuances, Caixa Postal 1747, CEP 90001 ● PETRÓPOLIS (RJ): Associação Petropolitana Interdisciplinar da Aids (API-AIDS), (0242) 43-9227 ● SOROCABA (SP):Grupo de Educação e Prevenção à Aids em Sorocaba (Gepaso), (0152) 32-8643 ● SANTOS (SP): Oásis, (0132) 33-5529; Projetos Nomes - Santos, (0132) 39-6060 ● SALVADOR (BA): Projeto Axé, (071) 245-0291.

Claudia Visoni e Ciça Lessa*
*colaborou Cristina Poles

A longa matéria traz muita informação: a história da camisinha, explicações sobre Aids, como se pega, como não se pega, como vestir a camisinha, reproduções de cartazes internacionais, conselhos sobre como falar com o namorado, depoimentos, como comprar e endereços de grupos de prevenção à Aids. Ao final da reportagem, mais quatro páginas repletas de fotos em preto e branco de pessoas famosas – homens e mulheres, todos eles segurando ou brincando com camisinhas. Fotos semelhantes foram publicadas nas edições seguintes da revista, em continuação à campanha.

A campanha "Camisinha: tem que usar!" prolongou-se pelos meses seguintes com a publicação de mais fotos de pessoas famosas mostrando o preservativo. Um ano depois, em março de 1994, o mesmo tipo de imagens foi apresentado, mas com leitoras. Havia inclusive advertência de que algumas meninas aceitaram fazer as fotos, mesmo sendo virgens. Em novembro de 1994, para introduzir uma reportagem sobre gravidez na adolescência, *Capricho* trouxe na capa a foto de uma jovem grávida.

Texto II/análise

Texto: "Camisinha é sexy" – Criação: W/Brasil
Veículo: *Marie Claire*, n. 32, São Paulo: Globo, nov. 1993, p. 32-3 e 42-3.

A revista *Marie Claire* brasileira manteve várias marcas editoriais da matriz francesa: temas polêmicos, abordagens corajosas, longos depoimentos das leitoras, reportagens sobre diferentes culturas, inclusive sobre países orientais, africanos, sul-americanos, da Oceania.

Grande parte das leitoras dessa revista já tem vida sexual ativa. Nos anos 1990, a Aids avançava entre a população feminina, não se restringindo aos grupos de risco iniciais (promiscuidade, homossexualidade e drogas). Até 1990, a maioria das mulheres infectadas pelo HIV estava vinculada ao uso de drogas. Nesse ano, a principal forma de transmissão para a mulher passou a ser o relacionamento heterossexual.

Para o público razoavelmente esclarecido de *Marie Claire*, era preciso mais que matérias de informação. Em 1993, a diretora de redação Regina Lemos imaginou que o caminho seria uma campanha para incentivar o uso da camisinha, transformando-a em um objeto erótico e desejável, em vez de obstáculo desmancha-prazeres. Foi contatada a agência de publicidade W/Brasil, que criou graciosamente uma série de anúncios. A ideia era de que a mulher deveria sugerir o uso de camisinha para o parceiro, mas que essa atitude fosse também uma estratégia de sedução utilizada por alguém que é dona de sua vida e sabedora de seu poder de atração.

A campanha iniciou-se em novembro de 1993 e foi até março de 1994. Da mesma forma que *Capricho*, *Marie Claire* apresentou longa matéria com informações sobre Aids e a camisinha no Brasil e no mundo. Porém a principal estratégia discursiva estava nas quatro páginas de anúncio vinculadas em duas duplas. De um lado uma sugestiva foto preto e branco com uma cena de envolvimento sexual; de outro, um relato em forma de depoimento. Nos quatro cantos, pequenos quadrados com desenhos didáticos sobre como colocar a camisinha. O preservativo – objeto de consumo –, questão de vida ou morte, era "vendido" no texto persuasivo. A função da persuasão não visava ao lucro, à venda de um produto ou de uma marca; apenas queria que a mulher enxergasse a camisinha com outros olhos. Mostrava-se que a iniciativa do uso da camisinha pode partir da mulher. E que "Camisinha é sexy" – lema da campanha. Entre os dois "anúncios", temos a matéria "A hora do preservativo"(p. 35-40), que se inicia assim:

> É uma questão de vida ou morte. Contra a potência mortal da Aids, a única proteção conhecida até o momento é a camisinha. Ou nos tornamos castas, ou flertamos com o vírus, ou aderimos de vez ao uso do preservativo. Não faz sentido viver correndo o risco de morrer através do sexo e, muito menos, parar de fazer sexo por medo. É um contra-senso optar pela vida e abrir mão do prazer que, afinal, as mulheres lutaram tanto para conquistar. (1993, p. 35)

O texto adota a primeira pessoa no plural – nós –, em um claro envolvimento redatoras-leitoras: não existe a enunciação separada da recepção. Estão diante de uma questão que diz respeito a todas as mulheres. Um pouco depois, explicita-se o discurso "publicitário", além da intenção de informar: "Este é o começo de um trabalho que se estenderá nos próximos meses e que, além de informar, pretende também erotizar o uso do preservativo. Não há por que ter medo do sexo, nem vergonha. E o mesmo vale para o uso da camisinha". Antes de chegar à matéria informativa, a leitora já havia se deparado com o primeiro "anúncio".

O texto da peça publicitária começa com aspas: é uma fala de mulher, que cria uma identificação imediata pela enumeração de objetos familiares.

"Nossa, minha bolsa tem de tudo mesmo: pinça, agulha, linha, perfume, batom, calculadora, aspirina, creminho. E olha só o que eu achei: uma camisinha. Que coincidência!"

Toda a série dessa campanha se inicia com uma fala de uma pessoa real ou uma frase conotativa que se dirige diretamente à leitora. Nesse anúncio, há a introdução:

> Camisinha, tem que usar. A gente sabe que você já sabe disso. Então vamos pular para uma outra fase: como usar. Toda edição *Marie Claire* estará publicando os testemunhos de mulheres que só transam se o parceiro usar camisinha. Elas contam como fazem para a camisinha não atrapalhar em nada. Muito pelo contrário, como a camisinha pode ser sexy. [...]

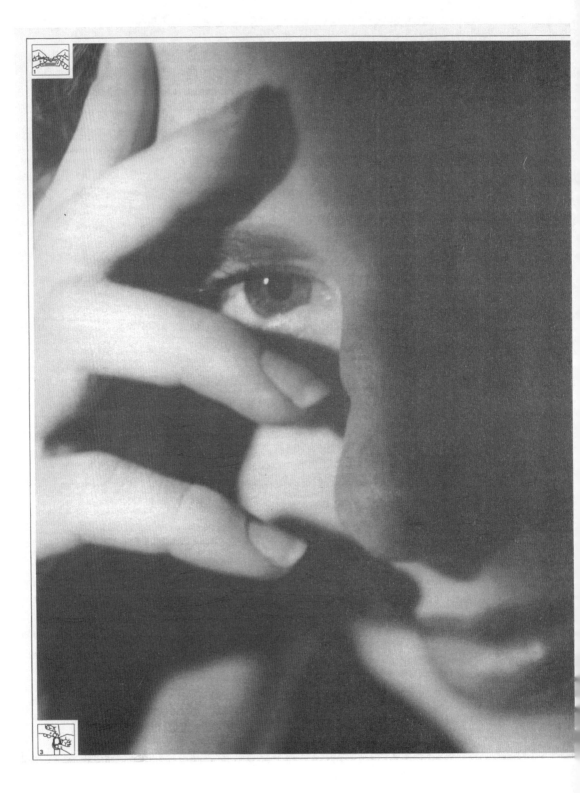

Revista *Marie Claire*, n. 32, nov. 1993, p. 32-3.

"Nossa, minha bolsa tem de tudo mesmo: pinça, agulha, linha, perfume, batom, calculadora, aspirina, creminho. E olha só o que eu achei: uma camisinha. Que coincidência!"

Camisinha, tem que usar. A gente sabe que você já sabe disso. Então vamos pular para uma outra fase: como usar. Toda edição, Marie Claire estará publicando os testemunhos de mulheres que só transam se o parceiro usar camisinha. Elas contam como fazem para a camisinha não atrapalhar em nada. Muito pelo contrário, como a camisinha pode ser sexy. E se virar sexy, vai ser gostoso. Relaxe e aproveite para ler o testemunho de A.O., artista plástica.

Eu moro com o meu namorado há alguns meses. Acho que eu posso me considerar uma mulher casada. Uma mulher recém-casada. Mas antes disto eu fui namorada dele. E antes ainda, nós eramos praticamente desconhecidos. Uma amiga em comum nos apresentou num show lá no Palace. A gente saiu umas 4 vezes, antes de ir pra cama. Você concorda que em 4 saídas a única coisa que você pode saber com certeza é que você está a fim do cara, que está a fim de investir na história e não muito mais que isso? Então, quando a gente foi pra cama eu só tinha certeza que ele era o homem mais interessante que eu tinha conhecido. Eu estava supernervosa aquela noite. No carro eu pensava se a calcinha estava combinando com o sutiã (eu sou meio desligada pra essas coisas), se ele ia achar os meus peitos muito grandes, minha bunda caída. Enfim, essas coisas que a gente sempre pensa mesmo. Até que eu me lembrei que a gente nunca tinha falado sobre usar camisinha. E eu, há um bom tempo só transava se fosse com preservativo. Aí que eu fiquei nervosa mesmo. É engraçado, quando eu fico nervosa eu começo a fazer graça. E foi o que eu fiz: eu abri a minha bolsa, uma bolsa enorme que eu tinha, e comecei a tirar tudo de dentro. Enquanto eu remexia o bauzão que era essa bolsa eu dizia assim ó: nossa, minha bolsa tem de tudo mesmo: pinça, agulha, linha, perfume, batom, calculadora, aspirina, creminho. E olha só o que eu achei: uma camisinha. Que coincidência! O P. olhou pra mim, começou a rir e me disse: ok, garota, eu já entendi o recado. E durante o resto do caminho, nós fomos fazendo brincadeiras um com o outro. Ele me imitou, mas igualzinho o jeito que eu falei, e rimos e nos beijamos e na hora H, foi maravilhoso. Eu não estava mais nervosa, ele também não. Ele tirou a minha roupa (pra variar, a calcinha não combinava com o sutiã) e eu coloquei a camisinha nele. Nossa, ele ficou maluco com isso e o que aconteceu depois eu não conto mais. No meu caso, ao invés de ser "só o amor constrói", é "só o humor constrói". Depois de 3 meses de namoro, a gente foi fazer o teste de HIV (que deu negativo) e fizemos um pacto: a gente não usa mais camisinha, mas se algum dia rolar uma transa fora do casamento, só se for de camisinha. Sabe, eu acho que nós estamos juntos até hoje, porque o P. tem esse jeito bacana. Durante os 3 meses da camisinha nós transamos muito e muito bem. E se naquela primeira vez ele tivesse se ofendido ou dito não uso, muito provavelmente não teria havido transa, nem namoro e eu teria me livrado de mais um bundão da vida.

Camisinha é Sexy.
Uma campanha de Marie Claire e W/Brasil

A linguagem é coloquial, utiliza o termo "gente" em substituição a um "nós" e o ritmo ágil conduz a narrativa em forma de depoimento. Em tom bastante subjetivo, pontilhado de índices de uma certa ousadia, é retomada a fala inicial:

> [...] E olha só o que eu achei: uma camisinha. Que coincidência! O P. olhou pra mim, começou a rir e me disse: ok, garota, eu já entendi o recado. E durante o resto do caminho, nós fomos fazendo brincadeiras um com o outro. Ele me imitou, mas igualzinho o jeito que eu falei, e rimos e nos beijamos e na hora H, foi maravilhoso. Eu não estava mais nervosa, ele também não. Ele tirou a minha roupa (pra variar, a calcinha não combinava com o sutiã) e eu coloquei a camisinha nele. Nossa, ele ficou maluco com isso e o que aconteceu depois eu não conto mais. No meu caso, ao invés de ser "só o amor constrói", é "só o humor constrói".

O registro, que conserva traços de oralidade, é muito semelhante ao de uma jovem contando a cena para uma amiga. A outra página dupla desta edição vai direto ao assunto: "Você é capaz de fazer sexo oral, 69, experimentar algumas das 48 posições do Kama Sutra, isso tudo na primeira vez. Mas tem vergonha de pedir para o seu namorado usar camisinha?"

A função conativa, soberana no discurso publicitário, mostra toda sua força nesse "chamado", que é seguido por considerações persuasivas:

> Sabe o que é, a gente ainda não tinha intimidade. Com essa desculpa, a maioria das mulheres explica porque não tem coragem de pedir para o homem usar camisinha. Mas intimidade para relaxar e gozar tem, né? Ele vai pensar que eu desconfio dele. Essa também é uma grande favorita do concurso desculpa do ano. Mas ir para a cama com um homem e fazer amor já é uma prova de confiança suficiente. E também prova de tesão, de carinho, de amor ou o nome que você quiser dar. Perto do que você sabe fazer na cama (isso é um elogio), não tem cabimento ter vergonha de falar sobre qualquer coisa que seja.

Várias estratégias discursivas estão em jogo. Houve uma primeira impressão com a página dupla que introduziu a campanha e que alternava fala, enunciação da revista e depoimento pessoal. Depois, a matéria jornalística "A hora do preservativo", com muitos dados sobre a Aids no mundo. A seguir, outra dupla de propaganda. As fronteiras entre a enunciação referencial jornalística e a enunciação persuasiva, publicitária, se confundem. No discurso publicitário, a mescla de gêneros é utilizada deliberadamente para criar efeito de estranhamento ou de maior credibilidade. Nesse caso, objetiva-se convencer a mulher a sugerir – ou melhor, exigir, com sensualidade – a camisinha. Vale salientar que uma mulher foi a redatora responsável pela criação de todos os anúncios dessa campanha.

especial

A HORA DO PRESERVATIVO

É uma questão de vida ou morte. Contra a potência mortal da Aids, a única proteção conhecida até o momento é a camisinha. Ou nos tornamos castas, ou flertamos com o vírus, ou aderimos de vez ao uso do preservativo. Não faz sentido viver correndo o risco de morrer através do sexo e, muito menos, parar de fazer sexo por medo. É um contra-senso optar pela vida e abrir mão do prazer que, afinal, as mulheres lutaram tanto para conquistar. Todo mundo sabe de tudo isso, mas, no entanto, a proliferação da Aids é muito maior do que a difusão do uso da camisinha. Por isso *Marie Claire* e a agência de publicidade W/Brasil uniram-se numa campanha que começa aqui nesta edição, com uma pesquisa especial sobre o tema. Pedimos que você participe ativamente, respondendo sinceramente as questões. Este é o começo de um trabalho que se estenderá nos próximos meses e que, além de informar, pretende também erotizar o uso do preservativo. Não há por que ter medo do sexo, nem vergonha. E o mesmo vale para o uso da camisinha. É vital que você integre este movimento junto conosco e com todos aqueles que desejam a vida *inteira*. Com todos os riscos, menos o de contrair Aids: porque nós temos todas as condições de nos defender dela, e é o que temos que começar a fazer. Já.

O PRAZER É TODO SEU.

MENSAGEM DIRETA PARA ADOLESCENTES: OS CARTAZES AGUARDAM PATROCÍNIO PARA DISTRIBUIÇÃO NAS ESCOLAS.

O prazer sexual nunca esteve tão comprometido como na última década. Depois de todas as conquistas femininas, que permitiram à mulher a realização de seus mais íntimos desejos, o romance sofreu uma dura restrição com o aparecimento da Aids. O sexo passou a ser uma roleta-russa. Mesmo porque a maioria das pessoas ainda não se conscientizou de que a camisa-de-vênus é a única via de proteção.

Mas a mulher em geral, com a possível exceção da inglesa, continua a assumir uma posição absolutamente passiva, mesmo quando se trata de preservar a sua própria saúde. Talvez por pura inibição, ela ainda espera que o homem compre, sugira e vista a camisinha. E ele se mantém avesso à idéia. O receio de que esse pequeno acessório possa tornar o sexo mais frio não passa de mera ilusão de quem se conhece apenas superficialmente. São atitudes pouco inteligentes como essa que tornam o relacionamento uma armadilha, às vezes mortal.

Qual o caminho, então? O primeiro passo seria o ex-sexo frágil se convencer de que o preservativo pode devolver a liberdade à saudável prática do amor. Depois, "pulverizar" a síndrome do medo de que conversar sobre o uso de uma camisinha provoque um clima de desconfiança mútua e quebre o elo de respeito e paixão.

Para derrubar todos os preconceitos que marcam o uso do preservativo, a mulher deveria se permitir ter criatividade na hora da colocação. Erotizar esses poucos segundos diminui a ansiedade e aumenta ainda mais o jogo da sedução.

Mudar o conceito de que a camisinha não é uma inimiga do prazer é tarefa do governo, das indústrias e da sociedade. Mas o Ministério da Saúde, que vive advertindo para os males do cigarro, tem se esmerado em campanhas que, antes de informar, ameaçam e assustam. Os fabricantes temem carregar no erotismo e ser acusados de insuflar o desejo. E a sociedade, com seu pseudopuritanismo incentivado pelo papel castrador da Igreja, assiste ao avanço da Aids impassível. Com uma propaganda mais efetiva e charmosa, é possível mudar a imagem do produto e visualizar um cenário menos sombrio para o sexo.

Por Ana Tereza Clemente

BRASIL
Informação com apelo erótico pode ser a saída

As mulheres que decidiram abandonar os preconceitos, sem classificar o preservativo como um terceiro elemento da relação, ainda formam uma minoria. É um grupo que não abre mão da sensualidade e começa a aproveitar o momento da colocação. "Ponho a camisinha no meu marido ou ele mesmo a veste enquanto se masturba. É mais um instrumento da transa, do tesão, assim como trocar de posição na cama", diz Sueli, 39 anos, empresária da noite.

"Essas mulheres mostram que é possível quebrar o silêncio, conversar sobre sexo, construir uma relação mais prazerosa e menos arriscada para os dois", diz Regina Maria Barbosa, médica-sanitarista, pesquisadora e coordenadora do Núcleo de Investigação em Saúde da Mulher e da Criança do Instituto de Saúde (SP).

O sexo feminino representa um mercado consumidor de camisinha com grande potencial de crescimento. A última estatística realizada no país, em 1989, pela Dispomed — importadora dos preservativos Premium e Supersex —, indicava que 15% eram mulheres. A DKT, organização filantrópica norte-americana instalada no Brasil para distribuir preservativos, está financiando estudos no eixo Rio—São Paulo para buscar elementos capazes de chamar a atenção do público feminino no momento da compra. "Nosso *target* é a mulher. Nos Estados Unidos existe um preservativo com uma flor na embalagem. Queremos fazer algo parecido. É uma camisinha desenvolvida especialmente para que a mulher compre", diz o diretor da entidade, Roberto Perez.

A prova de que o brasileiro ainda não incorporou o sexo seguro é a produção estável de camisinhas das empresas nacionais — elas comercializam as mesmas quotas de três, quatro anos atrás. A Johnson & Johnson, fabricante do preservativo Jontex (cerca de 30% do total em circulação no país), contabilizou uma queda de 8% nas vendas de 1992 em relação ao ano anterior. A Inal, que produz Olla e Dijon, entre outras marcas, manteve o rendimento, e apenas a Dispomed notou um crescimento no consumo, de 30%. "Nosso produto é mais barato, e muitos consumidores estão se interessando pelos importados", diz Durval Tartari Filho, gerente nacional de vendas da distribuidora.

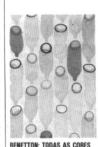

BENETTON: TODAS AS CORES NA LUTA CONTRA A AIDS.

O preservativo nacional custa cerca de US$ 1 contra US$ 0,25 em outros países. E como resultado da crise econômica foram vendidos no ano passado aproximadamente 45 milhões de preservativos para uma população de 155 milhões de brasileiros — um déficit que põe em risco a saúde das pessoas. O consumo per capita nos EUA e no Canadá é seis vezes maior, e no Japão, 20.

A distância entre o uso da camisinha e a necessidade real se deve, em grande parte, à capacidade que a informação tem ou não de transformar um hábito. "Mecanismos convincentes podem promover uma mudança de comportamento. Por que as pessoas tomam Coca-Cola? Nem sempre é porque estão com sede. Isso implica marketing", diz Maria Eugênia Lemos Fernandes, representante no Brasil da Fundação Family Health International, associação financiada pelo Congresso nor-

> Faz dez anos que adotei o preservativo. Eu não fico inibida se precisar comprar, mas geralmente meu namorado traz. Quando o conheci, ele me disse que havia feito o teste HIV e dera negativo. Como nunca tive coragem de pedir para ver o resultado, a solução é usar a camisinha. Às vezes, ele tenta me dissuadir, dizendo que sem nada é mais gostoso. Por um momento, penso: 'Puxa, será que não daria para transar sem, desta vez?' Mas lembro do seu passado — ele sempre foi mulherengo — e retomo a cautela."
>
> *Sílvia, 37, professora.*

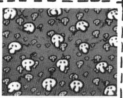

SEXO SEGURO FICA MAIS GOSTOSO COM BOM HUMOR. NA CAMPANHA DA OLLA...

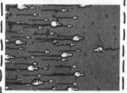

...ADORÁVEIS ESPERMATOZÓIDES ROUBAM A CENA. O COMERCIAL, ASSINADO PELA...

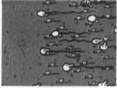

...AGÊNCIA W/BRASIL, FOI VEICULADO EM 1992 E FICOU ENTRE OS FINALISTAS...

...NO 40º FESTIVAL INTERNACIONAL DO FILME PUBLICITÁRIO DE CANNES.

te-americano destinada a projetos de saúde.

No vídeo "O seguro morreu de velho", que pertence ao projeto educativo do Instituto de Saúde, são apresentadas situações rotineiras em que a mulher argumenta com o parceiro, de maneira mais concreta, sobre a adoção sistemática do contraceptivo de látex. "É o único método capaz de conjugar anticoncepcional com diminuição no risco de doenças sexualmente transmissíveis", afirma Regina. A pílula, o DIU e a esterilização estão totalmente descartados, porque não oferecem nenhuma barreira para o vírus.

"A mulher pensa em usar o preservativo, mas no momento decisivo não tem coragem de pedir, e acaba mantendo uma relação com culpa", diz Elisabete Inglesi, uma das responsáveis pelo Programa de Educação e Prevenção de DST/Aids da Secretaria de Saúde do Estado de São Paulo. A história de Luiza, 43 anos, artista plástica, ilustra bem essa divisão: "Pedro havia acabado de se separar quando o conheci. Pintou uma atração e ficamos juntos. Estava com os preservativos na bolsa, mas quando sugeri que vestisse, foi broxante. No máximo da excitação, ele tirou o corpo fora dizendo: 'Ah, só me faltava pensar que estou com Aids'. Tivemos a relação sem camisinha, mas fiquei me sentindo culpada e impotente. Se ele realmente estivesse com tesão, acho que não ligaria de usar o preservativo".

A pouca disponibilidade masculina não é o único empecilho para que o uso da camisinha vire um ato tão normal como dormir, por exemplo. Facilitar o acesso à compra é uma atitude sensata. E urgente: "É possível pedir uma caixa nos motéis, mas no exterior existem máquinas que liberam camisinhas com o depósito de uma moeda. Se aqui pode ser complicado devido à depredação, pelo menos em bares e casas noturnas deveria ser um elemento indispensável", afirma Maria Eugênia. Os anúncios poderiam ter mensagens mais positivas, sensuais até: "A palavra camisinha tem sido tema de várias discussões. Está no diminutivo, infantiliza a sexualidade e parece que reduz a virilidade quando se trata do machismo brasileiro. Antigamente, dizia-se camisa-de-vênus como um misto de segredo e de respeito", diz.

A atitude lúdica ao tratar o preservativo colabora para que o sexo mais seguro ultrapasse a idéia de um ato apenas higiênico. O comercial do preservativo Olla, produzido pela agência W/Brasil, aborda com bom humor a questão. O slogan "Com Olla você não precisa voltar atrás na hora H" esteve entre os classificados para a final do 40º Festival Internacional do Filme Publicitário de Cannes, realizado em junho deste ano.

A Benetton, famosa por suas inusitadas campanhas publicitárias, como a do beijo entre a freira e o padre, elegeu o preservativo como um dos temas da revista *Colors*. A universalidade, dessa vez, foi representada nos diversos modelos de camisinha: floridas para os homens românticos, com látex da Amazônia para os naturalistas.

Mas, fácil como ligar a TV, constata-se que publicidade de preservativo no Brasil é coisa rara — e muito diferente de vender re-

ARTISTAS GRÁFICOS AJUDAM O GAPA A PRODUZIR INFORMAÇÃO: O ROMANCE DOS ANOS 90 EXIGE CAMISINHA E MUITA CRIATIVIDADE.

frigerante, xampu ou absorvente. "Se fizermos um anúncio na mídia eletrônica, em seguida somos bombardeados por pessoas que dizem que estamos incentivando a prática do sexo", diz Durval.

Durante a campanha de lançamento da Supersex foram colocados outdoors nas principais capitais do país e anúncios em revistas especializadas. A estratégia de marketing ressaltou apenas a qualidade do produto: "Supersex, a camisinha de todo o mundo, com maior segurança sem perder a sensibilidade".

As propagandas do Ministério da Saúde contribuem bem pouco para a educação. Veiculadas no espaço gratuito cedido pelas emissoras de rádio e TV à Presidência da República, vão ao ar no momento em que os anúncios pagos abrem espaço, ou seja, quando a maioria dos apa-

AS MARCAS MAIS GARANTIDAS

Camisinhas coloridas, com sabores e até saliências podem ser encontradas em sex shops e importadoras. Mas, apesar de eróticas e exóticas, não deveriam ser comercializadas, porque não têm credencial do Instituto Nacional de Metrologia, Normatização e Qualidade Industrial (Inmetro). "Esses produtos podem conter furos e não oferecer proteção adequada. Os aromatizantes e os corantes às vezes causam irritações e alergia", diz Armênio Gomes Pinto, engenheiro do Instituto de Pesquisas Tecnológicas (IPT), e coordenador da pesquisa que avaliou, entre abril e agosto de 1992, os preservativos disponíveis no mercado brasileiro.

Segundo o teste do IPT, Olla e Jontex apresentaram maior elasticidade, com resistência a vazamentos e à alta temperatura. Foram avaliadas 1.500 unidades de cada marca, incluindo Elite (nacional), Preserv, Fantasy, Premium, Prudence, Supersex e Unidus (importadas). Para garantir a eficiência, é preciso checar a data de vencimento, a presença do selo do Inmetro e a forma de acondicionamento. A maioria dos produtos importados tem embalagem retangular, que os deixa comprimidos e facilita o rompimento. Na embalagem quadrada – dos modelos nacionais –, a resistência não é tão comprometida. "O Preserv (retangular) mostrou um vazamento um pouco maior que o do Olla e o do Jontex (quadrados)", diz Armênio.

Kátia Stringueto

relhos está desligada.

Enquanto os órgãos governamentais ficam nessa dependência, o tema percorre vários segmentos da sociedade. A Nova FM, emissora de rádio paulista, colocou no ar em julho, paralelamente ao lançamento do último disco de George Michael (cuja renda será revertida para o tratamento de pacientes com HIV em todo o mundo), uma verdadeira campanha do agasalho. "Não deixe o seu Bráulio passar frio, coloque camisinha nele", funcionava como uma vinheta divertida da promoção. O ouvinte contribuía com uma peça de roupa e, em troca, recebia uma raspadinha. Dependendo do resultado, ganhava um preservativo. Cartões-postais e camisetas estampadas ("I love com camisinha" e "Homem que é homem não usa camisinha, manda plastificar") revelam uma mobilização mais efetiva. Um marketing corpo-a-corpo do preservativo que anda pelas ruas.

Por Kátia Stringueto, de São Paulo

FOTOS SENSUAIS E INFORMAÇÕES DETALHADAS ENSINAM AS PROSTITUTAS A SE PROTEGER DA AIDS.

UMA CARTILHA DESTINADA ÀS PROSTITUTAS

Durante seis meses, Verónica Hughes, médica infectologista que trabalhou com Aids na Secretaria da Saúde de São Paulo desde 1985, compilou 1.500 perguntas formuladas por 400 prostitutas de baixa renda instaladas no centro de São Paulo. Foram selecionadas 120 e transformadas em uma cartilha — *Aids, tudo o que Você Sempre Quis Saber e Teve Coragem de Perguntar* —, a ser distribuída para esse público específico.

Marie Claire — Qual a razão de elaborar uma cartilha específica para as prostitutas?
Verónica Hughes — Em 1990, havia feito uma pesquisa com Maria Eugênia Lemos, atual coordenadora da Association Family Health, para saber quantas prostitutas, de alta e baixa renda, estavam infectadas pelo HIV em São Paulo, Santos e Campinas. Decidi continuá-la somente com as prostitutas de baixa renda, porque eram as que mais precisavam de esclarecimento e, efetivamente, de camisinhas, que a secretaria distribuía gratuitamente. Foi nesse trabalho corpo-a-corpo que percebi o quanto estavam mal informadas, usando, por exemplo, hidratante como lubrificante. Como não tinha tempo de responder a todas as perguntas, pensei em escrever. Para sistematizar, pedi que colocassem as dúvidas no papel — recolhia os bilhetes nas visitas. Dividi as questões por temas, respondi sobre Aids, camisinha e drogas, e as referentes a sexualidade, doenças sexualmente transmissíveis e ginecologia passei para outros médicos.
MC — Qual a tiragem? Será distribuída em todo o país?
VH — Cinco mil exemplares, embora a Fundação Lévi-Strauss esteja avaliando a possibilidade de colaborar com um financiamento para uma nova tiragem (mais 3.000 livretos). Distribuí 500 para as mulheres que participaram da elaboração da cartilha, entreguei 3.500 para Maria Eugênia, que levará para Santos e Rio de Janeiro, e as outras 1.000 doei para a Secretaria da Saúde.
MC — Esse projeto não envolveu nenhum patrocínio governamental. Por quê?
VH — O Ministério da Saúde nem foi contatado; quem sabe agora se sensibilize com a questão. A Secretaria da Saúde foi a única que contribuiu indiretamente, porque doou as camisinhas na época. A direção de arte foi feita gratuitamente pela W/Brasil (agência de publicidade paulista), a modelo foi cedida pela Ford Models. O fotógrafo e o produtor de estilo fizeram o trabalho sem qualquer custo. O hotel no Guarujá, onde foram realizadas as fotos, teve o mesmo procedimento. A gráfica doou o fotolito e a impressão. O custo foi zero, por isso a distribuição é gratuita.
MC — A sra. acha que lendo a cartilha as prostitutas mudarão o comportamento?
VH — Acho que vai ajudar. A informação entra pelos olhos, não é descartável. Mas só vou ter certeza de que vai mudar o comportamento delas daqui a um ano, no mínimo. O problema é que não usam o preservativo com parceiros e muitas acabam sendo contaminadas por eles. Há ainda o fator financeiro: boa parte das prostitutas aceita fazer o programa sem camisinha caso o cliente ofereça o dobro. Cada mulher faz entre cinco e dez programas por dia, e existem cerca de 200 por casa de prostituição no centro de São Paulo — deveriam ser consumidos entre 1.500 e 2.000 preservativos diariamente.
Por Ana Tereza Clemente e Kátia Stringueto

E.U.A.
O puritanismo gera atitudes sexualmente incorretas

"Só tenho relações com preservativos. Os quatro homens com quem me envolvi no ano passado diziam que odiavam usar camisinha, mas, apesar disso, concordavam que sexo seguro era uma necessidade dos tempos." O comportamento sexualmente correto de Michelle Richmond, 23 anos, estudante de Antropologia na Universidade de Columbia, vem se tornando mais comum, mas ainda é uma exceção nos Estados Unidos.
Pesquisa realizada pelo Centro Nacional de Estatísticas de Saúde e pelo Alan Guttmacher Institute de Nova York concluiu que 67% das mulheres com parceiros casuais e 72% com fixos nunca mantém relações com camisinha. Menos de 10% das mulheres pedem o uso de preservativo em todas as relações. A maioria delas, 81%, ainda acredita que não corre o risco de contrair Aids. É o caso da secretária Lisa Moore, 33 anos: "Não quero morrer, mas sei de muitas mulheres que dormiram com mais homens do que eu e não pegaram nada. Já tenho complicações suficientes na vida, e usar preservativos seria, com certeza, mais uma. Acho mais fácil morrer em outro ataque terrorista do World Trade Center (ocorrido em fevereiro deste ano) do que de Aids".
Lisa Moore está mal informada. A doença é a principal causa mortis de mulheres entre 20 e 40 anos nos estados de Nova York e Nova Jersey. Segundo a Organização Mundial de Saúde (OMS), nos Estados Unidos se concentra um terço de todos os casos registrados no mundo. São mais de um milhão de pessoas infectadas; mais de 250 mil desenvolveram a doença e pelo menos 120 mil são mulheres.

HETEROS EM PERIGO

"Depois que Magic Johnson (*jogador de basquete norte-americano*) admitiu publicamente (*em 1991*) ter contraído o HIV em relações heterossexuais, comecei a ficar preocupada. Mas não é sempre que dá para usar camisinha, e abstinência não está no meu repertório", afirma Kathleen Lener, advogada, 28 anos.
A consequência de comportamentos como esse não pode ser mais desastrosa. O Centro de Controle de Doenças, agência governamental de saúde, aponta que 25% da população serão vítimas de pelo menos uma doença sexualmente transmissível (DST) entre 13 e 50 anos. Anualmente, são registrados 1,4 mi-

> **"** Paul e eu saíamos havia três semanas e ainda não tínhamos dormido juntos. Um dia fomos ao videoclube e pegamos *Uma Linda Mulher*, filme com Julia Roberts. Há uma cena em que ela tira preservativos coloridos da bolsa e pede para o personagem de Richard Gere escolher um. Achei que era um pretexto para tocar no assunto com o meu namorado. E a resposta foi: 'Mas ela era uma prostituta. Você nunca foi uma, foi?' Na hora fiquei possessa, mas depois resolvi deixar de lado."
> *Nancy Morales, 29, produtora de moda.*

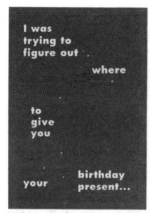

CARTÃO DE ANIVERSÁRIO, COM CAMISINHA ACOPLADA: UM DELICIOSO CONVITE AO SEXO SEGURO.

lhão de casos de gonorréia, 500 mil de herpes genital e 100 mil de sífilis. Ao todo, 22 DST atingem 12 milhões de pessoas e deixam 100 mil mulheres estéreis todos os anos.

Para o diretor do HIV — Centro para Estudos Clínicos e de Comportamento do Instituto de Psiquiatria do Estado de Nova York e professor de Psicologia Clínica da Universidade de Columbia, Anke Ehrhardt, o problema está na qualidade das informações recebidas. "Até agora os heterossexuais receberam mensagens irrelevantes, como perguntar ao parceiro sua história antes de se envolver sexualmente. Mas as pessoas tendem a esconder coisas, principalmente em uma relação nova. Além disso, a maioria já infectada ainda não sabe que tem o vírus. Elas também ouviram que a única solução é a monogamia, justamente em uma época que 50% dos casamentos terminam em divórcio."

O entrave maior é a ausência absoluta de um diálogo franco e aberto entre os casais: "É mais fácil falar sobre o uso do preservativo em uma roda de amigos do que com o parceiro. A maioria das mulheres afirma que tocar no assunto seria como admitir desconfiança do companheiro ou que estaria mantendo relações com outros homens", diz Zena Stein, professora da Escola de Saúde Pública da Universidade de Columbia e pesquisadora do Instituto de Psiquiatria de Nova York.

A sociedade americana é conservadora. Apesar de toda a sensualidade dos comerciais, seriados e filmes na TV, e mostrada por Hollywood nas telas, os americanos ainda mantêm tabus que têm mais a ver com Doris Day do que com Sharon Stone. Em oito dos 50 estados americanos, inclusive a Flórida, a coabitação é proibida por lei. O sexo entre solteiros não é permitido em Massachusetts. Em Washington e em 18 estados, a lei também proíbe sexo oral; em Idaho, sexo anal pode dar prisão perpétua.

MORAL CONSERVADORA

Todo esse puritanismo impede a publicidade de métodos contraceptivos. Os anúncios de preservativo na TV restringem-se a pequenos canais a cabo em horários noturnos. Das quatro redes, ABC, CBS, NBC e Fox, apenas a última aceita transmitir publicidade desses produtos. Mas com uma condição: o comercial deve ressaltar o aspecto profilático, sem mencionar o controle de natalidade. O mesmo acontece com jornais e revistas. Regulada pela censura interna dos meios de comunicação, a maioria dos anúncios mostra casais em paisagens bucólicas e slogans que apelam para o sexo seguro.

A preocupação da mídia com a publicidade tem explicação: não chocar a comunidade e não criar problemas com a Igreja. Para os conservadores, informar sobre métodos contraceptivos é o mesmo que incentivar a promiscuidade. A atitude é hipócrita. As estatísticas governamentais revelam que 60% dos adolescentes são sexualmente ativos e que 67% das mulheres entre 15 e 44 anos tiveram relações sexuais com mais de um parceiro. Seis em dez gestações são indesejadas; dessas seis, 50% acabam em aborto.

A expressão brasileira "chupar bala com papel", uma referência direta a fazer sexo com camisinha, não existe nos Estados Unidos, mas o comportamento de Bob Alan, comerciante de 26 anos, dá uma boa idéia de como parte dos homens pensa. "O que acho do preservativo? Existe uma velha piada que ilustra bem essa questão: depois do casal ter feito amor, a mulher pergunta para o homem se ele havia gostado. Ele responde: 'Gostar do quê?'"

Apesar de todo o discurso masculino sobre a perda da sensibilidade, uma pesquisa realizada pelo Instituto de Psiquiatria do Estado de Nova York comprovou que a resistência ao uso de preservativos está relacionada ao medo de não conseguir manter a ereção. Os pesquisadores também concluíram que, no momento em que a mulher participa da colocação da camisinha, a ansiedade masculina diminui.

"Quando começamos a sair, meu namorado disse que não usava preservativo havia 20 anos. Depois que começamos a colocá-lo e tirá-lo juntos, ele ficou mais à vontade e a relação mudou para melhor", afirma Elizabeth Davis, 34 anos.

Para incentivar o uso de camisinha, os fabricantes desenvolveram modelos coloridos, com cheiros, gostos e rugosidades diferentes (preços: de US$ 0,50 a US$ 4). As embalagens saíram de gavetas escondidas atrás dos balcões das farmácias e ganharam lugares junto aos produtos profiláticos. Os supermercados reservaram espaços nas prateleiras, o correio remete o produto escolhido à casa do consumidor e lojas especializadas começaram a surgir. O balanço de vendas da Condomania, loja nova-iorquina com nome bastante sugestivo (camisinha em inglês é condom), indica que entre os 210 modelos disponíveis os mais vendidos são os lubrificados transparentes. Os japoneses da marca Sagami têm total preferência, porque chegam a ser 40% mais finos que os fabricados pelos norte-americanos. Os fosforescentes e os pretos são bastante populares, assim como aqueles com sabores de morango e banana. Estão à venda também camisinhas japonesas com microchips musicais: "Love me Do", dos Beatles, é uma das mais procuradas. O grupo continua fazendo sucesso hoje, mas os anos 60 ficaram para trás e o amor livre cedeu passagem para o sexo seguro. "Temos de encarar com naturalidade. Comprar preservativo é como adquirir um perfume. Escolho a marca que mais me agrada pelo cheiro, pelo gosto, pela aparência. Se é inevitável para preservar a minha saúde e a minha liberdade, vou transformar seu uso na situação mais sensual possível", diz Elizabeth Davis.

Ela faz parte de um time que está sendo formado nestes novos tempos: as mulheres já são responsáveis por 40% das vendas de preservativos nos Estados Unidos. Nos últimos dez anos, elas dobraram, atingindo um volume de negócios de US$ 300 milhões no ano. Os principais fabricantes não têm do que se queixar: as ações valorizaram em até 40%. ■

Por Tatiana Loureiro, de Nova York

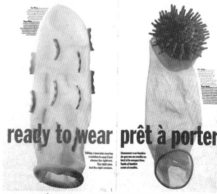

SEXO E IRREVERÊNCIA NA REVISTA *COLORS*, DA BENETTON.

INGLATERRA
A camisinha é o símbolo e a salvação dos anos 90

Elas podem ser compradas em lojas de discos e banheiros masculinos. Têm sabor de chocolate, morango, tutti-fruti. São coloridas, transparentes, estampadas com desenhos eróticos. Já existem até carteiras confeccionadas especialmente para guardá-las.

A notícia do primeiro seminário sobre o uso da camisinha só veio confirmar o que está na boca de todos os ingleses: ela é o símbolo — e a salvação — dos anos 90. Organizado pelo South East London Health Promotion Service, o seminário foi realizado em junho deste ano com o objetivo de promover o hábito do preservativo.

Pode parecer ridículo imaginar que as pessoas não saibam como usar corretamente esse acessório, mas o problema é dos mais sérios. Uma recente pesquisa do St. James University Hospital, na cidade de Leeds, mostrou que o número de gestações indesejadas em virtude da má utilização da camisinha pulou de 15% para 40% na última década. São dados assustadores para um país onde, apesar de a pílula ser consumida por metade das mulheres inglesas, o preservativo também é muito popular. Cerca de 35% dos casais fazem uso dele como método anticoncepcional.

INFORMAÇÃO EM ALTA

Mas não é só uma gestação mal planejada que preocupa as autoridades na Inglaterra — a Aids é um fantasma apavorante. O estudo realizado pelo Institute of Public Health prevê que o número de portadores do HIV passou de 20 mil. Sete mil homens e mulheres contraíram o vírus através de relações heterossexuais; oito em cada dez heteros desconhecem o fato de estar contaminados. Em Londres, estima-se que duas em cada 1.000 mulheres entre 20 e 34 anos são soropositivas, sendo que a maioria contraiu o vírus por via sexual.

Desde 1987, o governo britânico já investiu 20 milhões de libras — cerca de US$ 35 milhões — em informes publicitários sobre a doença. Mas só a partir de 1991 a propaganda passou a ser direcionada para os heteros e a camisinha. Com uma campanha baseada em depoimentos de doentes com Aids, o governo parece ter conseguido chamar a atenção para um problema que, até então, era relegado ao grupo de homossexuais e consumidores de drogas. Uma pesquisa feita pelo Departamento de Saúde inglês em 1992 mostrou que 89% das pessoas ainda se lembravam da publicidade do ano anterior. Sobre o preservativo — divulgado como a mais eficiente proteção contra o vírus — 60% disseram que não teriam sexo com um novo parceiro sem ele. E 35% afirmaram ter começado a vesti-lo para se prevenir da Aids a partir da campanha. O resultado agradou tanto que os mesmos anúncios foram repetidos no ano passado.

A expressão "Safe Sex" nunca esteve tão em moda — e o papel da camisinha é indiscutível. Em 1982, foram vendidas 102 milhões em toda a Grã-Bretanha; em 1990, esse número chegou a 144 milhões. A expectativa do mercado é de um crescimento ainda mais acelerado. Não faltam dados para confirmar essa tendência: a maior porcentagem de consumidores tem entre 16 e 20 anos. Em 1989, 30% dos jovens dessa faixa etária usaram preservativo, segundo a pesquisa The Durex Report. No ano seguinte, esse percentual pulou para 36%.

O PAPEL DA MULHER

Outro dado animador é o fato de ser comum encontrar mulheres comprando camisinha. Na Inglaterra, uma em cada quatro pacotes — em média, com três unidades, ao custo de 1 a 9 libras — é adquirido pelo sexo feminino. Lojas de cosméticos, como a Boots, abriram estandes específicos para a venda do produto, com folhetos explicativos sobre o uso, as vantagens e os diferentes tipos à disposição no mercado. A Condom by Post e a Condomania são especializadas na venda via postal e possuem um vasto catálogo. Essa maior facilidade na compra tem ajudado a quebrar algumas barreiras. "Antes, não usava camisinha porque tinha vergonha de ser flagrada com um pacote na fila do supermercado", diz Rosemary Thompson, 27 anos, professora, solteira. "É muito embaraçoso para uma mulher ir à farmácia e pedir um pacote para um vendedor", afirma Linda Clair, 34 anos, matemática, casada, dois filhos.

Para os homens, então, a cada dia fica mais fácil adquirir o produto. Nos banheiros masculinos da maioria dos pubs, dos ginásios de esportes e até de alguns cinemas e restaurantes, é possível comprar preservativo em máquinas. "É uma discriminação", afirma Karen Lange, 22 anos, universitária. "Enquanto eles compram camisinha no banheiro, nós só podemos consumir absorventes. Deveriam colocar essas máquinas também nos banheiros femininos".

Para as inglesas, a responsabilidade por esse "recente" costume tem de ser compartilhada: "Se queremos que ele vista, temos a obrigação de, ao menos, fornecer a camisinha", comenta Shirley Allister, 32 anos, advogada, solteira. "Quando saio de casa com a expectativa de ir para a cama com alguém, coloco um ou dois pacotes na bolsa. Não me arrisco a descobrir, na hora H, que ele não tem no bolso da calça. Até porque, sem ela, não faço sexo nem com o meu irmão", brinca.

Tabus e preconceitos de que a camisinha atrapalha o desempenho sexual e/ou diminui o prazer estão sendo sepultados. As pessoas estão aproveitando a "novidade" para descobrir posições mais excitantes. Recém-lançados com muito sucesso, três vídeos — *Seriously Sexy*, *Well Sexy Women* e *Getting it Right* — mostram como praticar sexo com segurança usando preservativo, sem interromper o desejo. "Imaginava que perderia o tesão se tivesse de parar tudo para colocá-lo", diz Sharon Windsor, 24 anos, publicitária, solteira. "Mas acabei descobrindo que pode ser muito erótico, desde que dê asas à imaginação".

Nos últimos meses, o único produto que tem aparecido em revistas e apenas às dirigidas às mulheres — é a Femidom, versão feminina lançada no ano passado. Os fabricantes garantem que, por ser feita à base de poliuretano, é impermeável contra diversos vírus, inclusive o HIV. Mas, em dois plantões em duas diferentes lojas, não vi nenhuma mulher comprando a camisinha feminina. Para o conservador público inglês, vai ser difícil entrar na moda. ∎
Por Aida Veiga, de Londres

HOW FAR WILL YOU GO BEFORE YOU MENTION CONDOMS?

THIS FAR!

THIS FAR!

THIS FAR!

THIS FAR!

ATÉ ONDE VOCÊ PODE IR SEM MENCIONAR O PRESERVATIVO? A NOVA CAMPANHA INGLESA É DIDÁTICA E TAXATIVA: TOQUE NO ASSUNTO ANTES DE TIRAR A CALCINHA (FIG. 3). E TENHA SEMPRE UM NA BOLSA, PARA SE GARANTIR.

O encarte da pesquisa está entre as págs. 170 e 171.

Nas quatro edições seguintes (dezembro, janeiro, fevereiro e março) haveria mais uma inovação enunciativa. Numa revista feminina, os anúncios normalmente têm como foco narrativo uma personagem mulher, para maior identificação com a leitora. Esses anúncios utilizaram a reversibilidade, e fazem um contraponto, mostrando a visão masculina em uma das páginas duplas.

> Quando eu me dei conta, ela já estava colocando a camisinha em mim e eu nem sei como: não vi ela abrir o pacotinho, foi vapt-vupt. [...] A mão daquela mulher era a coisa mais maravilhosa do mundo. Eu até arrisco dizer que talvez sem a camisinha não tivesse sido tão surpreendente. (n. 34, jan. 1994, p. 30-1)
> [...]
> Aprenda a colocar camisinha, mesmo que você não tenha pinto.
> Camisinha é um assunto tão feminino quanto batom e Modess. É bom também que você aprenda a andar com ela na bolsa. E melhor ainda se você aprender a colocar a camisinha no seu parceiro. Não, não é ousadia. Encare isso como um presente que você pode dar pra ele. Já que tem que usar camisinha, que seja de maneira prazerosa. (*idem*, p. 38-9)

Os "depoimentos" têm muita verossimilhança, apesar de audaciosos e fortes. Ousados, caracterizam a mulher como dona da iniciativa sexual. Conservam, porém, o senso de humor – difícil equilíbrio num campo tão delicado e íntimo.[8]

> É literalmente do cacete encontrar uma mulher que saiba colocar camisinha na gente. E são tão poucas.
> [...]
> Eu sou solteiro, do tipo convicto. Na minha vida, camisinha não é uma discussão nova, porque antes da Aids ela já ajudava a me manter solteiro e, importantíssimo, sem herdeiros. Então, essa história de ter que transar com camisinha não me assusta. Tem que ser assim, vamos nessa. (*idem*, p. 34-5)

> Você já tentou colocar camisinha no seu namorado com a boca? Não vem com essa história de vergonha, que não dá pra levar a sério. Você já deve ter tentado muita coisa mais complicada que isso na cama. E se tentou, você está de parabéns. Porque tem que tentar tudo mesmo pra ter uma relação sexual prazerosa. (n. 35, p. 40-1)

---

8. Em 1994, ao apresentar trabalho sobre essa campanha de *Marie Claire* em um congresso internacional de comunicação da International Communication Association (ICA), em Sydney, uma professora universitária americana argumentou que jamais uma revista do mercado editorial de seu país publicaria textos daquele teor.

Revista *Marie Claire*, n. 32, nov. 1993, p. 42-3.

Você é capaz de fazer sexo oral, 69, experimentar algumas das 48 posições do Kama Sutra, isso tudo na primeira vez. Mas tem vergonha de pedir para o seu namorado usar camisinha?

Sabe o que é, a gente ainda não tinha intimidade. Com essa desculpa, a maioria das mulheres explica porque não tem coragem de pedir para o homem usar camisinha. Mas intimidade para relaxar e gozar tem, né? Ele vai pensar que eu desconfio dele. Essa também é uma grande favorita do concurso desculpa do ano. Mas ir para a cama com um homem e fazer amor já é uma prova de confiança suficiente. E também prova de tesão, de carinho, de amor ou o nome que você quiser dar. Perto do que você sabe fazer na cama (isso é um elogio), não tem cabimento ter vergonha de falar sobre qualquer coisa que seja. Aliás, vergonha mesmo é chegar na hora e não saber como trasnformar a camisinha num jogo interessante. Você sabe colocar a camisinha nele? Você sabe que dá pra colocar com a boca? Você sabe que colocar a camisinha pode se transformar num carinho muito especial? Um pouco de experiência cura qualquer vergonha. Treine o seguinte: estique os dedos indicador e o pai de todos e vá desenrolando quantas camisinhas forem necessárias até você pegar intimidade com a função. Com o tempo, vá acrescentando criatividade na maneira de colocar. Depois disso, você é capaz de tudo. Até de transformar o correto sexo seguro em sexo gostoso.

Camisinha é Sexy.
Uma campanha de Marie Claire e W/Brasil.

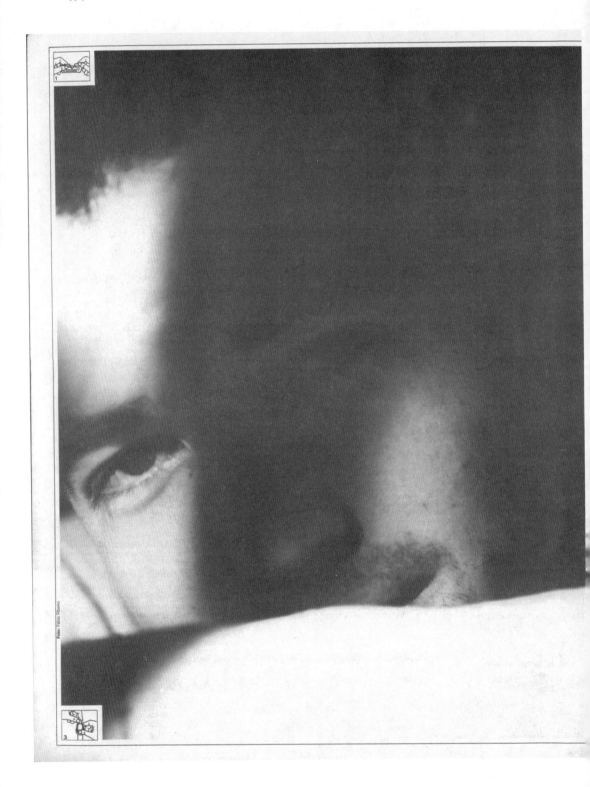

Revista *Marie Claire*, n. 34, jan. 1994, p. 30-1.

" Quando eu me dei conta, ela já estava colocando a camisinha em mim e eu nem sei como: não vi ela abrir o pacotinho, foi vapt-vupt."

"Camisinha, tem que usar. A gente sabe que você já sabe disso. Então vamos pular para uma outra fase: como usar. Toda edição, Marie Claire estará publicando os testemunhos de pessoas que só transam se o parceiro usar camisinha. Elas contam como fazem para a camisinha não atrapalhar em nada. Muito pelo contrário, como a camisinha pode ser sexy. E se virar sexy, vai ser gostoso. Relaxe e aproveite para ler o testemunho de M.S., fotógrafo.

Um belo dia Deus se lembrou deste humilde seguidor. Eu estava passando o fim de semana num hotel na Bahia, fazendo uma matéria de moda. Nenhuma modelo fazia o meu tipo. Era uma matéria de maiôs para crianças. A mais velha tinha 8 anos. E, sinceramente, eu gosto de mulheres um pouco mais experientes. Voltando ao assunto, eu estava no meu quarto tentando acalmar os meus instintos infanticidas, quando, toc, toc, toc, alguém bateu na porta. Estava preparado para o pior e dei de cara com o melhor. Ou melhor, a melhor: a gerente do hotel. Eu tinha jantado com ela na noite em que o nosso grupo chegou e também já tínhamos conversado muito na piscina. Isso só para vocês não acharem que foi assim uma coisa repentina. Tinha um clima. E fazendo um resumo bem resumido, quando eu me dei conta ela já estava colocando a camisinha em mim e eu nem sei como: não vi ela abrindo o pacotinho, foi vapt-vupt. A mão daquela mulher era a coisa mais maravilhosa do mundo. Eu até arrisco dizer que talvez sem a camisinha não tivesse sido tão surpreendente. Agora, a mensagem que eu gostaria de deixar aqui nesta revista é a seguinte: mulheres, eu estou disponível para qualquer consulta mais profunda sobre o tema. Brincadeira. Eu ia mesmo dizer é que se a gente realmente quiser, pode ser muito gostoso fazer sexo seguro.

Camisinha é Sexy.
Uma campanha de Marie Claire e W/Brasil

Revista *Marie Claire*, n. 34, jan. 1994, p. 38-9.

Aprenda a colocar camisinha, mesmo que você não tenha pinto.

Camisinha é um assunto tão feminino quanto batom e Modess. É bom também que você aprenda a andar com ela na bolsa. É melhor ainda se você aprender a colocar a camisinha no seu parceiro. Não, não é ousadia. Encare isso como um presente que você pode dar pra ele. Já que tem que usar camisinha, que seja de maneira prazerosa. Deixe a camisinha fora do pacotinho, pra não ter que ficar brigando com a embalagem na hora H. Segure a pontinha da camisinha e desenrole o resto. Essa pontinha que sobra é a folga que tem que ser deixada para o esperma, senão a camisinha estoura. E na hora de desenrolar, você aproveita para fazer uns carinhos, uma massagem, uns toques especiais. Pode até dar uns beijinhos. Tenta porque vai ser gostoso. Agora, se você está chocada com este papo, achando que é um absurdo uma mulher tomar a iniciativa e talvez até tocar nesse assunto, bom, você deve ser do tipo que, ao invés de camisinha, transa de camisola.

Camisinha é Sexy.
Uma campanha de Marie Claire e W/Brasil.

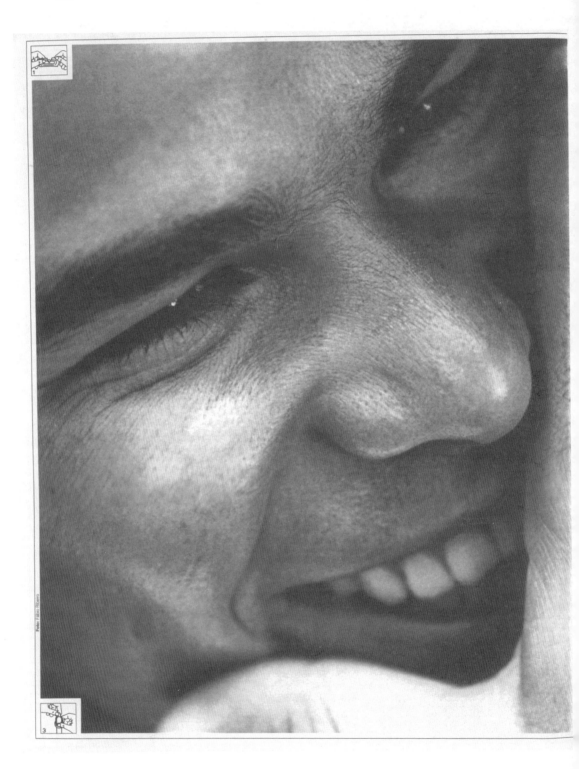

Revista *Marie Claire*, n. 35, fev. 1994, p. 34-5.

"É literalmente do cacete encontrar uma mulher que saiba colocar camisinha na gente. E são tão poucas."

Camisinha, tem que usar. A gente sabe que você já sabe disso. Então vamos pular para uma outra fase: como usar. Toda edição, Marie Claire estará publicando os testemunhos de pessoas que só transam se o parceiro usar camisinha. Elas contam como fazem para a camisinha não atrapalhar em nada. Muito pelo contrário, como a camisinha pode ser sexy. E se virar sexy, vai ser gostoso. Relaxe e aproveite para ler o testemunho de I. L., engenheiro civil.

Eu sou solteiro. Do tipo convicto. Na minha vida, camisinha não é uma discussão nova, porque antes da AIDS ela já ajudava a me manter solteiro e, importantíssimo, sem herdeiros. Então, essa história de ter que transar com camisinha não me assusta. Tem que ser assim, vamos nessa. Ao invés de falar do ponto X da questão, vamos falar do ponto G da questão: saber usar a camisinha. Eu não paro tudo no meio da transa pra colocar a camisinha. Os beijos podem continuar, eu peço pra ser acariciado, até porque colocar a camisinha não é uma tarefa tão complicada que alguém precise de concentração, mira, sei lá o quê. Coloca e pronto. O que acontece é que a transa fica um pouco mais demorada e isso pode ser muito bom. Eu gosto de cruzar mulheres que andam com camisinha na bolsa. Mais que isso: é, literalmente, do cacete encontrar uma mulher que saiba colocar camisinha na gente. E são tão poucas. Se eu encontrar com uma, eu caso com ela. Não escreve isso aí, não, que eu estou brincando. Olha, sexo é a melhor coisa da vida. Agora tem essa de que tem que ser seguro. Mas, desde sempre, tem que ser gostoso.

Camisinha é Sexy.
Uma campanha de Marie Claire e W/Brasil.

Revista *Marie Claire*, n. 35, fev. 1994, p. 40-1.

Você já tentou colocar camisinha no seu namorado com a boca?

Não vem com essa história de vergonha, que não dá pra levar a sério. Você já deve ter tentado muita coisa mais complicada que isso na cama. E se tentou, você está de parabéns. Porque tem que tentar tudo mesmo pra ter uma relação sexual prazerosa. E já que tem que usar camisinha, que seja da maneira mais gostosa. A gente conversou com muitos homens que gostariam que a namorada colocasse camisinha neles com a boca. Então, vamos lá que é super-simples: o melhor momento para colocar a camisinha desse jeito é quando vocês estão praticando sexo oral. Meio assim, sem interromper nada, você segura a pontinha da camisinha com os lábios (não tente com os dentes, senão fura, hem?). Essa pontinha é a folga que você tem que deixar para o esperma. Com as mãos, você vai desenrolando a camisinha, com todo o carinho. E continua como no sexo oral. O único perigo que você corre é ele pedir pra você não parar nunca mais de colocar camisinha nele.

Camisinha é Sexy.
Uma campanha de Marie Claire e W/Brasil.

Revista *Marie Claire*, n. 36, mar. 1994, p. 28-9.

Marie Claire ensina como chegar ao orgasmo tranqüilamente.

Transando com camisinha, você vai ficar mais tranqüila. E aí, mais soltinha. E aí, mais descontraída. E aí, mais feliz. E aí, ninguém mais segura você. Por isso, aí estão alguns endereços de farmácias pra você comprar camisinha a qualquer hora do dia e da noite. Elas ficam abertas 24 horas. Agora mesmo você pode ir lá e comprar um pacotinho. Vai saber quem é que vai tocar a campainha hoje na sua casa. É bom você estar preparada para o melhor.

Belo Horizonte: Drogaria Araújo, Rua Curitiba, 327, Centro, tel. (031) 238-5911; Drogaria Santa Marta, Av. Amazonas, 1.464, Centro, tel. (031) 335-2411.

Brasília: Drogaria Drogafone, QI 9, bloco C, lojas 24/40, Lago Sul, tel. (061) 248-6683; Drogaria Porto Rico, CLN 307, bloco D, loja 12, Asa Norte, tel. (061) 273-0208; Drogaria Rosário, CLN 312, bloco B, loja 23, Asa Norte, tel. (061) 273-6821; Drogaria São Carlos, QNL 16, conj. F, loja 2, Taguatinga, tel. (061) 562-6511; Drogaria Droga-Med, QNM 1, bloco K, loja 7, Ceilândia, tel. (061) 371-6123.

Curitiba: Drogamed, Rua Dr. Pedrosa, 25, Centro, tel. (041) 224-0554; Drogamed Bacacheri, Rua Horácio Guedes, 401, Bacacheri, tel. (041) 356-1922; Minerva Colombo, Rua XV de Novembro, 123, Centro, tel. (041) 225-4646; Minerva Bom Jesus, Av. República Argentina, 3.038, Portão, tel. (041) 345-3266; Minerva Mercês, Av. Manoel Ribas, 1.308, Mercês, tel. (041) 335-1518.

Rio de Janeiro: Drogaria Piauí, Rua Barata Ribeiro, 646, loja A, Copacabana, tel. (021) 255-7245; Drogaria Max, Estrada do Galeão, 646, Cacuia, tel. (021) 396-7452; Farmácia Mackenzie, Rua Dias da Cruz, 616, Méier, tel. (021) 594-6930; Drogaria Fax, Rua Sidônio Paes, 19, Cascadura, tel. (021) 269-6448.

Salvador: Farmácia Plantão da Barra, Rua Marquês de Caravelas, 386, Barra Avenida, tel. (071) 245-4509; Farmácia Estrela Galdino, Av. Manoel Dias da Silva, 326, Pituba, tel. (071) 248-4340; Farmácia Santa Ana, Estação Rodoviária, Pernambu, tel. (071) 358-0599; Farmácia de Pau-da-Lima, Rua Jaime Vieira Lima, 115, Pau-da-Lima, tel.(071) 393-0212; Farmácia São Tomaz, Estrada do Coco, km 4, Shopping Litoral Norte, Litoral Norte, tel. (071) 378-1470.

São Paulo: Drogaria São Paulo, Av. Angélica, 1.465, Higienópolis, tel. (011) 66-0181; Alameda dos Maracatins, 535, Moema, tel. (011) 240-5815; Droga Raia, Rua Voluntários da Pátria, 1.818, Santana, tel. (011) 290-7305; Drogão, Rua Domingos de Morais, 2.842, Saúde, tel. (011) 571-1799; Drogasil, Av. Brig. Luis Antônio, 2.064, Centro, tel. (011) 287-5026.

ENDEREÇOS DE SEX SHOPS E IMPORTADORAS

American Sex: Av. dos Bandeirantes, 4.795, tel. (011) 531-9622, **SP**.

Sex Shop: Av. Rio Branco, 133, sobreloja 203/204; Rua Uruguaiana, 10, subsolo - 111; Av. N. S. de Copacabana, 978, loja 107, tel. (021) 231-2369 (que atende todas as lojas), **RJ**.

Walgreens: Rua Roque Petroni Jr., 1.089, Shopping Morumbi, piso superior, loja 79-S, tel. (011) 240-9278, **SP**; Av. Cândido de Abreu, 127, Centro Cívico, loja CA 16/17, Shopping Müeller, tel. (041) 233-3441, **Curitiba**; CLS 304, bloco B-12, Asa Sul, tel. (061) 322-1717, **Brasília**.

Camisinha é Sexy.
Uma campanha de Marie Claire e W/Brasil

Revista *Marie Claire*, n. 36, mar. 1994, p. 56-7.

> "Eu sei que tem camisinha de todas as cores. Eu já vi em revista. Mas pra mim tem que ser tudo normalzinho. É bom eu deixar claro que eu estou falando da camisinha."

"Camisinha, tem que usar. A gente sabe que você já sabe disso. Então vamos pular para uma outra fase: como usar. E a partir desta edição você vai ler uma série de testemunhos de pessoas que só transam se o parceiro usar camisinha. Elas contam como fazem para a camisinha não atrapalhar em nada. Muito pelo contrário, como a camisinha pode ser sexy. E se virar sexy, vai ser gostoso. Relaxe e aproveite para ler o testemunho de C. P., dona de uma loja de roupas infantis.

Há um ano atrás eu tinha um namorado. Que Deus o tenha. Não, ele não está morto não. Pelo contrário, coisa ruim não morre. Ele está aí, forte e firme. Na verdade, hoje ele é um grande amigo, mas quando a gente namorava era um inferno. Era daqueles que se apaixonam por qualquer rabo-de-saia. Até escocês corria perigo. E, por conta do perigo, a gente só transava de camisinha. Era o único jeito de eu me sentir segura, até ficava mais soltinha na cama. Hoje, eu só tenho uns namorinhos por aí. A intimidade não é total, então fica um pouco difícil falar da camisinha. Mas tem que falar e logo de cara. Não espero chegar na hora H e de repente passar por uma saia justa do cara brochar. Sei lá, com o meu jeitinho assim, todo sutil de ser, na mesa do restaurante, entre um gole e outro de um vinho, eu solto qualquer coisa sobre o vinho, sobre Dionísio, o deus grego chegado numa farra, e pronto: o assunto "camisinha" aparece. Tenta que dá certo. Agora nessa história de camisinha tem uma coisa que eu não agüento. Eu sei que tem camisinha de todas as cores. Eu já vi em revista. Mas pra mim tem que ser tudo normalzinho. É bom eu deixar claro que eu estou falando da camisinha.

Camisinha é Sexy.
Uma campanha de Marie Claire e W/Brasil.

Na edição do final da campanha, a fala do anúncio é assumida pela revista, em um anúncio com o mesmo padrão, ao lado de uma foto estilo cinema dos anos 1930, galã com ares de Rodolfo Valentino:

> *Marie Claire* ensina como chegar ao orgasmo tranquilamente.
> Transando com camisinha, você vai ficar mais tranqüila. E aí, mais soltinha. E aí mais descontraída. E aí mais feliz. E aí, ninguém mais segura você. Por isso, aí estão alguns endereços de farmácias para você comprar camisinha a qualquer hora do dia ou da noite. Elas ficam abertas 24 horas. Agora mesmo você pode ir lá e comprar um pacotinho. Vai saber quem é que vai tocar a campainha hoje na sua casa. É bom você estar preparada para o melhor. (n. 36, 1994, p. 28-9)

A outra página dupla traz o depoimento de alguém que não está com namorado fixo:

> Hoje eu só tenho uns namorinhos por aí. A intimidade não é total, então fica um pouco difícil falar da camisinha. Mas tem que falar e logo de cara. Não espero chegar na hora H e de repente passar por uma saia justa do cara brochar. Sei lá, com o meu jeitinho assim, todo sutil de ser, na mesa do restaurante, entre um gole e outro de um vinho, eu solto qualquer coisa sobre o vinho, sobre Dionísio, o deus grego chegado numa farra e pronto: o assunto "camisinha" aparece. Tenta que dá certo. Agora nessa história de camisinha tem uma coisa que eu não agüento. Eu sei que tem camisinha de todas as cores. Eu já vi em revista. Mas pra mim tem que ser tudo normalzinho. É bom eu deixar claro que eu estou falando da camisinha. (p. 56-7)

Ainda nessa edição, há uma grande matéria sobre as características técnicas da camisinha: "Preservativo: para usar no momento certo, melhor conhecê-lo"; e outra sobre os objetivos da campanha da revista e da W/Brasil, que apostaram em uma linguagem mais ousada, utilizando anúncios com apelo erótico, em vez de apenas material informativo.

CONCLUSÃO – DE VÓS A VOCÊ, MUITAS DÉCADAS IMPERATIVAS

A destinatária da imprensa feminina nem sempre foi tratada do mesmo jeito. Houve uma certa homogeneidade na evolução desse tratamento na imprensa ocidental. Porém, no Brasil, vamos encontrar algumas diferenças, não só em relação a datas, mas também a pronomes, por uma particularidade linguística própria que é "você". No entanto, pronomes específicos à parte, a orientação do texto em relação ao receptor é semelhante.

Evelyne Sullerot, na sua clássica obra já citada, diz que a história da imprensa feminina se desenvolve em dois planos. O primeiro seria o dos "deveres": estilos, modas e convenções – a maioria dos jornais de moda encaixa-se nesta classificação. Essas publicações ajudavam mulheres a viver "da maneira que os homens queriam que elas vivessem" (Sullerot, 1963, p. 7-9).

Eram destinadas às alfabetizadas, que no século XVIII, se resumiam às aristocratas. As receitas de cozinha e os conselhos de economia doméstica tomaram lentamente o lugar das crônicas de óperas e teatros. Tal processo não se limita à França; também aconteceu entre nós. A publicação de poesia nos jornais franceses foi diminuindo, permanecendo com muito sucesso somente o folhetim. Já no Brasil, a presença de poesia não era tão rarefeita e continuou até as primeiras décadas do século XX.

O segundo plano compreende os "direitos": é a imprensa preocupada com os direitos da mulher, que Evelyne rotula de *feminista*, para facilitar a identificação, observando que nem sempre são órgãos sufragistas. São todos os que tratam da condição feminina. Da mesma forma, encontramos, no Brasil, no século XIX, jornais em torno de um ou de outro polo. A imprensa feminina moderna, lá como aqui, nasceu dessa mistura e dessa herança.

O tipo de leitora visada também foi mudando ao longo dos anos. Ainda segundo a autora (1963, p. 15 e seguintes), existem três fases na imprensa feminina francesa que passou sucessivamente pela dama, pela mulher e pela dona de casa consumidora. Os jornais de moda, mais chegados às futilidades, tratavam sua leitora formalmente: *dames*, que aparecia até em nomes de publicações (por exemplo, *Journal des Dames*, ainda no século XVIII). Além disso, nesse tempo as leitoras pertenciam à aristocracia e só podiam ser tratadas como *dames*.

Em meados do século XIX, as preocupações feministas tomavam mais fôlego. Algumas mulheres que defendiam utopias começaram a participar de publicações, ou fundá-las. Surgiu então *La Femme Libre* (1832-34), de Marie-Reine Guindorf e Désirée Veret, inteiramente redigido por mulheres. A palavra *femme* aparecia cada vez mais frequentemente nas denominações e nos textos dos jornais: *Journal des Femmes* (1832-37), periódico cristão, que teve George Sand como colaboradora; *La Gazette des Femmes* (1836-48); *La Voix des Femmes*, fundado em 1848, primeiro jornal diário feminino, na França; *La Politique des Femmes*, também de 1848; *Le Droit des Femmes*, jornal semanal fundado em 1869 e que durou vinte anos. Logicamente, todos esses veículos preocupavam-se com a situação da mulher, concentrando-se em educação ou direito a voto, além de outros assuntos culturais.

No fim do século, as causas feministas recrudesceram; os jornais que surgem defendem vigorosamente suas posições: o socialista *L'Harmonie Sociale*, *La Revue Féministe*, *L'Abeille* (órgão dos sindicatos femininos), *Le Conseiller des Femmes*, *Fémina*, primeira grande revista ilustrada que depois se tornou mundana e superficial etc. Em 9 de dezembro de 1897, são impressos 200 mil exemplares do número 1 do jornal diário *La Fronde*, inteiramente redigido, administrado e distribuído por mulheres, e que se apresentava assim:

> Este titulo é a marca [...] de uma censura pacífica, de uma subversão paciente e cotidiana do estado social atual que inferioriza do triplo ponto de vista humano, civil, econômico, metade da cidade. Se *La Fronde* declara guerra, não é ao antagonismo masculino, mas aos tiranos que se chamam: abusos, preconceitos, códigos caducos, leis arbitrárias. Não procura para a mulher nenhum triunfo sobre o homem nem o poder despótico pela astúcia, nem a identidade dos sexos. Reclama-se a igualdade dos diretos, o desenvolvimento sem entraves das faculdades da mulher, a responsabilidade consciente de seus atos, um lugar de criatura livre dentro da sociedade.

La Fronde saía os sete dias da semana e cobria diferentes assuntos, ocupando-se ativamente da educação. O jornal lançou o termo "puericultura", que foi julgado pedante e ridículo. Marguerite Durand, diretora e fundadora do jornal, que foi editado até 1905, era uma mulher excepcional, de muita visão. Casada com um deputado, redigia crônicas para o *Le Figaro*, quando resolveu levar adiante um jornal diário feminino, que marcou época em todos os sentidos. Um empreendimento que ela mesma, em 1903, dizia ser "julgado muito burguês pelos socialistas, muito revolucionário pelos burgueses, muito sério pelos parisienses, muito parisiense pela província" (Sullerot, 1963, p. 43).

Com o século XX, a leitora francesa vai passar de "mulher" a "dona de casa consumidora", segundo Sullerot. Lentamente, haverá menos trabalhadoras no campo; e nas fábricas, mais secretárias e funcionárias. Continuam a existir jornais feministas, o direito de voto ainda é exigido. Mas já há condições para revistas de luxo que vão ganhando público: *La Revue de la Femme, Vogue, Le Jardin des Modes, La Femme Chic* e *Fémina*, que se aburguesara.

A indústria de cosméticos, graças ao progresso da química e da biologia, avançara muito neste início de século. E a imprensa feminina ajudou a acelerar esse processo, fornecendo o suporte da divulgação e da publicidade de novos produtos. Tanto que até surge uma revista, na França, em 1932, inteiramente dedicada à beleza: *Votre Beauté*. No entanto, a revolução na imprensa feminina francesa ainda estava por vir. Em março de 1937 aparece *Marie Claire*, uma revista semanal já com uma nova filosofia de consumo. Eram 800 mil exemplares difundindo uma visão otimista, um ar de luxo em suas páginas (apesar do preço barato), sempre chamando a atenção para a praticidade e a economia. Mesmo versando sobre o supérfluo, a revista vai se acrescentar um caráter de prática e útil.

Confidences, em 1938, inaugura o filão das revistas românticas mais populares, que se desdobrariam (ou seriam catalisadas) no gênero fotonovela. Finalmente, em 1945, *Elle* completa o ciclo do grande consumo. E seria a primeira a utilizar publicidade colorida.

A imprensa feminina brasileira seguiu uma evolução paralela à francesa, em relação às fases gerais. Também passamos da "senhora", à "mulher" e depois à "consumidora". Só que as datas não coincidem tanto, principalmente antes do século XX e talvez no que diz respeito à importância de cada etapa. Primeiramente, não tivemos imprensa feminina (ou qualquer outra imprensa) no século XVIII. A imprensa feminina no Brasil só começou por volta de 1820, com publicações de moda e literatura. Os textos também eram dirigidos à "senhora", num tom bastante formal, mesmo quando o cronista ou folhetinista falava mais coloquialmente com suas leitoras, por exemplo na *Revista da quinzena* do "Folhetim do Novo Gabinete de Leitura ou Revista das Modas, dos theatros, bailes e outros acontecimentos da quinzena", que era uma das partes do *Novellista Brasileiro ou Armazem de Novellas Escolhidas*, publicado em 1851, no Rio de Janeiro, pela casa Laemmert:

> O que houve de novo, me perguntarão todas as minhas amabilissimas leitoras, e eu não posso dar-lhes noticias senão do baile do Cassino e do theatro, que é o meu divertimento favorito [...]. A reunião esteve brilhante, ainda que

ninguem pôde deixar de notar, aquella cruel separação em que nos achamos das senhoras, pois estar toda uma noite a ver moças bonitas e sem poder conversar com ellas é quasi uma desgraça.

Às vezes, essa espécie de crônica social era feita em versos:

> 'Um folhetim à toa'
> Minhas amáveis leitoras
> 'Stou cançado de prosar,
> Minhas formosas Senhoras
> Eu vou passar estas horas,
> Mas passa-las a versar.
>
> Si eu fora moça bonita,
> Talvez fosse bem feliz
> Era coquette, catita
> Chamava-me D. Rita
> E só bordava a matiz.
> (*Novellista Brasileiro ou Armazem de Novellas Escolhidas*)

Senhora vem com maiúsculas e moça é "Dona". O tratamento da imprensa segue as normas da etiqueta. A famosa *A Estação*, já mais no fim do século, continuava no mesmo tom, ao final de um comentário teatral do n. 22, Ano XII, de 30 de novembro de 1883, em que o autor comentava a entrada de mulheres para o correio:

> A mulher fluminense está em vias de emancipar-se: algumas já frequentam as academias, outras matriculam-se no Pedro Segundo...
> E agora eil-as no correio, competindo com o homem.
> Certamente isso é um grande melhoramento, um progresso... para o Correio; a mulher é mais resistente do que o homem para o trabalho, mais ordeira, mais cuidadosa...
> O serviço do Correio vae de certo ser melhor feito.
> Ella porem, a mulher não perderá com isso, não será a prejudicada? Continuae a ser o que sois, leitoras; o vosso lote é ainda o melhor.

A par do conservadorismo desse trecho, notamos o emprego de "vós", num tratamento cheio de formalidade. O uso da segunda pessoa, embora utilizado nessa época na imprensa em geral (pois era costume dirigir-se diretamente aos leitores, pedindo assentimento, interrogando etc., como também acontecia na literatura), já aparece de forma característica na imprensa dirigida às mulheres, e depois se transformará em padrão quase obrigatório, uma espécie de marca registrada.

Vós, tu, você: o texto na imprensa feminina sempre vai procurar dirigir-se à leitora, como se estivesse conversando com ela, servindo-se de uma intimidade de amiga. Esse jeito coloquial, que elimina a distância, que faz as ideias parecerem simples, cotidianas, frutos do bom senso, ajuda a passar conceitos, cristalizar opiniões, tudo de um modo tão natural que praticamente não há defesa. A razão não se arma para uma conversa de amiga. Nem é preciso raciocinar argumentos complicados: as coisas parecem que sempre foram assim. Ou então é apenas mais um momento de emoção, cujo único requisito é sentir junto.

Aí está uma verdadeira armadilha linguística para apanhar despreparado o espírito das mulheres. Retomando a terminologia de Jakobson, é o uso da função conativa que torna tão envolvente o texto dedicado à mulher. Jakobson, utilizando o modelo de Bühler, esquematizou e discutiu as funções da linguagem, num ensaio célebre. A função conativa é orientada para o destinatário e encontra sua expressão gramatical mais pura no vocativo e no imperativo. Diz Jakobson (1969, p. 125):

> As sentenças imperativas diferem fundamentalmente das sentenças declarativas: estas podem e aquelas não podem ser submetidas à prova de verdade. [...] o imperativo não pode ser contestado pela pergunta: é verdadeiro ou não?, que se pode, contudo, fazer perfeitamente no caso de sentenças como 'alguém bebeu', 'alguém beberá', 'alguém beberia'. Em contraposição às sentenças imperativas, as sentenças declarativas podem ser convertidas em interrogativas: 'bebeu alguém?', 'beberá alguém?', 'beberia alguém?'.

Ora, a imprensa feminina não é toda de sentenças vocativas ou imperativas. Mas é um texto fundamentalmente orientado para o destinatário e, ainda que não seja: deixe, faça, vista, use, corra, descanse etc., encontramos essa direção subjacente em qualquer matéria destinada à mulher. O tom amistoso escamoteia a contestação e até a simples dúvida, que é o que acontece com as frases imperativas, segundo nos aponta Jakobson. Assim, diante de "Sinta esse luxo" (legenda de uma foto de casaco de pele, na seção "*Nova* conta tudo", da revista *Nova*, n. 21, junho de 1975), o imperativo não pode ser testado: é verdadeiro ou não? Devo sentir esse luxo? Sentiria esse luxo? São perguntas que não cabem, quando a reação quase instintiva a uma ordem é cumpri-la imediatamente, aceitá-la, ou coisa que o valha. Se alguém nos diz "pare!", nós paramos antes de ter tempo para pensar. Pois bem, a imprensa feminina elegeu a função conativa como sua preferida – o que também foi feito pela publicidade – e resistir, quem há de? Como dissemos, se a função conativa não está explícita, percorre implicitamente os textos da imprensa feminina. Eis alguns exemplos, tirados da revista *Claudia* de maio de 1976:

> Você, que é jovem e do tipo esportivo, deve aproveitar estas sugestões para uma maquiagem a jato.

> Você sempre quis ter plantas decorando a casa. Mas por que será que as suas não vão para a frente?

> Conselhos para quem quer um filho.

> Como perder peso sem fazer dieta.

O direcionamento em relação à destinatária está presente em todas as matérias, mesmo nas que envolvem uma perspectiva mais profunda ou crítica. Até o uso do infinitivo mascara a ordem que está por trás. No entanto, é bom notar que há uma relação entre os textos mais sérios e a função utilizada. Os textos menos alienantes costumam afastar-se um pouco da função conativa, preferindo uma terceira pessoa, num tom mais impessoal. Assim, um foco narrativo razoavelmente imparcial está na razão direta da criticidade do texto. Quando o tom impositivo prefere usar o pretexto de uma conversa amiga, então a função conativa é a escolhida. À semelhança das receitas de culinária, que mandam misturar ovos e farinha, sempre no imperativo, as matérias de moda, beleza, decoração etc. não passam de receituário que usam o mesmo modo verbal, dando as diretrizes para ser bonita, bem-vestida e morar bem. Tudo vira receita de como se deve fazer para ser o modelo de mulher apresentado.

A "senhora" permaneceu até mesmo no século XX. Publicações como a *Revista da Semana* ainda conservavam um tratamento formal em relação à mulher. A própria *Revista Feminina*, fundada em 1914, usa uma linguagem cheia de cerimônia, como neste exemplo da página de moda do n. 54, de novembro de 1918: "É provável que as senhoras tenham observado que os chapéos da ultima novidade já não são, como eram geralmente, tecidos em palhas. A razão é porque a palha está caríssima [...]".

É um tratamento que persiste ainda em 1940 nas páginas femininas dos jornais diários (iniciado em 1953), forma que deixou resquícios até no "Suplemento Feminino" de *O Estado de S. Paulo*.

No entanto, a "mulher" surgiu no século XIX, nos jornais que defendiam os direitos femininos e que, por imposições da época, também usavam a linguagem predominante – mais formal. Então, embora a mulher esteja presente no conteúdo, muitas vezes ela se esconde sob o tratamento de "senhora", ou sob os adjetivos da prosa desse tempo. Vejamos: "A Família, órgão da formoza parte da humanidade, geralmente conhecida pelo nome – mulher, deve pôr-se à frente dessa utilíssima propaganda. Deve pois estudar apuradamente a educação de mulher".[9]

E mais:

> A emancipação da mulher pelo estudo é o facho luminoso que pode dissapar-lhe as trevas pela verdade em que deve viver, e que levá-la-á ao templo augusto da ciência, do bem viver da sociedade civilizadora. [...]
>
> Nós as Brasileiras, Italianas, Francesas e mais senhoras de diversas nacionalidades não pedimos o direito de votar com a restrição com que o fizeram as senhoras inglesas, mas com o direito de cidadãs republicanas, em um país generoso [...].[10]

Apesar de defenderem a mulher, *A Família* e *O Quinze de Novembro do Sexo Feminino* não conseguiram escapar à linguagem do período, o que também aconteceu em outros órgãos de orientação semelhante, como *A Mensageira*, de Presciliana Duarte. A "senhora" das publicações mais inconsequentes e a mulher que existia em caráter ideal nos jornais "feministas" conviveram durante dezenas de anos. Por isso, não podemos falar em fases distintas, aqui no Brasil. Na França, houve a época da "senhora", que evoluiu para a "mulher", chegando a acontecer a transição. A imprensa feminina brasileira assistiu ao nascimento das reivindicações da mulher, criou veículos próprios, mas nunca chegou ao grau da movimentação francesa, que propiciou até o aparecimento de um jornal diário feito por mulheres: *La Fronde*. Aliás, tal fato mereceu registro no n. 8 da revista *A Mensageira*, de São Paulo (30 de janeiro de 1898), que saudava o novo órgão – dirigido, administrado, escrito e tipograficamente composto por mulheres – e transcrevia um anúncio publicado na França: "As mulheres pretendem ter o direito de dar oficialmente a sua opinião sobre todas as questões que interessem à sociedade e à humanidade. *La Fronde* será o eco fiel das suas críticas, das suas aprovações, das suas justas reivindicações".

Existiu imprensa "feminista" no Brasil, só que não atingiu a importância e o volume da francesa. Finalmente, o último estágio, este sim, tão definido aqui quanto na França. Lá aconteceu um pouco antes, aqui foi-se fortalecendo na década de 1940: a era da consumidora. O ser feminino interessa apenas pela

---

9. Texto de abertura do jornal: AZEVEDO, Josephina Alvares de. *A Família*, Rio de Janeiro, número especial, p. 2.
10. DINIZ, Francisca Senhorinha da Motta. "Igualdade de direitos". *O Quinze de Novembro do Sexo Feminino*, Rio de Janeiro, 6 abr. 1890, p. 1 e 2.

sua capacidade de consumir, reconhecidamente maior (ou será que foi preparada durante séculos para isso?) que a do homem. Os veículos passam cada vez mais a ser catálogos de anúncios, recheados com uma ou outra matéria que justifique a sua denominação de revistas ou jornais. E o tratamento só podia ser "você", fala da amiga a quem a gente não pode deixar de dar atenção. A amiga ensina como ficar mais bonita, como andar na moda, como segurar o marido com pratos saborosos e um sorriso no rosto. A amiga começa a discutir sexo, dá conselhos, explica as coisas. A amiga diverte, consola, faz companhia, participa da sua intimidade, pois lhe chama de "você". Não é difícil encontrar os prenúncios desse foco narrativo que seria usado maciçamente em toda a imprensa feminina:

> Você
> Você está realmente encantadora. Posta neste traje negro bordado a lantejoulas, há de ser, forçosamente, uma das mais elegantes damas a jantar hoje num dos cassinos da cidade, ou num dos restaurantes preferidos por gente da alta classe social.
> [Início de matéria de moda, com um desenho de mulher vestida de *tailleur* e fumando, revista *Ilustração Brasileira*, n. 110, ano XXIII, Rio de Janeiro, jun. 1944, p. 40.]

E o final reforça o apelo à *modernidade*: "Entretanto, se não lhe fosse dado fumar, acredite que à sua elegância faltaria alguma cousa, pois o cigarro é o fecho essencial à silhueta grácil da mulher moderna".

Isso em 1940, quando fumar em público era privilégio das mais ousadas.

O NOVO

MODA: NOVO: NOVIDADE: MODERNO: ÚLTIMO GRITO: ÚLTIMA MODA: MODA DE PARIS: NOVA ONDA: *NEW LOOK*: *DERNIER CRI*: LANÇAMENTO: BOSSA: ATUAL: CONTEMPORÂNEO: NOSSO NOVO MUNDO: ISTO É NOVO: ISTO É BOM: NOVINHO EM FOLHA: JOVEM: ALEGRE: MARAVILHOSA: CHARME: NOVA ESTAÇÃO: NA VELOCIDADE DA MODA: MODA SUPERVELOZ: SUPERNOVA: SUPERATUAL: DE HOJE: DO FUTURO: RETRÔ: POP: NOVO TEMPO: NOVA ERA: NOVO ESTILO: O QUE MAIS SE VÊ: EM VOGA: DEMODÊ: ULTRAPASSADO: *IN*: *OUT*: POR DENTRO: POR FORA: FASHION: O QUE HÁ DE NOVO: VIDA DE HOJE: AGORA: DO MOMENTO: NOVO ROSTO: NOVO CORPO: NOVA ROUPA: NOVA MULHER: NOVO HOMEM: NOVO: NOVA.

O "novo" é uma categoria sempre presente na imprensa feminina, não só no Brasil, mas em todo o mundo ocidental. Explícito ou implícito, o novo impera.

Nos textos selecionados para este trabalho, o novo surge ainda idealmente na década de 1900 (a mulher é o novo bom que há nas coisas), para começar a se delinear mais claramente na década de 1930 (a nova mulher, profissional independente, embora na figura de uma simples jornaleira) e ir crescendo nas etapas seguintes. Em 1940, a cara nova das artistas de cinema; em 1950, a mulher atualizada mas que não ofusca o parceiro; em 1960, a nova mulher casada; em 1970, o auge do novo na mulher consumista e liberada. A adolescente chega em 1980; em 1990, sexo com a realidade da Aids.

Até a década de 1950, o termo "moderno" foi bastante utilizado. Esse termo servia aos objetivos de conotar o novo, de conotar algo de acordo com sua época. *Capricho*, surgida na década de 1950, teve, durante muito tempo, o refrão "revista da mulher moderna". No entanto, nas revistas e jornais por nós compulsados, a fase áurea do "moderno" foi nas décadas de 1920 e 1930, em que a grande qualidade era ser "moderno", "modernista", "futurista". Atualmente, a palavra perdeu um pouco de sua força e deu lugar ao "novo" e seus sucedâneos.

A própria mulher foi ficando mais nova, com relação à idade. "Damas" e "madames": o tratamento afrancesado que passou do século XIX ao XX, rejuvenesceu e americanizou-se. Nas décadas de 1930 e 1940 (tendo começado em 1920), mulher bonita era *girl*. Nos anos 1950, foi apenas traduzida para "garota". Virou "jovem", qualidade pessoal máxima dentro da sociedade de consumo. Hoje, a mulher tem de ser jovem. Renovando-se (por fora) a cada dia.

Não é o novo revolucionário, crítico, conscientizador. Não é a busca da modernidade que instaura novas formas de apresentação da realidade. É o novo pelo novo, por fora, de superfície. É o novo que se originou talvez na moda, sistema que exige mudanças a cada estação. Se a imprensa feminina nasceu veículo de difusão de moda, dificilmente se afastaria desse novo, razão de ser de seu assunto principal. E o novo acabou contaminando qualquer conteúdo que fosse incluído em páginas dedicadas à mulher.

O novo verdadeiro tem muitas raízes no contexto. Não é um novo arbitrário, hoje amarelo, amanhã azul, como mudam as cores da moda. Não é um novo comercial, sujeito às estratégias de marketing, é a situação das indústrias de tecidos e de confecção. É um novo que pode ser sintetizado por um criador numa obra de arte. Mas não é um novo que quer vender meias listradas hoje e lisas amanhã. É tão somente um novo que traduz a modernidade.

O novo da imprensa feminina trabalha num nível secundário, na aparência. Não é vanguarda, não inova; sua aspiração máxima é ser a novidade que venda. É o novo que não pertence à arte; é o novo que serve ao consumo. Por isso, acentua-se mais e mais com a sociedade de consumo, à qual também ajuda a acelerar.

O tempo corre. Do carro do ano ao agasalho deste inverno, à camiseta do mês, ao filme da semana, à música do dia, o novo que muda de segundo em segundo. A perseguição, a pressão para fazer que o consumidor troque por uma mercadoria nova, que ele poderia perfeitamente conservar (mas aí não se venderia tanto) – a obsolescência planejada.

A mulher é instada a renovar-se dia a dia, da cabeça aos pés. Da roupa, da maquiagem, dos cabelos, passa-se ao corpo: faça plástica, é preciso ser totalmente nova. E a moda entra até na safra de seios siliconados à semelhança da atriz de sucesso daquele ano. O mito da juventude, explorado até a exaustão na imprensa feminina, também se insere dentro da categoria do novo. Um conceito que chega a se concretizar em nome de revista: *Nova*. O novo é a virtude máxima do objeto de consumo. A utilidade, a praticidade são virtudes secundárias. E o novo passa a ser exigido também na pessoa.

Para dar esse caráter de novo a coisas que na realidade não o são, a imprensa feminina e a publicidade lançam mão de todos os recursos. O movimento de pessoas é emprestado, ou melhor, alienado aos objetos. Há uma transferência do sujeito para o objeto, numa inversão desumanizante. Michelle Mattelart (1977, p. 61) descreve esse processo:

> O mundo inanimado (coisas, artefatos) ganha vida, enquanto paralelamente o animado deixa de sê-lo. A um objeto humanizado corresponde um ser coisificado. Este só volta a ganhar qualidade, movimento, dinamismo e personalidade, pela mediação do objeto. A conotação de valor não se situa mais no ser, e sim na coisa. A relação interindividual se metamorfoseia graças à introdução do produto e à inovação técnica e comercial: 'Eu... Tu... AEROMINT'. Graficamente, o valor enfático do refrescante bucal se intercala entre os dois rostos do casal e propicia o encontro. Privilegia um tipo de amor. Além disso, comprova-se um deslizamento permanente entre os campos semânticos do afetivo, de uma parte, e do objetal, de outra.

A mulher, então, não pode ser bela, sensível, alegre, por si só. Ela conseguirá essas qualidades se *tiver* determinados objetos. Para *ser*, ela precisa *ter*. Esse deslocamento acaba por anular a possibilidade de crescimento pessoal. Até para se autoconhecer, a pessoa (principalmente a mulher, alvo preferido dessa inversão ideológica) precisa da mediação do objeto. Objeto que é, às vezes, a própria revista feminina: a mulher não vai se conhecer numa relação com o outro – a mulher só se conhece se ler os artigos psicológicos que lhe dizem como é o seu eu, como vencer conflitos interiores, como libertar-se sexualmente.

O eixo que opera essa inversão semântica funda-se no novo, novo que não é novo, paradoxalmente. Em termos sociais, esse novo só serve à manutenção dos sistemas vigentes. Michelle Mattelart (1977, p. 31) analisa como o moderno se constitui ideologia, propagando

> uma imagem de movimento e progressão constantes, de gênesis diária, de mutação efervescente, que mascara a permanência e o estatismo das estruturas constitutivas da ordem que o gerou. [...] Em outras palavras, trata-se de tornar explícitos alguns rasgos do conjunto de mitos que se apresentam na proposta de criação, ou melhor, de realimentação de uma cultura funcional, de acordo com a concepção modernizante do desenvolvimento da sociedade.

O significado profundo desse novo é conservador. Ele aparece em toda a imprensa feminina ocidental porque é inerente ao sistema político. Segundo Michelle Mattelart, a ordem capitalista é interpretada não como uma fase transitória do progresso histórico, mas sim como a forma absoluta e definitiva da produção social. Daí a característica universal desse modelo modernista, difundido e cultivado pelas revistas ilustradas femininas. Trata-se de um modelo construído à base de um estereótipo de mulher de estrato socioeconômico muito acomodado, em uma sociedade industrializada do bloco capitalista. Então, continua a autora:

> Logicamente este modelo destaca euforicamente a situação de tais mulheres, exagera o bem-estar, a liberação, o gozo que alcançaram na vida cotidiana. Assim, o parâmetro modernista – analisado a grosso modo – apresentaria dois níveis de alienação: um primeiro nível, inerente ao modelo mesmo, que supõe, como acabamos de mencionar, destacar euforicamente as coordenadas da vida, do ambiente e do poder consumidor logrado por uma classe num país dominante; um segundo nível que é o translado mais ou menos mecanicista do modelo à realidade de um país periférico. (p. 35-6)

A leitora julga estar participando da modernidade, quando apenas ajuda a manutenção do *status quo*. Usufruir dos signos do novo dá a ilusão de compartilhar do padrão de vida de um país altamente desenvolvido. Equivale a uma iniciação, ao conhecimento de um código, a uma introdução ritual. Mas a democratização da moda, ou a extensão dos valores estéticos de uma classe – no caso da decoração, por exemplo – são apenas concessões da classe dominante para que o mercado se revitalize. Quando a globalização operada pelas multinacionais impulsiona a "democratização" do gosto, temos um fator a mais de exploração.

A mudança que a mulher apresenta, concretamente, no contexto social, é mínima, mesmo a mais exposta aos conceitos veiculados pelos meios de comunicação. E mesmo a imagem apresentada pela imprensa feminina inclui poucos elementos de inovação. Como dissemos, é uma tradição camuflada de nova. A transformação sofrida pela imagem da mulher nas revistas femininas é quase nula quando analisada em seus significados profundos. Ela nunca ultrapassa os limites de adaptação às normas vigentes.

A imprensa feminina dá espaço a obras de vanguarda, ou pelo menos fala delas. No entanto, reconhecer o valor da obra intelectual ou artística é mais uma utilização da modernidade em proveito de maior vendagem. A imprensa não encampa a proposta de tais obras, que servem apenas de prova de que a revista é atual e bem informada. Portanto, a mulher que lê a revista tem garantia de que está sendo informada e de que participa dos signos da modernidade. Outro exemplo dessa artimanha mercadológica é a divulgação sistemática que vem sendo feita do feminismo. Sem nos determos em matérias que exploram o lado ridículo, curioso, dentro de uma visão preconcebida, mesmo os textos mais sérios têm essa motivação do novo. Divulga-se o feminismo porque está na moda – mais uma que veio dos países desenvolvidos – e não porque se pretende defender os direitos da mulher ou promover transformações em nosso contexto social. O feminismo está nas páginas da imprensa feminina como está a discoteca, o homossexualismo, a malha colante, as estátuas chinesas, o bambu, que virou cana-da-índia e depois virou novamente bambu. Apenas um signo a mais da modernidade de aparência.

Porque a mulher é o alvo principal da modernidade? Diz Michelle Mattelart (1977, p. 34):

> A mulher que, imagem ou realidade, suporta mais que o homem a cotidianidade e que permanece ocupando o centro desta mesma esfera do cotidiano, era certamente o foco mais adequado desde o qual fazer irradiar a cultura da modernidade, que difusamente pretende influir no contexto diário moldando ambientes, gostos, desejos.
>
> Partiremos deste mito da feminidade que vincula a idéia de mulher à da negação de mudança, ou então deste antagonismo mítico entre mulher e mudança [...] isto é, como a modernidade reafirma o mito da feminidade e lhe confere uma nova validade, uma nova justificação.

Para compensar as eternas funções femininas, casa, esposa, filhos, em posição antitética com o "devenir" masculino, cuja ação se inscreve na dialética de uma realidade de luta e dominação do mundo, a mulher é chamada para o moderno, com sua aparência de desenvolvimento tecnológico, para criar o simulacro da mudança. A mulher não muda e vive "dentro"; o homem modifica o mundo e vive "fora". A modernidade, como ideologia e prática, quer trazer a mulher de "dentro" para "fora". Ou melhor, veio lhe dar a ilusão de que, integrando-se aos signos do novo, ela está agindo no mundo.

Só que poucas mulheres percebem que a modernidade se conforma em repetir, remoçando-os, os elementos estruturais do sistema. Prega-se a emancipação feminina; mas na verdade trata-se de um processo que continua coisificando a mulher, nos moldes em que se funda. O valor mais reforçado ainda é o individualismo, entranhado na competição da moda. Que emancipação pode vir quando só se valoriza o individual no que tem de mais egoísta? Aponta-se o trabalho como libertação mas, observa Michelle Mattelart (1977, p. 42-3), de modo irrealista: "a revista feminina se conforma em mostrar o trabalho como se fora uma terapêutica milagrosa, quando na realidade o trabalho pode converter-se no melhor instrumento de alienação".

Da mesma forma, o sexo também representa um pseudolibertação. Antes, sexo era marido, e não se falava na satisfação sexual da mulher, assunto que começou, a partir de 1960, a ser abordado. Nos anos 1970, nas revistas mais "modernas", sexo podia significar um companheiro eventual. Em 1980 e 1990, a liberação: a adolescente pode transar com o namorado, a jovem tem relações sexuais com o rapaz que acabou de conhecer numa balada. A mulher chegou ao sexo casual – pratica quando tem desejo. Mas, basicamente, a única coisa que mudou foi a chancela do casamento. Pois a mulher continua tendo de ser bonita, bem-vestida, bem maquiada, compreensiva, alegre, boa cozinheira (ou pelo menos saber fazer alguns pratos sofisticados) etc. para segurar o seu homem. Continuam os preceitos de como a mullher *deve ser.*

A libertação sexual pregada pelas revistas femininas acha sua contrapartida nas revistas masculinas como a *Playboy*, que são apenas outra face da mesma moeda. Umas e outras defendem o sexo mais livre, subordinando o processo ao consumo. A mesma filosofia da revista feminina está na revista masculina, que explora os mesmos argumentos para convencer o homem de que ele só conquistará se for bonito, bem-vestido, esportista, se usar a colônia X, a camisa Y. É a transposição da chamada "psicologia" feminina para atrair o sexo oposto. O homem se vê na contingência de usar truques semelhantes para conseguir as garotas que quer. Do mesmo jeito, ele precisa "ter", para "ser". A mediação dos objetos de consumo é apresentada como imprescindível.

O aproveitamento desse caráter "feminino" de relacionamento com as pessoas não se encontra apenas nas revistas masculinas, em que aparece com tanta intensidade quanto nas femininas. Essa tendência, por publicidade e civilização de consumo, está em todos os meios de comunicação. Nesse sentido, há mais "feminização" das mensagens, que acontece em vários níveis, segundo Mattelart (1977, p. 33):

> Escolhemos a imprensa feminina para apreender concretamente o conceito de modernidade devido [...] à trivialidade ou falta de transcendência de que

parece ser culpável e também a sua circunscrição a um interesse específico [...] este fenômeno, aparentemente específico, se distancia cada vez mais de sua especificidade. A imprensa em geral, e inclusive o conjunto de meios de massa, seja o cinema, rádio, televisão, estão crescentemente colonizados por estes valores de corte feminino, que se articulam no estereótipo da feminidade: temas e valores do coração, temas e valores da organização doméstica, da cotidianidade, da intimidade, tornam-se obsessivamente presentes em todos os produtos da indústria cultural.

Essa modernidade não poderia versar sobre indivíduos. A modernidade só poderia lidar com estereótipos que, no fundo, estão estreitamente ligados a papéis.

O PAPEL DO PAPEL

Na imprensa feminina, a mulher está, metafórica e metonimicamente, ligada aos seus papéis sociais básicos: dona de casa, esposa, mãe, principalmente até os anos 1970. O termo de comparação de mulher é sempre um signo de trabalho doméstico, casamento, maternidade. Igualmente, a contiguidade opera na direção lar, marido, filhos. Sabe cozinhar e arrumar como uma formiga laboriosa; é companheira dedicada, mãe doce e suave. Suas frases já vêm predeterminadas: seus predicados e objetos organizam-se em sintagmas pela contiguidade óbvia e natural de coisas que sempre estiveram juntas. Já nos anos 1960 aparecia uma tendência que privilegiava a consumidora. E, mais do que mãe ou esposa, o status de namorada foi se fortalecendo.

Cabe ao estilo de época o cetro das modificações nos textos em que a mulher entre como sujeito ou objeto. Podemos observar alguma evolução no processo metafórico em relação à forma da expressão; mas a forma do conteúdo permanece a mesma. A mulher só é comparada a qualidades ou defeitos dentro dos paradigmas abrangidos pelos seus papéis básicos. E frase com mulher apenas envolve predicados contíguos aos três objetos: lar, marido, filhos. Nesse particular, notamos que a maioria dos textos femininos utilizava verbos de estado – a mulher é quase sempre qualificada, retratada mais em suas virtudes ou não virtudes – do que de ação. Assim, encontramos menos verbos de movimento – e estes, quando aparecem, estão circunscritos à contiguidade já apontada.

Expliquemos melhor. Dos textos escolhidos para análise, quase todos poderiam ser resumidos, em seu significado profundo, à frase: A mulher é...

- 1900 – a mulher é o oásis no deserto (e várias comparações semelhantes);
- 1910 – a mulher é a mãe que sofreu com a guerra;

- 1920 – a nova mulher é sacerdotisa da beleza;
- 1940 – a mulher é um dos tipos psicológicos personificados por artistas de cinema;
- 1950 – a mulher é esperta o bastante para não ofuscar ou cansar o namorado;
- 1960 – a mulher é a dona de casa que começa a descobrir sua insatisfação;
- 1970 – a mulher é a garota livre que passa um dia de chuva com o amado;
- 1980 – a mulher é a adolescente que escreve sobre o seu dia a dia/a mulher tem de seguir modelos de beleza;
- 1990 – a menina tem de se proteger na transa/a mulher sexy sabe sugerir o uso de camisinha.

De todos os textos, até 1970, apenas dois estão mais vinculados a movimento e portanto, têm características de reportagem: o de 1930, sobre a jornaleira Iracema, e o de 1970, sobre Girse. Reparemos que ambos tratam de personagens individualizadas e nomeadas. O outro texto sobre uma mulher específica, o de 1920 (Orminda Isabel de Aragon y Ovalle) é um perfil idealista que tem pouco de ação e informação jornalística. A matéria de 1960 ("Pequena rainha triste", que mais tarde virou expressão cunhada pela autora) contém um princípio de ação ao retratar uma situação que tinha temporalidade. Os textos de 1980 e 1990 também não se reduzem a um estado. Fazem perguntas, questionam ou são conscientemente opinativos, baseados em fundamentos da realidade.

O reconhecimento ou não de características próprias do jornalismo nos textos da imprensa feminina servirá para aprofundarmos a discussão em torno dos papéis que parecem circunscrever o universo apresentado nos meios impressos dirigidos à mulher. A maioria dos autores coloca a atualidade como a característica dominante do jornalismo. Luiz Beltrão (1960) diz que a atualidade é essencial a todas as suas manifestações e que "O jornalismo vive do quotidiano, do presente, do efêmero, procurando nele penetrar e dele extrair o que há de básico, fundamental e perene, mesmo que essa perenidade valha, apenas, por alguns dias ou algumas horas".

Dentro da noção de atualidade está o fato acontecido ou por acontecer, e que tem uma dimensão temporal bastante precisa. Vista deste prisma, a imprensa feminina não é muito jornalística, pois em geral traz mais ideias do que fatos. Não há uma ancoragem temporal imediata. Podemos classificar as matérias da imprensa feminina como contemporâneas, pois tratam de assuntos de seu tempo. Todavia, a atualidade que torna uma matéria "quente" frequenta bem pouco suas páginas; usando o jargão jornalístico, diríamos que a maioria dos textos da imprensa feminina são matéria "fria".

Logicamente, a exigência de atualidade imediata surge mais nos jornais diários e nos veículos semanais, decrescendo de acordo com o espaçamento da periodicidade. E nós nunca tivemos um diário feminino, como a França teve *La Fronde*. Grande parte de nossa imprensa feminina é mensal, ou então quinzenal. Mas na década de 1990 apareceram vários títulos semanais, principalmente de publicações de alto consumo. Porém a atualidade não é muito respeitada; raras são as matérias que têm dimensão temporal definida. Elas poderiam ser publicadas em janeiro ou junho, tanto faz. Às vezes, a atualidade faz-se representar por um perfil de artista da novela de sucesso da temporada. Outra ligação com a atualidade é a moda; todavia é uma temporalidade forjada, que obedece a ditames comerciais.

A imprensa feminina apresenta outra especificidade, que poderíamos chamar de pauta perene. Dentro dos assuntos que ela abarca, existem tópicos que são repetidos todos os anos, da mesma forma, com um ligeiro verniz de novidade. No verão, fala-se como obter um bronzeamento perfeito, quantos minutos de exposição ao sol etc.; em março, do início das aulas das crianças; em dezembro, como preparar o Natal e assim por diante. São apenas variações do mesmo tema, de fraca ligação com uma atualidade definida, visto ocorrerem todos os anos, dentro de uma atualidade esperada e genérica.

Os laços são tênues entre imprensa feminina e atualidade. Se observarmos os textos escolhidos para este trabalho, veremos que apenas alguns têm pertinência atual: o de 1910, ao referir-se ao fim da guerra (no entanto, mais do que reportagem, é crônica, o que diminui sua atualidade); o de 1930, perfil de mulher individualizada, e da época (mas também é razoavelmente "fria", pois a publicação num mês ou noutro não faria diferença); e o de 1970, sobre Girse, que é o mais ancorado temporalmente. A imprensa feminina não apresenta muita atualidade justamente porque não se interessa pela mulher individual e histórica, mulher que tem nação, cor de pele, classe, enfim, elementos concretos e mais situadores.

Os textos selecionados para as duas últimas décadas já apresentam mais conexão com a atualidade ao mostrarem a conjuntura que atinge a mulher em sua identidade de gênero. Assim, as matérias do jornal *Mulherio* discutem os padrões de beleza impostos pela mídia e dão espaço para uma diversidade de vozes, culminando com as observações de Maria Rita Kehl, que critica a submissão do corpo ao consumo. A estreita vinculação com a atualidade das relações sexuais sob o signo da Aids aparece nas matérias de *Capricho* e nos "anúncios" de *Marie Claire*. Ao lado do convencimento, o discurso de *Capricho* traz reportagem e informação. E *Marie Claire* inova usando formatos publicitários para fazer uma campanha de "utilidade pública".

Não podemos esquecer que as poucas informações que as mulheres tinham sobre sexo e controle de natalidade vieram nas páginas das revistas femininas, primeiro timidamente, nos anos 1950 e 1960 – numa época em que só havia alguns manuais que eram quase literatura médica – e ainda não existia um programa de tevê como *TV Mulher*, da Rede Globo, que trazia um quadro de educação sexual. Depois, revistas como *Nova* escancararam os detalhes das mais variadas performances na cama, a ponto de mais de um aluno de universidade dizer, durante palestra, que sua iniciação sexual se dera por meio da revista *Nova* de sua irmã ou prima.

Otto Groth, discípulo de Max Weber, foi um pensador do que seria a "ciência jornalística", com seu objeto próprio: jornais e revistas, por ele reunidos na denominação comum de *Periodika*. "Trata-se de objcto próprio na medida em que não foi estudado, em sua totalidade, por nenhuma outra ciência, a não ser como documento auxiliar, ainda que, em muitos casos, essencial" (Bueno, 1972, p. 8).

As características do *Periodika* seriam: periodicidade (a mais apreensível objetivamente), universalidade (interesse ampliado para coisas, fatos e pessoas que estão geograficamente distantes), atualidade (fatos atuais, presentes) e difusão (acessibilidade dos periódicos, que potencialmente podem atingir um grande número de leitores). Angel Faus, um comentador de Groth, diz que o periódico é um mediador que oferece os fatos atuais e faz algumas diferenças importantes entre o atual e o novo:

> Atual não é o mesmo que novo. [...] Atual é o que cai em presença ou que tem, em outros sentidos, uma relação em direção à presença. A novidade em mudança não é um conceito de tempo. A novidade indica que o sujeito não havia sabido de algo e fica sabendo agora. A novidade é, portanto, qualitativa. Uma relação mental entre o sujeito e o objeto até então desconhecida. O momento do tempo não é considerado na novidade. Ao contrário, na atualidade é essencial. (Bueno, p. 19)

Ora, a imprensa feminina se liga mais à novidade, como já dissemos, do que à atualidade. A atualidade é ancorada no tempo, tem uma dimensão física, objetiva, bem definida. A novidade pode ser uma relação subjetiva: isto é novo para mim. Ou pode ser o novo fundamental da imprensa feminina: o novo construído artificialmente pelos próprios meios de comunicação de massa. Um novo atemporal, inventado.

Roland Cayrol (1973), cientista político francês, resume as funções da imprensa: pesquisa e difusão da informação; expressão de opiniões; função econômica e de organização social; divertimento e distração; função psicoterápica; instrumento de identificação e de dependência (*appartenance*) social; e função ideológica – instrumento de coesão social e legitimação política. A imprensa feminina preenche mais ou menos todas essas funções. A primeira, que seria a mais tipicamente jornalística – pesquisa e difusão da informação – não é muito frequente nas páginas dedicadas à mulher, ainda mais se relacionarmos com fato-evento da atualidade. Portanto, é mais cabível falarmos de imprensa feminina do que jornalismo feminino.

Vejamos as outras funções. Expressar opiniões é um elemento presente na imprensa feminina brasileira. Há uma predominância da opinião no século passado, quando a imprensa em geral era de tom opinativo. Na imprensa feminina, ainda em fase artesanal, notamos jornais de tendências, geralmente identificadas com suas criadoras, como Josephina Alvares de Azevedo ou Francisca Senhorinha da Motta Diniz. Havia, é lógico, veículos mais comerciais, difusores da moda e/ou do utilitarismo doméstico. Entretanto, encontramos jornais com linha filosófica, defendendo os direitos das mulheres. Além das reivindicações crescentes em favor da mulher, fenômeno que já vinha de fora, o contexto socioeconômico brasileiro propiciou o aparecimento de periódicos femininos, geralmente ligados a uma figura de prestígio e não subordinados a interesses meramente comerciais. No entanto, o século XX não veria jornais fundados por uma mulher inteligente. Sumiram os jornais de uma mulher: eram as empresas jornalísticas que surgiam, cada vez mais complexas e cada vez mais inseridas na complexidade gradativa das estruturas sociais que assistiam à ascensão da burguesia. Já não temos jornais e revistas de ideias, nascidos do vanguardismo de uma criadora. A *Revista Feminina* ainda conseguiu vingar, o que não aconteceu com *Renascença* de Maria Lacerda de Moura. Restaram algumas trincheiras de opinião, como a de Carmen da Silva, na sua longa carreira dentro de uma revista comercial, *Claudia*. Ou alguns artigos, crônicas ou comentários assinados que encontramos nas páginas de *Mais*, *Nova* etc. Contudo, o lado comercial é mais forte. Veículo com ideário próprio, só algumas tentativas, muito precárias financeiramente, como *Nós Mulheres* e *Brasil Mulher*. Justamente por serem produtos marginais, apresentam uma certa linha, uma certa personalidade. A opinião existe, mas sendo constantemente diluída pelo clima geral da imprensa feminina, ou melhor, por um outro tipo de opinião, que reina soberana.

Ao dizermos que hoje a opinião é rarefeita, não queremos excluir todo o aparato ideológico que é opinativo a fim de reforçar uma tendência. Qualquer texto tem um ponto de vista por trás. As inocentes aparências de uma simples receita culinária, os conselhos de beleza, escondem uma imprensa fortemente ideológica. Há toda uma valoração que determina a foto, o tamanho, o título, a legenda, a posição na página, a posição da página dentro da revista e assim por diante. Esses critérios de valor estão subordinados a imperativos comerciais, que por sua vez auxiliam na manutenção do sistema. Além disso, mesmo não sendo opinativa, atualmente, em termos jornalísticos, a imprensa feminina ainda é mais uma imprensa de ideias do que narrativa de eventos.

Divertimento e distração também são funções básicas da imprensa feminina, que a acompanham desde seu nascimento. Os teóricos que trabalham com o conceito de sociedade do espetáculo apontam o entretenimento como categoria muito presente no jornalismo de revistas. Logicamente, toda mídia dentro de uma economia de consumo deve cortejar o entretenimento, porque o circuito produto-desejo-prazer movimenta os mecanismos do mercado. Cayrol (1973, p. 12) inclui também a função psicoterápica, que diminuiria a tensão do homem moderno:

> Numa sociedade de massas em que as frustrações individuais se multiplicam, em que as relações entre os homens se fazem mais e mais abstratas, fragmentárias, funcionais, desprovidas de intimidade, a imprensa vem, numa certa medida, aliviar as dificuldades. [...] reconstitui, por substituição, um equivalente às relações primárias; o leitor conhece ou pensa conhecer os homens e as mulheres do dia, como se fosse admitido ao círculo de seus familiares.

Ora, essa é uma das grandes funções da imprensa feminina, um filão que foi descoberto na França com a imprensa "sentimental" (consultório sentimental, contos, fotonovelas, artigos de cunho psicológico...) e que serve de válvula de escape à mulher – principalmente a das classes média para baixo – oprimida pela estrutura econômica capitalista e pelos problemas urbanos. A leitora tem ilusão de conhecer o ídolo e de participar um pouco de sua vida tão maravilhosa. A distância social, o conflito é minimizado por essa sensação de intimidade.

O aspecto integrativo aparece também à medida que a imprensa tem função econômica e de organização social. Na imprensa feminina, a função econômica é marcante, pois representa um veículo fundamental da civilização de consumo. Em consequência, interfere na organização social. As outras funções são correlatas: a imprensa de instrumento de identificação e de pertinência social – a feminina ajuda a leitora a se identificar com o mundo proposto, da mesma forma que a coloca numa determinada classe social (embora pretenda mostrar uma sociedade sem classes ou melhor, em que o conflito de classes não aparece).

A otimização da beleza – a possibilidade de autoconstrução – é apontada como a grande marca da imprensa feminina por Gilles Lipovetsky (2000, p. 163): "Ao esquema tradicional que define a beleza como intangível presente dos céus sucedeu o dispositivo da beleza passível de apropriação, expressão estética do princípio moderno de controle ilimitado do mundo. Ao direito dos homens a exercer seu inteiro poder sobre a sociedade correspondeu o direito das mulheres à transformação e ao controle da aparência". Para os homens, o poder concreto; para as mulheres, a imagem corporal.

Uma característica recorrente nas revistas femininas de grande circulação é a presença de alguns discursos paradoxais – ou contrastantes – com o resto da edição. Exemplo emblemático é a publicação de um ensaio fotográfico em preto e branco, de mulheres nuas, na edição da revista *Elle* de maio de 2001. A brasileira *Elle* (licenciada da original francesa) é uma revista de moda que acompanha os últimos lançamentos nacionais e internacionais; luxo e sofisticação convivem em suas páginas, que refletem as tendências do mercado. De repente, surge um ensaio fotográfico realizado por Cris Bierrenbach com mulheres nuas contestando os modelos hegemônicos de beleza. Não são celebridades. São mulheres de diferentes tipos físicos: a gorda, a negra, a supermagra, a mãe e a filha jovem, a mastectomizada, a fisiculturista, a grávida, a que reduziu os seios e finalmente a fotógrafa autora do ensaio.

Reprodução autorizada por Cris Bierrenbach.

Os textos que acompanham as fotos são corajosos, revelam detalhes íntimos e de impacto emocional. A abertura da matéria com o título "Nossos corpos" (*Elle*, maio de 2001, p. 60), com texto de texto de Flávia Martinelli, antecipa a proposta:

> No país do silicone, do fio dental e da constante superexposição de corpos nus – perfeitos, famosos –, o corpo real de gente como a gente é quase invisível. Mas, longe dos holofotes da mídia e da ditadura dos 'padrões' de beleza (impostos não se sabe mais por que nem por quem), seios, barriga, pernas e pelos assumem as formas mais diversas. É aí, na intimidade de cada mulher, que reina a democracia: a diferença, a beleza imperfeita, a maravilha de corpos que carregam, sempre, o peso de grandes histórias de vida. Algumas ficam tatuadas na pele. Outras, marcadas na memória. Todas revelam a personalidade da mulher, sua atitude em relação à vida e ao outro, suas perdas e seus ganhos. Dez mulheres de carne e osso, músculos e celulite, enfrentaram o espelho, olharam para dentro de si mesmas e decidiram expor seus corpos, belos corpos, para a *Elle*. Mais: desnudaram suas almas neste ensaio fotográfico. Vá você também até o espelho. Celebrar seu corpo e sua vida.

Nesse pequeno espaço, corpos de verdade apareceram em meio a tantos corpos midiáticos, artificialismos e simulacros. O corpo real saiu da invisibilidade e se mostrou sem adereços: uma janela sensível se abriu.

Há uma publicação que tenta subverter alguns imperativos da publicidade e da moldagem social: é a revista *TPM* lançada pelo editor Paulo Lima em abril de 2000, com a pretensão de suprir a demanda de cultura e informação de mulheres que estavam insatisfeitas com o tratamento que as revistas femininas lhes davam. *TPM* é a versão feminina da revista *Trip* – que também desenvolve uma outra filosofia de revista masculina: traz inovadores ensaios sensuais de mulheres nuas e reportagens críticas, posicionando-se, por exemplo com apoio ao desarmamento ou a um determinado candidato a eleição. *TPM* apresenta matérias inteligentes e aprofundadas, ao lado de seções de roteiro cultural e comentários humorísticos – coisa rara em imprensa feminina – e propõe outras visões de consumo, embora dentro de uma economia capitalista. Muitos padrões de beleza feminina são quebrados. Ambas as revistas possuem uma diagramação criativa, que vai contra o estilo da maioria de suas concorrentes e são veículos de muita personalidade, já consolidados.

TPM guarda uma certa semelhança com a revista americana *Ms. Magazine*, surgida em 1972, querendo ser um periódico feminista que tivesse muita venda em banca. Entre suas criadoras estava Gloria Steinem; o projeto visava conciliar publicidade, consumo e um ideário de defesa da mulher; e realmente alcançou grande sucesso. Pensava-se inclusive em reunir fundos para causas femininas; novas relações trabalhistas foram tentadas: na redação não havia hierarquias, as decisões eram conjuntas, funcionárias podiam trazer seus filhos pequenos. Existiu nessa forma até 1989 (depois foi reformulada para viver só com assinantes), quando muitos já a acusavam de ter se transformado em individualista e consumista. No entanto, durante muito tempo conseguiu não se submeter à lógica do mercado, mesmo publicando muitos anúncios. Foi a primeira revista comercial a se posicionar claramente como feminista. Amy E. Farrell fez um estudo em que aponta a dificuldade de se articular esse caráter híbrido, de promover uma irmandade, um tipo de união na diversidade, e articular com finalidades comerciais. Ela diz: "a história dessa revista me faz simultaneamente pessimista a respeito do sucesso de qualquer possibilidade híbrida como a *Ms.*, e convicta de que precisamos de mais experimentos como esse".

As revistas se transformaram em um poderoso negócio editorial. Já eram indústria desde o começo do século XX, mas o crescimento e a diversificação dos mercados e da publicidade fizeram que as grandes editoras adotassem planejamentos e estratégias de marketing muito sofisticados. Dentro dos planejamentos discute-se a " missão" da revista, isto é, que tipo de relação ela quer ter com o seu público. Quase todas as revistas incluem a palavra informação em sua finalidade, mas essa informação frequentemente vem como se fosse na voz de uma amiga ou de uma parceira de trabalho, o que aumenta seu poder de persuasão. São formatos direcionadores: quer orientar, ser um guia, melhorar a autoestima. Aliás, desde os anos 1990, o discurso de autoajuda é uma retórica recorrente na imprensa feminina: mais uma tendência norte-americana de grande aceitação.

A última função – que passa por todas as anteriores – é a ideológica, pela qual a imprensa funciona como instrumento de coesão social e legitimação política. Depois das análises feitas, em que o ideológico representa a preocupação primordial, torna-se desnecessário alongarmo-nos sobre este aspecto. Basta apenas lembrar os estudos que a mesma Michelle Mattelart (1977) desenvolveu sobre a influência da imprensa feminina sobre a mulher chilena, particularmente na época da queda de Allende.

A imprensa feminina informa pouco, mas forma demais. Antes de tudo, é uma imprensa de convencimento. Se a informação é eminentemente narrativa, a imprensa feminina prefere a dissertação e descrição (esta última, o protótipo dos textos de moda). A informação pressupõe um relato – texto referencial com temporalidade representada. Já vimos que a temporalidade aparece de modo fluido nos periódicos dedicados à mulher. A informação dirigida á mulher consubstancia, quase sempre, uma trivialidade repetitiva. Então, o texto feminino, mesmo contando casos, ou dando exemplos, tem o sentido básico de dissertar. Em geral, ele nos diz como deve ser a mulher. Daí, a importância do papel.

Salienta-se sempre um papel, mesmo que seja apenas nas camadas mais profundas do texto. Geralmente, trata-se do papel tradicional – esposa, mãe, dona de casa. Ou do papel moderninho: mulher liberada, mas que vive de olho no homem. Há poucas incursões fora desse universo. Dificilmente o texto toca no papel profissional fora do lar da mulher. As seções que tratam da vida profissional, seja numa *Claudia* ou numa *Nova*, geralmente abordam estratégias de aperfeiçoamento, conselhos para obter sucesso, tudo inserido num universo competitivo nunca contestado e quase sempre aceito como saudável. Ou pior, são matérias que ensinam como se dar bem com o chefe – na suposição de que a mulher é sempre a subordinada. Nesse sentido, revistas como *AnaMaria* ou *Viva mais!* estimulam um lado mais empreendedor, fornecendo informações que realmente estimulam a leitora a abrir pequenas empresas.

A imprensa feminina costuma se articular em torno de papéis e só de alguns papéis. Opinativo, normativo, didático, dissertativo, tal discurso não poderia versar sobre mulheres determinadas, individualizadas, com nome, profissão, personalidade própria. Os papéis apresentados pertencem à mulher/condição feminina, à mulher genérica, sem tempo, espaço nem classe. É apenas a mulher moderna, feliz em cumprir seus papéis predeterminados com a ajuda dos bens que a civilização proporciona. A mulher é pasteurizada, universalizada, em nome do consumo.

Mas não esqueçamos que a mulher genérica, modelo da cultura ocidental, é calcada sobre o estereótipo de bem-estar atingido no mínimo por uma classe média. Essa mulher média, dotada de beleza e conforto, serve, paradoxalmente, para eliminar a ideia de conflito de classes. "Se eu posso ter as mesmas coisas que ela, então sou igual a ela." A imprensa feminina vive de fomentar essa ilusão.

A mulher branca, sorridente é rótulo e marca do produto chamado imprensa feminina. Verdadeira mulher de papel, que conserva fracos pontos de contato com a realidade. Num país de mestiços, a negra raramente surge em revistas femininas, a não ser como manequim exótico. Da mesma forma, com toda a colônia japonesa que possuímos, a oriental também não tem vez. A carioca já foi apresentada como ideal de mulher brasileira; depois houve um tempo de glória às baianas. Todavia, tais manifestações não fogem às pinceladas exóticas ou tropicais, surgidas até por inspiração estrangeira. A partir dos anos 1990, negras e mulatas apareceram um pouco mais, assim como jovens de traços orientais ou indígenas – mas geralmente no espaço da moda, onde a diversidade se transformou em mais um apelo de venda. Se não são modelos, tais mulheres são celebridades da televisão. Uma exceção é a revista *Raça*, que tem como linha editorial promover a comunidade e a cultura de origem africana.

A mulher brasileira mesmo não frequenta as páginas da imprensa a ela dedicada. No século XIX, o lusitanismo, debaixo da influência cultural francesa, dominava. Já 1900 trouxe um certo abrasileiramento, que despontava de quando em quando. Até a década de 1940, que foi o auge da penetração do cinema americano e de suas estrelas, havia uma ligeira tendência nacionalista, que deu lugar à americanização e mais tarde, à "multinacionalização". Hoje, assistimos à descaracterização total da mulher brasileira. A mulher apresentada como modelo é a mulher multinacional, globalizada. As capas de nossas revistas, mesmo trazendo manequins brasileiros, parecem capas de similares norte-americanas ou europeias. A influência começou pela década de 1920, com o endeusamento das divas cinematográficas; hoje o modelo é a manequim esguia, de uma beleza construída segundo as indústrias de confecção e de cosméticos. Mesmo a diagramação obedece a padrões importados, o que contribui para identificação com as revistas dos países desenvolvidos. A criação de uma consciência nacional no que diz respeito à imprensa feminina é ainda bastante frágil.

Dietas, ginástica e cirurgia plástica disseminaram-se velozmente nos anos 1990. Talvez a tendência mais forte de proposição de modelos para que as mulheres se identifiquem seja a indução para a cirurgia plástica, que passou a ser vista como uma prática muito acessível de se conseguir um novo corpo. Das primeiras matérias sobre a validade de se operar o nariz – muitas vezes uma cirurgia reparadora – as revistas foram assimilando e propagando cada vez mais técnicas de intervenções drásticas: lipoaspiração, colocação de prótese de silicone nos seios, nas nádegas, nas pernas... como se fossem procedimentos muito naturais.

Houve todo um processo de naturalização – fazer plástica parece tão natural como cortar o cabelo – e é mais um recurso que a mulher deve usar para ficar mais bonita. Além de todas as maneiras de esculpir o corpo, com dieta e ginástica nas academias, quase todas as revistas propõem a plástica como a grande solução. A mulher pode comprar o corpo que quiser. Se a moda diz que os seios devem ser enormes – mais uma moda americanizada –, quem pôs 250 ml de silicone resolve trocar a prótese por outra maior. O artificial virou natural e muito desejado: jovens artistas alardeiam na mídia a quantidade de silicone colocada. Inverteu-se o sinal semântico: há trinta anos prótese era sinal de incapacidade. Como diz Maria Rita Kehl na matéria já citada do jornal *Mulherio*: "a indústria dos bens supérfluos, cotidianamente, uma tecnologia que nos convida a intervir sobre o corpo de modo a esconder sua condição de estar vivo, para exibir apenas sua potencialidade como depositário do desejo do outro".

Metaforicamente, até o papel empregado nas revistas femininas pode também servir para uma relação com o papel da mulher que elas veiculam. Há revistas mais populares, que utilizam papel de qualidade inferior. Nelas, o papel das mulheres é mais circunscrito: o modelo é a artista de tevê ou a mulher da "sociedade" dos grandes centros de seu país. O papel vai melhorando, as pretensões aumentam. Revistas como *Claudia, Elle, Nova* apresentam papel mais brilhante, cuchê. As aspirações são também mais brilhantes, indo da burguesia nacional a celebridades internacionais, geralmente do mundo artístico. O papel da *Vogue* instiga sonhos mais altos: alta burguesia internacional, alta sofisticação, quase nenhuma praticidade – o luxo pelo luxo. Citemos mais uma vez Michelle Mattelart (1977, p. 44):

> A diagramação das revistas ilustradas está definida pelas exigências e pelos critérios da modernidade, que se resumem em brilho, engenho e variedade, fotografia de vanguarda e luxo. A relativa diminuição destes signos da modernidade nas revistas pseudo-amorosas, mais regidas pela trivialidade e vulgaridade, não constitui senão um índice da decisão segregativa que impera dentro dos meios de comunicação de massa e, em particular, dos que se dirigem a públicos específicos. Manifestam sensivelmente o caráter ilusório desta universalização, desta coerência, que se supõe realizada pela modernidade, da qual os meios de comunicação de massa constituem um dos expoentes decisivos.

Apesar do enorme avanço das tecnologias digitais que potencializaram o uso da imagem e de design arrojado, as revistas femininas, principalmente as populares, preferem não inovar muito. Aliás, a maioria da mídia impressa não tem aproveitado as potencialidades da linguagem gráfico-visual. Os argumentos de Michelle Mattelart são pertinentes ainda hoje: as revistas levam refinamento para uns e produtos de menor qualidade estética para outros. Todas tentam namorar um ideal de luxo e riqueza, mas mesmo assim trazem uma ideia de cultura, uma estrutura de gosto que reflete um esquema discriminatório. Estamos diante de uma modernidade ilusoriamente universalizadora do gosto e da cultura.

A modernidade parece abrangente, e é; mas há maneiras e maneiras de apresentar essa modernidade. Isso evidencia o seu caráter falso, pois se houvesse verdadeira passagem, ela atingiria de forma mais uniforme todos os produtos. A modernidade está no papel inferior de *AnaMaria*, de maneira mais tênue; e explode no tratamento gráfico de *Vogue*. Duas modernidades de uma pseudomodernidade. Não é a toa que, dentro desse contexto, um veículo que se propusesse a discutir mais seriamente a condição feminina, só poderia ser em papel jornal, com *Nós Mulheres* e *Brasil Mulher*. Neste novo século, a internet tem sido um espaço muito eficaz para propagação e discussão de ideias feministas, humanistas, ecológicas. Mas a mídia impressa e o formato revista ainda persistirão. Dispomos de suportes que permitem processos virais de difusão da informação. Todavia, ainda estamos imersos num contexto capitalista e sempre temos que nos defrontar com um paradoxo: é possível lutar contra o consumo quando tudo se encaminha para a ética do consumo? Em termos mais corriqueiros: como fazer uma revista feminina vendável e buscar a transformação dos padrões?

A mídia comercial privilegia a aquisição de bens e não a transformação política e social, a qual geralmente ignoram. Mesmo no caldo dessas contradições, a existência de discursos que tentam abrir espaço para a participação e o pluralismo é uma aposta de que alguma ação é possível. Poderá uma revista comercial coexistir com a mulher real? *TPM* mostra alguns passos. A americana *Ms.* mostrou.

Nossas revistas parecem não haver mudado muito, depois de tanto tempo. Por mais que a liberdade seja alardeada, moda e beleza continuam a conformar. A mulher é estimulada a ser independente financeiramente, mas continua dependente do olhar masculino. A presença crescente do sexo talvez seja a diferença mais visível com relação ao conteúdo das revistas. De um lado, essa presença é índice das transformações ocorridas no campo das relações entre os sexos. E os anos 1990 trouxeram um chamamento à realidade por conta da Aids; algumas revistas responderam à altura. No entanto, por outro lado, o sexo se tornou ícone universal. Para as mulheres, esse ícone transferiu-se para o corpo físico.

Falava-se em ditadura da moda e da beleza. Algumas normas foram afrouxadas, em nome da liberdade e da diversidade, mas principalmente porque favoreciam o aumento do consumo. A maior parte da mídia teve benefícios com a liberação da mulher e com sua profissionalização – mas a redefinição foi operada em termos individualistas e mercantilistas. A sugestão e a indução de modelos ideais deslocou-se das roupas e produtos de beleza para a reconstrução cirúrgica do corpo. O corpo tem de ser moldado e remoldado, aspirado, preenchido, inflado. E se papéis eram oferecidos e muito facilmente assimilados, agora a mulher não é este ou aquele papel – ela é esse corpo – que é embalagem. O que vale é a embalagem, feita com carne, osso e silicone.

Passagem não há, na imprensa feminina. O novo que dá ideia de efêmero, transitório, oculta apenas a permanência. A mudança, em suas páginas opacas ou brilhantes, não tem espaço. Corre-se atrás da satisfação e não da transformação. Do papel para o ser humano vislumbram-se algumas débeis passagens.

De papel em papel, a imprensa feminina brasileira colabora para a mitificação e a mistificação do ser feminino, ajudando a manter padrões. A artimanha do novo usa principalmente a mulher, por ser mais vulnerável. No entanto, a ilusão da moderninha está contaminando também o homem e pior, as novas gerações. Dos papéis usados para impressão, aos papéis atribuídos à mulher, chega-se ao papel da imprensa feminina – diluir os conflitos sociais. Um teatro, um carnaval, uma balada: usa-se a fantasia, ganha-se personalidade, pensa-se que é feliz.

Realidade escondida sob papéis. Mulher de papel, consciência de papel. Papel crepom, papel celofane, papel de seda. Uma embalagem aparentemente frágil mas de uma força imensa faz esta mulher de papel. Rasgar é mudança e passagem. Passagem-libertação. Rasgar o papel e descobrir a pessoa: veremos o dia?

REFERÊNCIAS BIBLIOGRÁFICAS

ALBERT, P.; TERROU, F. *Histoire de la presse*. Paris: PUF, 1974.

ALTHUSSER, Louis. *Ideologia e aparelhos ideológicos do estado*. Lisboa: Presença; São Paulo: Martins Fontes, s/d.

AMARAL, Antonio Barreto do. *O Departamento do Arquivo do Estado e sua história*. São Paulo, Departamento do Arquivo do Estado, 1974.

AMOROSO LIMA, A. *O jornalismo como gênero literário*. Rio de Janeiro: Agir, 1960.

ANAIS DA BIBLIOTECA NACIONAL, v. IV. Rio de Janeiro: Divisão de Publicações e Divulgação, 1965.

ANTONIO, Celso A. Agostinho. *Revistas femininas e a plasticidade do corpo: a progressiva modelagem comunicativa*. Dissertação (Mestrado em Comunicação na Contemporaneidade) – Faculdade Cásper Líbero, 2009.

ASSOCIAÇÃO BRASILEIRA DE IMPRENSA. *I Seminário de Técnica de Jornalismo*. Rio de Janeiro, ABI, s/d.

AUERBACH, Erich. *Mimesis*. São Paulo: Perspectiva/Edusp, 1971.

AZEVEDO, Fernando de. *A cultura brasileira*. 5. ed. São Paulo: Melhoramentos/Edusp, 1971.

BAHIA, Juarez. *Jornal, história e técnica*. 3. ed. São Paulo: Ibrasa, 1972.

BAMBERGER, J. et al. *A mulher, a cultura, a sociedade*. Rio de Janeiro: Paz e Terra, 1979.

BARTHES, R. *Mitologias*. São Paulo: Difel, 1972.

BARTHES, R. et al. *Análise estrutural da narrativa*. Petrópolis: Vozes, 1971.

BARTHES, R.; LUCCIONI, Gennie et al. *Atualidade do mito*. São Paulo: Duas Cidades, 1977.

BASSANEZI, Carla. *Virando as páginas, revendo as mulheres – Revistas femininas e relações homem-mulher, 1945-1964*. Rio de Janeiro: Civilização Brasileira, 1996.

BATAILLER, F. et al. *Analyses de presse*. Paris: PUF, 1963.

BEAUVOIR, Simone de. *O segundo sexo*. Rio de Janeiro: Nova Fronteira, v. 1 e 2, 1980.

BELTRÃO, Luiz. *A imprensa informativa*. São Paulo: Folco Masucci, 1969.

____. *Iniciação à filosofia do jornalismo*. Rio de Janeiro: Agir, 1960.

BERELSON, B.; STEINER, G. A. *Human behaviour*. Nova York: Harcourt, Brace and World, 1964.

BERGER, John. *Modos de ver*. Rio de Janeiro: Rocco, 1999.

BOSI, Alfredo. *História concisa da literatura brasileira*. 2. ed. São Paulo: Cultrix, 1972.

BOSI, Ecléa. *Cultura de massa e cultura popular, leituras operárias*. Petrópolis: Vozes, 1972.

BOSI, Ecléa. (org.). *Simone Weil – A condição operária e outros estudos sobre a opressão*. Rio de Janeiro: Paz e Terra, 1979.

BUENO, Wilson da Costa. *O jornalismo como disciplina científica – A contribuição de Otto Groth*. São Paulo: ComArte, 1972.

BUITONI, Dulcília S. *Imprensa feminina*. São Paulo: Ática, 1986.

CAGNIN, Antonio L. *Os quadrinhos*. São Paulo: Ática, 1975.

CAMARGO, Ana Maria de Almeida. *A imprensa periódica como objeto de instrumento de trabalho – Catálogo da hemeroteca Júlio de Mesquita*. São Paulo: Instituto Histórico e Geográfico de São Paulo, 1975.

CANDIDO, Antonio. *Formação da literatura brasileira*, 4. ed. São Paulo: Martins Fontes, 1974.

____. *Literatura e sociedade*. São Paulo: Nacional, 1965.

CANDIDO, Antonio et al. *A personagem de ficção*. 5. ed. São Paulo: Perspectiva, 1975.

CARVALHO, Pérola de. "Biblioteca Municipal Mário de Andrade, São Paulo-SP, catálogo de periódicos da secção de livros raros". *Revista do Instituto de Estudos Brasileiros*, São Paulo, n. 2, Universidade de São Paulo, 1967, p. 131-53.

CASTELLS, Manuel. *A galáxia da internet*. Rio de Janeiro: Jorge Zahar, 2003.

CASTRO, Ana Lúcia de. *Revistas femininas – Aspectos históricos, produção e usos sociais*. 1994. Dissertação (Mestrado em Ciências Sociais) – Pontifícia Universidade Católica de São Paulo, São Paulo.

CAVALHEIRO, Edgar. (org.). *Testamento de uma geração*. Porto Alegre: Globo, 1944.

CAYROL, Roland. *La presse écrite et audio-visuelle*. Paris: PUF, 1973.

CENTRO INTERNACIONAL DE ESTUDOS SUPERIORES DE COMUNICAÇÃO PARA A AMÉRICA LATINA. *Dos semanas en la prensa de America Latina*. Quito: Ciespal, 1967.

CHOMBART DE LAUWE, Paul-Henry. *Imagens da mulher na sociedade*. São Paulo: Senzala, 1967.

CHOMSKY, Noam. *Conocimiento y libertad*. Madrid: Ariel, s/d.

CICCO, Cláudio de. *Hollywood na cultura brasileira*. São Paulo: Convívio, 1979.

CLAUSSE, Roger. *Sociologia de la información*. Quito: Ciespal, 1967.

COHEN, Jean et al. *Pesquisas de retórica*. Petrópolis: Vozes, 1975.

COHN, Gabriel. *Sociologia da comunicação – Teoria e ideologia*. São Paulo: Pioneira, 1973.

COHN, Gabriel (org.). *Comunicação e indústria cultural*. São Paulo: Nacional/Edusp, 1971.

CORBIN, Alain; COURTINE, Jean-Jacques. *História do corpo – As mutações do olhar – O século XX*, v. 3. Rio de Janeiro: Vozes, 2008.

COSTA, Carlos Roberto da. *A revista no Brasil, o século XX*. Tese (Doutorado em Ciências da Comunicação) – Escola de Comunicações e Artes, Universidade de São Paulo, São Paulo, 2007.

COSTA LIMA, L. (org.). *Teoria da cultura de massa*. Rio de Janeiro: Saga, s/d.

COSTELLA, Antonio. "Notas sobre um jornal – 'O gigolô'". *Revista Comunicação e Artes*, São Paulo, n. 2, Escola de Comunicações e Artes, Universidade de São Paulo, 1970.

DINES, Alberto. *O papel do jornal – Uma releitura*. 8. ed. São Paulo: Summus, 1986.

DOYLE, Plínio. *História de revistas e jornais literários*. Rio de Janeiro: Ministério da Educação/Fundação Casa de Rui Barbosa, 1976.

DUARTE, Paulo. *História da imprensa em São Paulo*. São Paulo: Edusp, 1972.

DUBOIS, J. et al. *Retórica geral*. São Paulo: Cultrix/Edusp, 1974.

DURAND, José Carlos. *Moda, luxo e economia*. São Paulo: Babel Cultural, 1988.

ECO, Umberto. *As formas do conteúdo*. São Paulo: Perspectiva, 1974.

____. *Apocalípticos e integrados*. São Paulo: Perspectiva, 1970.

ENZENSBERGER, Hans M. *Elementos para una teoría de los medios de comunicacíon*. 2. ed. Barcelona: Anagrama, 1974.

EWING, Willian A. *The body*. Londres: Thames and Hudson, 1998.

FARRELL, Amy Erdman. *A Ms. Magazine e a promessa do feminismo popular*. São Paulo: Barracuda, 2004.

FAUX, Dorothy Schefer et al. *Beleza do século*. São Paulo: Cosac & Naify, 2000.

FONSECA, Gondin da. *Bibliografia do jornalismo carioca (1808-1908)*. Rio de Janeiro, Livraria Quaresma, 1941.

FREITAS, Afonso A. de. "A imprensa periódica em São Paulo". *Revista Instituto Histórico e Geográfico de São Paulo*, v. XIX, 1914.

FUNDAÇÃO CARLOS CHAGAS. *Mulher brasileira, bibliografia anotada.* São Paulo: Brasiliense, 1979.

GALLEGO, Juana. *Mujeres de papel – de Hola! a Vogue – La prensa femenina em la actualidad.* Barcelona: Icaria, 1990.

GALLEGO, Juana (org). *La prensa por dentro – Producción informativa y transmisión de estereotipos de gênero.* Barcelona: Los Libros de la Frontera, 2002.

GALVÃO, Walnice N. *No calor da hora – A Guerra de Canudos nos jornais – 4ª expedição.* São Paulo: Ática, 1977.

GARCIA, Othon. *Comunicação em prosa moderna.* 5. ed. Rio de Janeiro: Fundação Getúlio Vargas, 1977.

GRAMSCI, Antonio. *Literatura e vida nacional.* Rio de Janeiro: Civilização Brasileira, 1968.

GREER, Germaine. *A mulher eunuco.* Rio de Janeiro: Artenova, 1971.

HABERT, Angeluccia B. *Fotonovela e indústria cultural.* Petrópolis: Vozes, 1974.

HAHNER, Jane. *A mulher no Brasil.* Rio de Janeiro: Civilização Brasileira, 1978.

HAMBURGER, Kate. *A lógica da criação literária.* São Paulo: Perspectiva, 1975.

HAMPEJS, Zdeneck. *Linguagem da imprensa brasileira contemporânea.* São Paulo: ECA-USP, 1970.

HITE, Shere. *O relatório Hite.* 5. ed. São Paulo/Rio de Janeiro: Difel, 1979.

IPANEMA, Marcello de; IPANEMA, Cybele de. *História da Comunicação.* Brasília: Editora UnB, 1967.

JAKOBSON, Roman. *Lingüística e comunicação.* São Paulo: Cultrix, 1969.

JOHNSON, M. L. *The new journalism – The underground press, the artists of non--fiction, and changes in the established media.* Lawrence: University Press of Kansas, 1971.

KAYSER, Jacques. *El periódico – Estudos de morfología, de metodología y de prensa comparada.* 2. ed. Quito: Ciespal, 1964.

_____. *Une semaine dans le monde (Étude comparée de 17 grands quotidiens pendart 7 jours).* Paris: Unesco, 1953.

KEHL, Maria Rita. *A mínima diferença.* Rio de Janeiro: Imago, 1996.

KIENTZ, Albert. *Comunicação de massa, análise de conteúdo.* Rio de Janeiro: Eldorado, 1973.

KOLLONTAI, Alexandra. *A nova mulher e a moral sexual.* 2. ed. São Paulo: Global, 1979.

KOLLONTAI, A. et al. *A libertação da mulher.* São Paulo: Global, 1979.

KRISTEVA, Julia. *Introdução à semanálise.* São Paulo. Perspectiva, 1974.

KUCINSKI, Bernardo. *Jornalistas e revolucionários – Nos tempos da imprensa alternativa.* São Paulo: Página Aberta, 1991.

LARGUIA, Isabel; DUMOULIN, J. *Para uma ciência da libertação da mulher.* Lisboa: Prelo, 1975.

Leite, Miriam Moreira. "Quem foi Maria Lacerda de Moura?" Revista *Educação & Sociedade*, São Paulo, v. 1, n. 2, p. 5-24, Cortez & Moraes, jan. 1979.

Lipovetsky, Gilles. *O império do efêmero – A moda e seu destino nas sociedades modernas*. São Paulo: Companhia das Letras, 2000.

____. *A terceira mulher – Permanência e revolução do feminino*. São Paulo: Companhia das Letras, 1989.

Lustig, Silvia. *Mãe, obrigada: uma leitura da relação mãe/filho no Suplemento Feminino do jornal O Estado de S. Paulo (1953-1979)*. Dissertação (Mestrado em Ciências da Comunicação) – Escola de Comunicações e Artes, Universidade de São Paulo, 1985.

Lyotard, Jean-François. *O pós-moderno*. Rio de Janeiro: José Olympio, 1986.

Mantega, Guido (org.). *Sexo e poder*. São Paulo: Brasiliense, 1979.

Marques de Melo, José. *Estudos de jornalismo comparado*. São Paulo: Pioneira, 1972.

____. *Comunicação, opinião, desenvolvimento*. Petrópolis: Vozes, 1971.

____. *Comunicação social – Teoria e pesquisa*. Petrópolis: Vozes, 1971.

Martín-Barbero, J. *Comunicación masiva – Discurso y poder*. Quito: Editorial Época, 1978.

Martins, Ana Luiza. *Revistas em revista – Imprensa e práticas culturais em tempos de república – São Paulo (1980-1922)*. São Paulo: Edusp, 2001.

Mascaro, Sonia de A. *A Revista Feminina: Imagem de Mulher*. Dissertação (Mestrado em Comunicação) – Escola de Comunicações e Artes, Universidade de São Paulo, São Paulo, 1982.

Mattelart, Armand. *Multinacionais e sistemas de comunicação*. São Paulo: Lech, s/d.

Mattelart, Armand et al. *Los medios de comunicación de masas – La ideología de la prensa liberal*. Buenos Aires: El Cid, 1976.

Mattelart, Michelle. *La cultura de la opresión femenina*. México: Nueva Era, 1977.

Miceli, Sérgio. *A noite da madrinha*. São Paulo: Perspectiva, 1972.

Mira, Maria Celeste. *O leitor e a banca de revistas – A segmentação da cultura no século XX*. São Paulo: Olho d'Água/Fapesp, 2001.

Miranda, Orlando. *Tio Patinhas e os mitos da comunicação*. São Paulo: Summus, 1976.

Moles, A. *Sociodynamique de la culture*. Paris: Mouton, 1967.

Morin, Edgar. *Cultura de massas no século XX*. Rio de Janeiro: Forense, 1969.

Morin, Violette. *Aplicação de um método de análise de imprensa*. São Paulo: Edusp, 1970.

Mota, Carlos Guilherme. *Ideologia da cultura brasileira (1933-1974)*. São Paulo: Ática, 1977.

Mulheres em revista – O jornalismo feminino no Brasil. Cadernos da Comunicação. Série Memória 4. Rio de Janeiro: Secretaria Especial de Comunicação Social, 2002.

MUNTEAL, Oswaldo; GRANDI, Larissa. *A imprensa na história do Brasil – Fotojornalismo no século XX*. Rio de Janeiro: Editora PUC-Rio/Desiderata, 2005.

NASCIMENTO, Luiz do. *História da imprensa de Pernambuco (1821-1954)*. Recife: Universidade Federal de Pernambuco, 1969.

NETTO, Accioly. *O império de papel – Os bastidores de O Cruzeiro*. Porto Alegre: Sulina, 1998.

NOSSO SÉCULO: 1900-1980. São Paulo: Abril Cultural, 1980.

OLIVEIRA, João Gualberto. *Nascimento da imprensa paulista*. São Paulo: edição do autor, 1978.

PEREGRINO, Nadja. *O Cruzeiro – A revolução da fotorreportagem*. Rio de Janeiro: Dazibao, 1991.

PEREIRA, Lúcia Miguel. *Machado de Assis*. 4. ed. Rio de Janeiro: José Olympio, 1949.

PINHEIRO FILHO, Celso. *História da imprensa no Piauí*. Teresina: Comepi 1972.

PROENÇA FILHO, Domício. *Estilos de época na literatura*. 4. ed. Rio de Janeiro/São Paulo: Liceu, 1973.

REVISTA NO BRASIL, A. São Paulo: Abril, 2000.

RICOEUR, Paul. *Interpretação e ideologias*. Rio de Janeiro: Francisco Alves, 1977

RIFATERRE, Michael. *Estilística estrutural*. São Paulo: Cultrix, 1973.

SARLO, Beatriz. *Cenas da vida pós-moderna – Intelectuais, arte e videocultura na Argentina*. Rio de Janeiro: Universidade Federal do Rio de Janeiro, 2006.

SCALZO, Marília. *Jornalismo de revista*. 2. ed. São Paulo: Contexto, 2004.

SLAMA-CAZACU, Tatiana. *Lenguaje y contexto*. Barcelona: Grijalbo, 1970.

SODRÉ, Nelson Werneck. *A história da imprensa no Brasil*. Rio de Janeiro: Civilização Brasileira, 1966.

SOUZA, Gilda de Mello e. *O espírito das roupas: a moda no século XIX*. São Paulo: Companhia das Letras, 1987.

SULLEROT, Evelyne. *Histoire de la presse féminine des origines jusqu'à 1848*. Paris: A. Colin, 1967.

_____. *La presse féminine*. Paris: A. Colin, 1963.

TODOROV E DUCROT. *Diccionario enciclopedico de las ciencias del lenguaje*. Buenos Aires: Siglo XXI, 1974.

TODOROV, T. *Estruturalismo e poética*. São Paulo, Cultrix, 1970.

ULLMANN, S. *Lenguaje y estilo*. Madri: Aguilar, 1973.

_____. *Semântica*. 2. ed. Lisboa: Calouste Gulbekian, 1970.

Verón, Eliseo. "Comunicación de masas y producción de ideología – Acerca de la constitución del discurso burgués en la prensa semanal". *Revista Latinoamericana de Sociologia*, Buenos Aires, n. 1, 1974, p. 9-43.

Xavier, Ismail (org.). *A experiência do cinema – Uma antologia*. Rio de Janeiro: Graal/Embrafilme, 1983.

Xifra-Heras, Jorge. *A informação, análise de uma liberdade frustrada*. Rio de Janeiro: Lux/Edusp, 1975.

PERIÓDICOS ACADÊMICOS (NÃO JORNALÍSTICOS)[11]

Almanaque, n. 10 (A mulher objeto de estudo). São Paulo: Brasiliense, 1979.
Anhembi.
Argumento.
Através, n. 2. São Paulo: Livraria Duas Cidades, 1978.
Bloch Comunicação.
Cadernos Cebrap.
Cadernos de Comunicação Proal.
"Cadernos de jornalismo" do *Jornal do Brasil*.
Cadernos PAGU – Núcleo de Estudos de Gênero/Unicamp, Campinas.
Communications et Langages. Paris: CEPL.
Communications. Paris: Seuil.
Comunicação, v. 1, n. 1. Rio de Janeiro: Facha, 1978.
Comunicação & Sociedade. São Paulo: Cortez & Moraes/Instituto Metodista de Ensino Superior.
Educação & Sociedade. São Paulo: Cortez & Moraes.
Ensaios de Opinião.
Escrita Ensaio. "Mulher brasileira – A caminho da libertação".
Journalism Quarterly.
Livro de Cabeceira da Mulher. Rio de Janeiro: Civilização Brasileira.
Notes et Études Documentaires, n. 3575. "La presse féminine aux États-Unis et en Europe Occidentale". Paris: La Documentation Française, 24 mar. 1969.
Revista *Civilização Brasileira*.
Revista *Comunicações e Artes*. São Paulo: Escola de Comunicações e Artes-USP.
Revista do Instituto de Estudos Brasileiros.
Revista do Instituto Histórico e Geográfico de São Paulo.

---

11. Quando se trata de determinada edição, ela foi especificada; no caso de terem sido consultados vários números de um periódico, indicamos apenas seu título.

Revista Latinoamericana de Sociologia. Buenos Aires: Paidós.
Signs: Journal of Women in Culture and Society.
Tempo Brasileiro.

REVISTAS E JORNAIS FEMININOS OU DE INTERESSE GERAL[12]

Álbum das Meninas. São Paulo (1898).
Alterosa. Belo Horizonte (1959).
Anuário das Senhoras (1934). Rio de Janeiro, O Malho.
Atrevida (1994). Editora Símbolo.
Bárbara (1993). Editora Símbolo.
Beijo, O, n. 1, 17 set. 1908.
Brasil Mulher (1976).
Capricho (1952). São Paulo: Abril.
Carícia (1975). São Paulo: Abril.
Carioca (1935). Rio de Janeiro.
Cigarra, A (1914). São Paulo.
Claudia (1961). São Paulo: Abril.
Correio das Modas, n. 11, Rio de Janeiro, 6 fev. 1841.
Cruzeiro, O (1928). Rio de Janeiro.
Desfile. Rio de Janeiro: Bloch.
Encanto (1950). São Paulo: Arte Gráfica do Brasil.
Estação, A (1879). Rio de Janeiro.
Estado de S. Paulo, O (1890), jornal.
Eva (1977). São Paulo: Editora Três.
Família, A (1888). Rio de Janeiro.
Família, A (1888). São Paulo.
Folha da Manhã (1925). São Paulo.
Folha de S.Paulo (1960). São Paulo.
Folhetim. São Paulo.
Globo, O (1925), jornal. Rio de Janeiro.
Grande Hotel (1947). Rio de Janeiro: Vecchi.
Illustração Brasileira (1909). Rio de Janeiro.
Íntima. São Paulo: Salles Editora, 1999.
IstoÉ (1976). São Paulo: Editora 3.

---

12. Os anos entre parentêses referem-se ao início da publicação. As indicações restantes informam o ano ou o número consultado. Se nada estiver indicado, foram consultados vários anos.

Jóia. Rio de Janeiro: Bloch, 1964, p. 65 e 67.
Jornal da Tarde (1966). São Paulo.
Jornal das Damas, n. 1, São Paulo, 6 jan. 1890.
Jornal do Brasil (1891). Rio de Janeiro.
Klaxon (1922). São Paulo.
Kosmos (1904). Rio de Janeiro.
Maçã, A (1922). Rio de Janeiro.
Mais (1973). São Paulo: Editora Três.
Malho, O (1902). Rio de Janeiro.
Manchete (1952). Rio de Janeiro: Bloch.
Manequim (1959). São Paulo: Abril.
Marie Claire (1991). São Paulo: Globo.
Mensageira, A (1897). São Paulo.
Movimento (1975). Edições S.A.
Mulherio (1981). São Paulo.
Nós Mulheres (1976). São Paulo.
Nova (1973). São Paulo: Abril.
Opinião. Fernando Gasparian (1972). Rio de Janeiro.
Pasquim, O (1969). Rio de Janeiro.
Platéa, A (1888). São Paulo.
Província de São Paulo, A (1875), jornal. São Paulo.
Ramilhete, O (1898). São Paulo, n. 4, 26 maio 1901.
Reação, A (1931). São Paulo.
Scena Muda, A (1921).
Segredo da Beleza,O, n. 1, 19 set. 1905.
Tico-tico, O (1910). Revista infantil.
Paulistana (1927). São Paulo.
Realidade (1966). São Paulo: Abril.
Renascença (1931), n. 1, 9 maio 1931.
Revista da Semana (1900). Rio de Janeiro.
Revista de Antropofagia (1928).
Revista do Globo. Porto Alegre.
Revista Feminina (1914). São Paulo.
Revista Illustrada (1876). Rio de Janeiro.
Romance Mensal (1934). São Paulo.
Senhor (1959).
Sétimo Céu (1958), Rio de Janeiro: Bloch.
Shimmy (1925).
"Suplemento Feminino" de *O Estado de S. Paulo*, n. 1, 25 set. 1953-1979.
TPM (2004). São Paulo: Trip.

Trip (1986). São Paulo: Trip.
Vamos Ler (1936).
Veja (1968). São Paulo: Abril.
Vida Doméstica (1945). Rio de Janeiro.
Vida Moderna, A. São Paulo, 22 jul. 1920.
Vida Paulista (1908). Edição semanal de *A Notícia*.
Vitrina (1942). Rio de Janeiro.
Vogue Brasil (1975). Carta Editorial.

APÊNDICE

Objetivando uma visualização mais concreta, reproduzimos algumas capas ou páginas de veículos da imprensa feminina brasileira.

Página de rosto do *Novelista Brasileiro* ou *Armazem de Novellas Escolhidas*, Rio de Janeiro, 1851. Editores: Eduardo e Henrique Laemmert. (Tamanho original: 20 × 26,5 cm)

CARTAS DE MULHER

"Somos filhos de taes mulheres!"

Tudo quanto está succedendo estava previsto. As democracias vão começar aprendendo a ser a expressão fiel, sincera, de um regimen social e politico da egualdade humana. A mulher, que não pudera conseguir ser comprehendida na declaração dos Direitos do Homem proclamados pela Revolução Franceza, a grande pária e dolorosa escrava, que usa braceletes de ouro em memoria das algemas de ferro, foi libertada pela guerra e sentada ao lado do homem no throno da Terra. As mulheres russas, finlandesas, dinamarquezas, noruguezas, suecas, allemãs e inglezas — quer dizer, uns cento e vinte milhões de mulheres na velha Europa — já partilham ou brevemente partilharão do governo, não só contribuindo com o seu voto para a eleição dos legisladores, como podendo ser, ellas proprias, eleitas para o exercicio do poder legislativo. Essas mulheres libertadas na Europa são as mulheres louras, das raças anglo-saxonia, germanica, escandinava e slava. No nosso continente o mesmo vae succeder ás mulheres louras dos Estados-Unidos. Só as mulheres morenas continuam, não direi captivas, mas subalternas. Os homens physicamente mais robustos do mundo elevaram a mulher, sua mãe e mãe de seus filhos. As requintadas raças latinas, as raças orientaes e as raças barbaras africanas são as unicas que continuam a considerar a mulher, perante a lei e a politica, como um ser neutro. E' á inferioridade dos homens ou á inferioridade das mulheres que isso é devido? Olhae em volta de vós, nas ruas, nos theatros, onde quer que haja uma reunião dos dois sexos, e ficareis em condições de responder. Todos os dias se lêem nos jornaes e revistas do Rio apreciações deprimentes para a mulher. Não ha, talvez, cidade no mundo onde menos se respeite a mulher. Existem, até, secções de jornaes que se dedicam a corrompel-a ou a injurial-a. O que deve consolar a brasileira é que os homens que essas cousas escrevem são peores do que a peior de todas as mulheres. E são esses os seus mais severos juizes...!

A situação em que vamos ficar, nós as mulheres morenas, em frente das nossas irmãs louras, é lamentavel. Somos nós que comporemos, agora, um terceiro sexo, inferior e humilde. A differença que, dentro de pouquissimo tempo, offerecerão, das nações habitadas pelas mulheres socialmente secundarias, as grandes, fortes e saudaveis nações em que fará sentir se a influencia pacifica, amoravel, humanitaria e disciplinada da mulher, corrigindo a grosseria insolente, os vicios repugnantes e a combatividade anarchisadora dos homens, será de tal modo sensivel que a humanidade se dividirá, sob o ponto de vista da moral, em povos que dignificaram a mulher e povos que continuam a despresal-a...

Consolemo-os, porém, com a glorificação de nossas irmãs e consideremo-nos honradas tambem pelos clamores de apotheose que saudam lá ao longe, depois da experiencia crudelissima da guerra, o nosso sexo. Que importa que alguns jornalistas satyricos nos continuem a considerar os "animaes de cabellos compridos e idéas curtas", quando o chefe da mais poderosa republica do mundo, cujas palavras guiaram magneticamente os povos para a liquidação da mais monstruosa das guerras, na sua mensagem ao Congresso dos Estados Unidos, na vespera do seu embarque para a Europa — aonde vae defender os principios de justiça pelos quaes foram destruidas cem mil juventudes norte-americanas — proclama que "a contribuição das mulheres para o grande resultado da guerra está fóra dos limites da gratidão", e lhes dirige estas bellas palavras, como nunca haviam sido pronunciadas no mundo por labios de homem: "A homenagem minima que lhes podemos prestar é tornal as eguaes aos homens no que respeita aos direitos politicos, pois que ellas se mostraram em nada differentes de nós, em todos os ramos do trabalho pratico que exerceram em beneficio proprio ou do paiz. Os grandes dias passados ficariam tristemente assignalados se esquecessemos esse acto de justiça. Além dos seus incalculaveis serviços, as mulheres deste paiz constituiram o espirito da economia systematica pela qual o nosso povo voluntariamente abasteceu os povos soffredores do mundo e os exercitos em todas as frentes. Os pormenores do trabalho das mulheres americanas temol-os em nossos corações e, graças a Deus, podemos dizer: — 'Somos filhos de taes mulheres!'.

Quando ouviremos nós, as brasileiras, de um grande estadista nosso, palavras identicas? Quando faremos por merecel as e inspiral-as? Por quanto tempo ainda continuaremos a ser um assumpto, apenas, de debique e de satyra?

IRACEMA

NOCTURNO

A noite desce da altura
Qual um manto de crystal,
E cada estrella abre a lura
Doirada de seu fanal...

Perdida, ao longe, nos valles
Uma viola ao relento
Suspira... que não me fales,
Palavras, leva-as o vento!...

Não fales... Olha que o ruido
De teu ardente falar
Pelas camelias ouvido
Talvez as faça corar...

Não fales... Deixa que eu creia
Immorredouro o momento
Em que este sonho me enleia,
Palavras, leva-as o vento!...

Ha tanta estrella que a aragem
Se esqueceu de palpitar...
Do amor, só quero a miragem
que brilhou no teu olhar.

A sombra, além, do arvoredo
E' vago estrellejamento.
Não fales... que eu tenho medo,
Palavras, leva-as o vento!...

B. F.

"Cartas de Mulher", seção da *Revista da Semana*, Rio de Janeiro, n. 45, 14 dez. 1918. (Tamanho original: 25 × 34 cm)

CHRONICA DAS ELEGANCIAS

A moda em que pesa a opinião das pessoas sisudas, isto é, das que têm pouca profundidade de espirito, não é o capricho de um costureiro, e sim uma mentalidade. Senão vejamos. A moda faz-se em Paris, mas os modelos creados lá, ao ser transplantado para cá, soffrem umas tantas modificações, algumas das quaes chocantes. Antes não era assim. A nossa moda era absolutamente franceza, integralmente franceza. Os vestidos eram copiados cuidadosamente dos figurinos parisienses, e qualquer modificação que se lhes fazia, dava logo na vista. Hoje, não. Os modelos que nos chegam de Paris servem-nos apenas de base para as nossas concepções, ficando sómente respeitada a linha geral; as modificações que se lhes intromettem são tantas e tão radicaes ás vezes, que elles perdem, não raro, o cunho de origem. Esse extranho phenomeno tem a sua explicação na tendencia, que todos nós hoje sentimos, de nos nacionalisarmos. Que o nosso paiz se nacionalisa, é coisa innegavel. Já não somos os macacos de outros tempos. Já temos arte nossa, em todas as suas manifestações, arte que tem o cheiro e o sabor do torrão. A moda, como era natural, obedeceu a essa tendencia e ganhou um cunho inconfundivel. Esse phenomeno é notado flagrantemente por quem, tendo observado antes a moda em S. Paulo, tendo conservado na retentiva o typo geral das silhuetas femininas, se transporta para Paris. Tudo muda de subito. Em Paris a silhueta é muito diversa. Onde está pois a imitação? E' tanta ás vezes a differença, que se um grupo de moças paulistas se exhibisse no boulevard com os mesmos vestidos com que se exhibe na rua Direita aos sabbados, chamaria a attenção de todos pelo contraste dos effeitos.

Máo gosto das nossas patricias? Pouca comprehensão dos estylos parisienses? Ah! não! absolutamente não! As nossas patricias elegantes têm um refinadissimo gosto e usam a elegancia com segurança e garbo. Nacionalismo, nacionalismo apenas. Em Paris as senhoras em geral usam na rua o "tailleur"; em S. Paulo as toilettes de passeio das senhoras se confundem com toilettes de soirée ou baile. Um contraste perfeito. Não se invoquem as exigencias e diversidades do clima, porque, antes do advento desse nacionalismo que hoje domina o espirito de todos, essas razões climatericas não eram invocadas, e a moda em S. Paulo era a mesma que em Paris, sem tirar nem pôr. D'ahi tambem a resistencia que revelam as nossas elegantes em adoptar certos exaggeros da moda parisiense, modificando pormenores de modo a tornal-os mais logicos e por vezes mais graciosos.

Passemos agora os olhos pelos detalhes da toilette feminina, ou ao menos por aquelles que nos parecem mais importantes e interessantes. As ultimas novidades consistem apenas em tailleurs nos quaes o conjunto já não tem valor senão como elemento secundario para fazer realçar os detalhes. Esses estylos exigem os velludos em cores claras, muito claras, predominando o verde, as guarnições de zibelina, as mangas de "manteaux", em tres ordens de "fourrure". Mas essas novidades, francamente, não nos interessam, porque taes modelos seriam insupportaveis sob a nossa canicula. Impoem-se actualmente os estylos ligeiros, claros, os tecidos chinezes, a linha direita, simples. As mangas, como se sabe, já se não usam, ou tão curtas que é como se não existissem. A cava, para baile e soirée, deve ser bem aberta, ostentando francamente a axilia, que se trará cuidadosamente despellada; para passeio, a cava da manga precisa ser apertada para que esse pormenor da nudez feminina não fique exposta á curiosidade malsã do publico rude.!

ANNETTE GUITRY

— Esta é a decima vez que vem parar aqui, por bebado! Espero que não tenha mais occasião de o ver aqui.
— Que pena! Então o doutor vai pedir dimissão?...

"Chronica das Elegancias", seção de *A Cigarra*, de 1924. (Tamanho original: 18 × 26 cm)

A Moda

A moda tem-se affeiçoado muito á actual situação do mundo, o que quer dizer, tem-se tornado notavelmente economica. Nem de outra fórma podia ser. O luxo, a sumptuosidade, os tecidos excessivamente ricos constituem uma affronta á angustiosa situação do mundo. E não se diga que a moda, porque se tornou economica, é menos interessante. Não. Ao contrario, os modelos recentemente creados e que em Pariz começam a vulgarisar-se, são, por vezes, de uma graça arrebatadora.

As fazendas proprias para o vestido são, em geral, de algodão. O algodão está em pleno apogêo. O voile de algodão começa a ser empregado, com opportunidade, na confecção de «toilettes» ricas, quer para passeio, quer para «soirées». O crepe de algodão, que, como se sabe, tem um lindo aspecto, conquistou a sympathia dos «faiseurs» de moda, que o empregam grandemente em quasi todas as suas creações. Não são apenas estas as fazendas que ganharam a

Vestido para senhoras. Seis medidas: 86 a 112 cm. de busto. A confecção deste modelo, para 91 cm. de busto, requer: 1.95 de fazenda de 91 cm. de largura; 2.75 de 91 cm. de largura para o collo, os punhos e a fralda, e 25 cm. de organdi para o collo. O fulard, o crépe da China a o crepon Georgette de seda, por serem muito facilmente laváveis, prestam-se, por sua suavidade, para este estylo.

Nove medidas: 63 a 127 cm. de busto. A confecção deste vestido, para 91 cm. de busto, requer: 4.80 cm. de tecido lavrado de 91 cm. de largura; 45 de tecido branco de 91 cm. de largura e 3.20 de fita de seda. Os tecidos lavrados estão muito em voga e prestam-se para combinações com tecidos de côr contrastante, o que é economico e de notavel bom gosto.

"A Moda" da *Revista Feminina*, São Paulo, 1918.

adopção das senhoras de bom gosto, mas tambem a batiste, o fustão e o pongê, tecido de algodão e seda, que é muito ductil e vae bem ás "toilettes" de verãos.

Emtanto, ha certos generos de «toilettes» que requerem outra especie de tecidos. A sêda, shuntung, tussor e musseline são tambem usadas para os vestidos simples.

Os chapéos, apezar da sua immensa variedade, têm, entretanto, apresentado, ultimamente, uma certa nota de uniformidade: é a tulle preta, quer esteja combinada com a palha, quer seja apenas empregada em fórma de laços, rosetas e outros adornos. A tulle preta é, hoje, indispensavel no chapéo, nem que seja como simples elemento de adorno.

E' provavel que as senhoras tenham observado que os chapéos da ultima novidade já não são, como eram geralmente, tecidos em palhas. A razão é porque a palha está carissima, seja ella de que especie for. Os chapéos confeccionados inteiramente de palha vender-se-iam por preços exorbitantes. A lã tambem cresceu notavelmente de preço. Mas essa falta é compensada pelo setim e o tafetá com os quaes se podem executar os modelo mais lindos, combinados com palha ou mesmo sem essa combinação.

Vestido para senhoras. Seis medidas: 86 a 112 de busto. A confecção deste modelo, para 91 cm. de busto requer: 275 de tecidos em quadros de 91 cm. de large; 3.70 de tecido liso de 91 de largo; 1,40 de fita de torciopelo para adornar o decote; e 80 de tecido de 91 de largo para o forro. O fulard, o tafetá e a seda suave são muito proprios para este vestido. Os tecidos lavaveis são mais praticos, recommendando-se os percales; as musselinas, o linon e a escosseza.

Este modelo, observado em suas linhas geraes, parece que está muito vulgarisado. Mas, attentando-se bem nelle, ver-se-á que elle tem uma graça toda original. A saia, sobretudo, é de uma belleza empolgante, de um aspecto airoso. A blusa deve ser simples tal como a representa o modelo, para fazer resaltar o effeito da saia, na qual, de resto, reside toda a graça do conjuncto.

Pelo Mundo Proletario

A Gréve dos Graphicos

Estão em greve os trabalhadores do livro e do jornal — a classe proletaria mais sympathica aos intellectuaes, e mais proxima dos *meneurs*, dos conductores de sonhos e de homens e consequentemente mais proxima da Imprensa. A Imprensa, que deveria ser a orientadora da opinião publica, nada é sem os graphicos. Os jornalistas, os editores, os autores—poetas ou prosadores, todos os que forjam sonhos ou que devassam, num livro de ficção, os cantares de um'alma ansiosa, todos os que espanejam sentimentos ou analysam theorias ou cantam poemas ou procuram soluções para os problemas afflictivos da vida — toda essa cohorte a caminho da Gloria e da Verdade — tem como primeiro auxiliar, como o mais dedicado dos companheiros, como o mais assiduo dos leitores — o trabalhador graphico que discute, commenta, pensa e sente a sua obra, a obra de su'alma, soletrando-a em cada letra, compondo uma a uma as estrophes do seu estro de poeta ou as ideias do seu cerebro de rebelde ou os poemas das canções dos corações...

E, emquanto jornalistas se firmam em nomes que atravessam as fronteiras, emquanto os poetas recebem as palmas da sua Musa, emquanto os artistas sobem a escalada da torre de marfim dos seus sonhos, emquanto a phalange se move em caminho da posteridade ou se satisfaz com o triumpho ephemero de um livro ou com os applausos de um publico tanto mais numeroso quanto mais inconsciente — o trabalhador graphico, anonymo, é quem téce a teia desses destinos... Anaxagoras dizia: «o homem pensa porque tem mãos».

Que seria de todo esse pensamento esparso, de toda essa ansia de dizer algo da nossa alma, de todo esse anhelo de se desdobrar = se não fosse o trabalhador graphico?

E os editores se enriquecem á custa do seu labor, e os jornaes exploram o seu commercialismo á custa dos obreiros nocturnos — cujas pupillas se dilatam e cuja vida se estreita na atmosphera viciada, em meio das machinas trituradoras de ideias e existencias humanas...

E o trabalhador graphico sempre obscuro, sempre luctando com difficuldades de vida e luctando com a propria vida, sumindo-se na voragem das horas, das vigilias, — espera o grande dia, na doce illusão da estupenda aurora da redempção social.

E os graphicos de S. Paulo estão em greve. A carestia da vida penetrou, de ha muito, de sempre, no seio da classe. A guerra escancarou as fauces da miseria. E os proletarios sempre pobres, sempre arrostando com as tremendas difficuldades da vida economica, não se podem manter com os mesmos ordenados de antes da Guerra — se a prole cresceu e se os generos ficaram pelo triplo, para a felicidade e a gananacia dos *nouveaux-riches* de amanhã. E os Graphicos, fazendo parte da pequena burguesia, embora sua mentalidade não seja burgueza, tendo representação social mesmo vivendo modestamente, — soffrem mais a desigualdade destes ultimos annos e reclamam, justamente, uma restituição.

RENASCENÇA acompanha com sympathia as reivindicações dos Graphicos e faz votos para que os industriaes do livro (!) os industriaes da opinião publica (!) comprehendam a necessidade de apertar as suas mãos num gesto de affecto e solidariedade.

Ás adhesões recebidas pela União dos Trabalhadores Graphicos juntamos as nossas.

Até o momento de irem estas linhas para o prélo a Associação Commercial estava como intermediaria entre grevistas e proprietarios editores.

Oxalá o accordo seja estabelecido de modo a solucionar o caso dos Graphicos, a quem hypothecamos a nossa sympathia.

Liga Operaria da Construcção Civil

Embora luctando com escassez de elementos activos na propaganda, continua esta associação a trabalhar com o fim de reorganizar os trabalhadores, unil-os para, em conjuncto, desenvolverem a obra necessaria e indispensavel de combate á exploração capitalista.

Não é possivel que os trabalhadores possam, por mais tempo, supportar o peso injusto nem tão pouco se conservar inactivos, adormecidos, perante tamanho e escandaloso abuso, levado a effeito, contra os lares indefesos, pela gananacia e despotismo burguezes.

Se como productores somos, pelos dominantes, collocados no mais baixo nivel economico e social, devemos por meio duma acção consciente e reivindicadora dos nossos direitos, sahir desta situação degradante e obscura, dispostos a acabar com os preconceitos e vicios que ainda subjugam a maior parte dos trabalhadores.

Assim pensamos e mesmo a custo de grandes sacrificios proseguiremos na obra que se vem desenvolvendo em torno da questão social.

Em epocas anteriores esta associação demonstrou aos operarios a grandiosidade da defeza collectiva, o desenvolvimento mental de cada um trabalhador, enveredando, por meio do seu esforço, para um fim honroso e altivo; fez com que a união de todos se fizesse sentir, para combater a prepotencia e impedir a exploração capitalista, e aos nossos adversarios, provou a potencia invencivel da classe proletaria, quando disposta a enfrentar todas as afrontas e tirannias lançadas ás faces dos honestos trabalhadores.

As vezes somos forçados a reagir contra os processos e meios, pelos quaes tentam subjugar-nos, e temos o direito das gréves.

Pois bem, neste momento, estão todos os homens de consciencia livre, todos os que se interessam pelo seu bem estar, tanto individual como collectivo, empenhados em remodelar os meios de propaganda emancipadora das classes proletarias, e, esperam conseguir o desejado objectivo.

Com o fim acima exposto, todos os operarios, organizados neste syndicato, por ser indispensavel e imprescindivel defender as precarias conquistas e preparar o ambiente para novas lutas de reivindicação social, auxiliarão o trabalho de reorganização e educação revolucionaria, unica orientação que poder de libertar todos os individuos do jugo oppressor do capitalismo.

Como a burguezia, além da força, usa de tacticas torpes, cujas ambições são conhecidas e demonstradas por meio da reacção feroz, os trabalhadores por meio da união e solidariedade, hão de conseguir vencer todas as difficuldades que os impedem de gozar dos seus incontestaveis direitos.

(*Do Correspondente*).

Páginas do número 1 da revista *Renascença*, anarquista. São Paulo, fev. 1923 (tamanho original: 21 × 30 cm). Compara-se a seção "Pelo mundo proletário" com a carta de apresentação da revista *Apello à mulher*.

Movimento Associativo

Liga Paulista pelo Progresso Feminino

A «Liga Paulista pelo Progresso Feminino» é um dos ramos da «Federação Brasileira das Ligas pelo Progresso Feminino» fundada por Bertha Lutz em substituição á «Liga para a Emancipação Intellectual da Mulher», no Rio de Janeiro.

A Directoria da «Liga Paulista» assim ficou constituida:

Presidente: Evelina de Arruda Pereira; 1.ª Vice-Presidente: Vicentina de Carvalho; 2.ª Vice-Presidente: Guiomar Novaes; 3.ª Vice-Presidente: Candida de Ferraz Sampaio; 1.ª Thesoureira: Anna de Moraes Burchard; 2.ª Thesoureira: Sylvia Mendes Cajado; 1.ª Secretaria: Maria Immaculada Xavier da Silveira; 2.ª Secretaria: Fanny Whately.

São suas Delegadas em Commissões permanentes, as senhoras: D.ra Carmen Escobar Pires — «Protecção ás Mães e á Infancia; D.ra Walkyria Moreira da Silva — «Direitos Civis»; Maria Xavier da Siveira — «Direitos Politicos»; Herminia Pereira de Queiroz — «Propaganda»; Cora de Moraes Barros — «Documentação e Bibliotheca»; Anezia Pinheiro Machado — «Opportunidades»; Branca de Canto e Mello — «Instrucção e Educação».

Ainda não foram nomeadas as tres ultimas commissões: Funccionalismo Publico, Commercio e Industria.

* *

Deixamos de dar noticias das festas realizadas pela «Liga Paulista» em homenagem á Sra. Catt e ás demais delegadas extrangeiras, no «Congresso Brasileiro de Mulheres», quando em visita a S. Paulo — pelo facto de não terem vindo os originaes e as descripções de passeios e festas quando a nossa Revista já estava no prélo.

APELLO A' MULHER

Minhas Senhoras

As sociedades atravessam o mais extraordinario periodo de transformação até hoje verificado na historia das civilisações.

Na literatura, nas artes, nas sciencias, nas philosophias — cyclo novo se nos depara: em tudo se nota um sopro revelador e grande.

A mulher não se pode conservar indifferente ante esse tumultuar estupendo, annunciador da Era Nova e deve armar-se com o escudo da sua belleza moral para poder gozar, conscientemente, o momento formidavel que o seculo XX preparou para a nossa geração, e trazer para a arena da vida o cadinho purificador da sua grandeza, da sua dedicação, do seu amor inexgotavel.

Toda a humanidade passa pelo berço e o coração da mulher é pequeno de mais para conter o instincto da Maternidade Espiritual.

Preparemos as nossas filhas para o advento da sociedade futura, para serem os anjos de guarda das gerações do porvir.

RENASCENÇA terá por objectivo a educação economico-social e a elevação integral da Mulher — para saber ser Mãe e conduzir a Humanidade para o Grande Fim... pelas portas do Sonho da Poesia, pela Arte e pelo Pensamento redemptor.

Vinde trabalhar comnosco na estupenda cruzada da renovação social e os nossos filhos abençoarão os nossos esforços como nós bendizemos os sacrificios heroicos dos Cavalleiros Andantes do Ideal, das cohortes de sonhadores que nos legaram esse quinhão pequenino de liberdade e conforto, gozado hoje por nós, a custa de tantas agruras e tantos heroismos!

Eetre os collaboradores de RENASCENÇA estão representantes da nossa mais culta mentalidade.

Paginas de pensamento, de educação, questões internacionaes, notas scientificas, as reivindicações modernas, reportagem, sports, poesias, Arte, modas e trabalhos femininos, pagina infantil, sociaes, movimento operario, movimento associativo, etc., eis o summario de cada numero, assignado por nomes que honram as letras patrias.

RENASCENÇA é revista moderna e interessa a toda gente — pela sua feitura original, pela variedade dos assumptos, pela nobreza dos seus intuitos, pelos ensinamentos contidos nas pennas dos seus collaboradores illustres.

Algumas das mais brilhantes escriptoras Argentinas virão trabalhar comnosco num intercambio intellectual proveitosissimo para ambos os paizes.

ANNA DE CASTRO OSORIO, illustre representante da mulher Portuguesa inaugurou o intercambio feminino Luso-Brasileiro em RENASCENÇA.

JULIA GARCIA GAMES — o Argentino-Brasileiro: essa joven escriptora é poetisa, prosadora, jornalista de raça, vigorosa e culta.

Não é preciso dizer que a nossa Revista conta com as pennas brilhantes dos melhores escriptores brasileiros.

Alem das secções diversas, já citadas, temos: *A saude e a belleza feminina* — na qual serão especificados conselhos hygienicos, cuidados para com a pelle, os cabellos, etc. etc., receitas diversas. Nessa secção a *Ninon* deverão ser endereçadas as consultas das leitoras de RENASCENÇA.

MODAS: *Lia*, intelligente e culta collaboradora da nossa Revista, nos dirá das modas, em cada numero de RENASCENÇA. Tambem poderá ser consultada por intermedio da nossa Redacção: «Cartas a Lia».

A ORNAMENTAÇÃO DOS NOSSOS LARES está ainda entregue a *Lia*, cuja competencia e cujo bom gosto indiscutiveis, darão enorme realce á nossa Revista. Trata-se de uma verdadeira artista que se occulta, modestamente, sob esse pseudonymo, residente no Rio, um dos mais bellos ornamentos da sociedade brasileira, um dos mais altos expoentes da elevação da mulher.

GALERIA INFANTIL será ornamentada por intermedio das jovens Mães, e, queremos inaugurar, entre nós, um movimento novo, interessante e utilissimo: ao lado das photographias dos *bébés* e das crianças robustas e lindas (como são os vossos filhos) as Mães nos farão o obsequio de enviar informações diversas em resposta ao nosso questionario:

«Quantos annos tem o seu filhinho?
Menino ou menina?
Quantos kilos pésa?
Qual a sua altura?

10 de Janeiro de 1931   O Cruzeiro

Mme. Thérèse Clemenceau, correspondente de "O Cruzeiro" em Paris, attenderá sempre com prazer todas as consultas que lhe dirijam as senhoras brasileiras.
32 Avenue des Champs Elysées - Paris
Tel. Elysées 0179

Em torno dos braseiros
Por
Mme. Thérèse Clemenceau

As mulheres precisam de muita força de coragem para affrontar a chuva, o frio, o vento, e passear com um preto, depois com um vermelho, etc., até que todos os coloridos e diversidades da moda tenham desfilado sobre o corpo de cada graciosissima "elegante". Os braseiros preservam do frio, mas não da tempestade, e o guarda-chuva não figura nos prados de corrida, porque quando chove o grande "chic" consiste em vestir um impermeavel sensacional e em pôr á cabeça um pequeno "calot" adequado que possa valentemente resistir á avalanche.

Hoje, porém, a chuva está ausente. O sol tambem, aliás. Em compensação, um friozinho secco convida á marcha rapida sob os...

Vestido "Gringoire" em jersey preto. (Modelo Germaine Lecomte)

...com ar despreoccupado pelos prados de corrida, com o fim unico (deveremos convir) de estadear uma toilette nova.

Este jogo de coquetteria se nota a cada sessão hyppica, e a que, certo, se apresentou com um "ensemble" verde, se apresentará com um azul no dia seguinte, depois...

ACADEMIA SCIENTIFICA DE BELLEZA

DIRECTORA
Mme CAMPOS

Estabelecimento de Cultura Esthetica Scientifica

Massagens, Limpeza de Pelle, Mascara de Lama

MANICURE E PEDICURE

TRATAMENTOS EXCLUSIVAMENTE PARA SENHORAS E CREANÇAS

Secção de Cabelleireiros
Os salões de Mme. CAMPOS são dignos de V. Ex.

AV. RIO BRANCO, 134
1.º ANDAR (ELEVADOR)
R. 7 de Setembro, 166 (Loja)

V. Excia. deseja emmagrecer sem prejuizo de sua saúde?

Consulte seu medico sobre a: **Endoxidina J. S. M.**; é uma medicação racional, innocua e efficaz recommendada no tratamento da obesidade

Os effeitos da **Endoxidina** são visiveis logo no inicio do tratamento com uma perda gradual de, mais ou menos, dois kilos por mez do peso do corpo.

Unicos concessionarios dos produtos do Instituto Sierotherapico Milanez — Novoterapica Italo Brasileira — I. N. Poli e Cia.

RUA LIBERO BADARÓ, 2
S. PAULO

FORMOSURA VICTORIOSA

RENÉE ADORÉE
Famosa "estrella" da Metro Goldwyn-Mayer

Porque as "estrellas" do cinema nunca envelhecem

Não se verá nunca um defeito na cutis de uma estrella do cinema. Ha a considerar que o mais insignificante defeito, ao ser ampliado o rosto na tela, seria tão notavel que elle constituiria uma ruina. Nem todas as mulheres sabem que ellas tambem podiam ter uma cutis digna de inveja de uma estrella do cinema. Toda a mulher possue, immediatamente abaixo de sua velha tez exterior uma cutis sem macula alguma. Para que essa nova e formosa cutis appareça á superficie basta fazer com que se desprenda a cuticula gasta exterior, o que se obtem com applicações de Céra Mercolized, em inglez: "Pure Mercolized Wax" effectuadas á noite antes de deitar-se. A Cera Mercolized se acha em qualquer pharmacia e custa muito menos que os custosos cremes para o rosto, sendo, em troca, mais efficaz do que estes.

Para evitar o pello

É cousa muito facil fazer desapparecer temporariamente o pello, mas evitar, de modo definitivo, a abundancia de pello representa um problema distincto. Não são muitas as damas que conhecem os esplendidos resultados que se obtem mediante o emprego do porlac pulverizado. O porlac applica-se directamente ao pello que se quer eliminar. Este tratamento recommenda-se não só para a instantanea desapparição do pello e das superfluidades do cabello, mas tambem para destruição definitiva das raizes.

Quasi todos os pharmaceuticos podem proporcionar-lhe porlac; uma onça, mais ou menos, é quantidade sufficiente para a experiencia.

"Dona", seção de *O Cruzeiro*, Rio de Janeiro, 10 jan. 1931. (Tamanho original: 25 × 34 cm)

Um pingo d'agua...

Lá fóra um pingo d'agua bate compassadamente sobre a lage do jardim...
Cá dentro o pensamento bate ardentemente sobre o socavão escuro do meu cerebro...
Qual delles vencerá na sua ousada teimosia?
Qual delles forjará a Estatua da Vida?
Essa gota d'agua que se faz rio e que se faz oceano? Ou esse pensamento que vem trazer a idéa e a philosophia?
E vem acordar o cerebro para o trabalho, a lucta, o soffrimento, a dor...
Ou esse pingo d'agua que se perde silencioso e faz os rios e os mares...
— E a Estatua da Vida?...
E a pergunta se perde numa ironia sem finalidade...
Ninguem sabe o mysterio que se esconde num fio d'agua e na avalanche doida da correnteza do pensamento...
Qual delles forjará a Estatua da Vida?...
E a pergunta fica sem écho...
Só se ouve o assovio triste do vento nos fios dos chorões...

A P L E C I N A   D O   C A R M O

Egualdade...

PAYSAGEM heterogenea de cães, na hora apressada de uma partida. A silhueta grave, difficil dos guindastes. Vultos desejadissimos de navios, recortados no azul manso do horizonte, com todo o prestigio das cousas instaveis, errantes. Vem do mar um sopro de distancias infinitas. E tudo nos homens, de roupas e gestos inopportunos, parece quasi ridiculo deante do esplendor tranquillo dessa tarde perfeita, de marinha.

Gente que vae trocar o desvalorizado dinheiro nacional pelo conforto extrangeiro e civilizado de uma temporada dignificante na Europa. Entre uma porção de creaturas vulgares, a banalidade carissima de uma mulher bonita. A carne melhor deste mundo, num "tailleur" de côr incerta, simplicissimo, que uma tesoura de muito preço, e muita fama recortou. A dona linda dessa toilette bonita acaricia, num gesto despreoccupado, as flores maravilhosas, carissimas e incommodas que os seus admiradores vieram trazer-lhe. Vê nos olhos, na bocca, na solicitude dos homens que a rodeiam um desejo velado, mas quasi desaforado, que não a deixa alegre, nem triste. Mas que, seguramente, a aborreceria se desapparecesse. Ao lado delles, a humilhação suada dos faxineiros humildes. Homens de olhos de sombra e pelle queimada. A barba por fazer, as mãos grosseiras, a roupa suja. Animaes do trabalho, construindo, quasi esfomeados, retezando os musculos, uma vida de mais conforto e maior luxo para outros homens melhor vestidos. O grupinho aristocratico não entedia as pupillas, demorando-as nessas creaturas inconfessaveis, que não entendem porque o mundo ainda abriga. Quando um rapagão suado, de musculos bonitos e camiseta rasgada parou quasi ao lado delles, dando uma explicação aos companheiros, numa linguagem grosseira. De repente, os seus olhos sem educação surprehenderam o vulto gostosissimo de mulher que tinha ao lado. E repastaram-se nelle. Tinha uma expressão brutal, ousadissima, nos traços do rosto voltado para ella, devorando-lhe os contornos atrevidos do corpo, sob a fazenda macia. Mas não teve a polidez normal dos outros, acostumados a pôr um comedimento de bom gosto nessas attitudes. E demorou-se a olhal-a. A moça deu pela cousa. E o que estava habituada a acolher de bom humor, vindo de gente de sua classe, doeu-lhe como um insulto, como uma bofetada, partindo daquelle animal suado e trabalhador. Varios seculos de preconceitos e injustiça arderam-lhe no sangue que lhe avermelhou o rosto, sob o *rouge* finissimo. E os seus distinctissimos companheiros de viagem só retiveram o gesto irritado de uma bengala, prompta para se levantar no ar, porque a sineta de bordo começava a retinir e, afinal de contas, por quem era, francamente não valia a pena. E mesmo porque o rapagão esfarrapado, que surprehendera o projecto de bordoada, erguia, indifferente e humilde, nos braços fortes, uma sacca pesadissima, num gesto de resignação q u a s i atavica de cousa a c o s t u m a d a a sentir os outros que lhe passam por cima.

ELSIE LESSA

Página de *A Cigarra*, de 1932, com uma crônica de Elsie Lessa. (Tamanho original: 21,5 × 30 cm)

Capa de *Grande Hotel*, Rio de Janeiro, Vecchi, n. 5, 1947. Nessa época, os romances eram em quadrinhos; a fotonovela só foi aparecer em 1951. (Tamanho original: 23 × 32,5 cm)

Capa de *Capricho*, São Paulo, Editora Abril, n.1, segunda quinzena de junho de 1952. O tamanho era pequeno (14 × 19 cm) e só a partir do n. 9 passou a ter o formato atual (21 × 27 cm). Trouxe fotonovela desde o n. 1.

Página 2 do "Suplemento Feminino" do jornal *O Estado de S. Paulo*, de 25 set. 1953, quando passou a sair como suplemento tabloide de 16 páginas, às sextas-feiras. Antes era somente uma página semanal.

Capa de *Claudia*, São Paulo, Editora Abril, n. 11, ago. 1962. As primeiras capas eram ilustradas com desenho; só a partir de setembro de 1963 é que passaram a ter fotografia.

Capa de *Carícia*, São Paulo, Editora Abril, n. 1, de 17 jan. 1975, quando o formato pequeno para revista feminina com fotonovela firmou-se no mercado. (Tamanho original: 13,5 × 20,5 cm)

Capa do jornal *Nós Mulheres*, São Paulo, n. 1, jun. 1976. Publicado pela Associação das Mulheres. (Tamanho original: 29 × 38 cm)

Capa do jornal *Mulherio*, n. 1, São Paulo, maio/jun. 1981.

íntima

R$ 6,40 Ano 1 – Nº 1 Abril 1999
Venda proibida para menores de 18 anos

MODA
Impecável a qualquer hora

QUATRO MULHERES
aceitam o desafio de pilotar uma Ferrari

ENTREVISTA
Giovane, o craque do vôlei

ALEXANDRE BARROS
Uma delícia!

SEIOS EM ALTA
O silicone está de volta

O SEXO
Há três mil anos

RELAÇÕES VIRTUAIS
O amor via Internet

A nudez de Humberto Martins
Lindo e sensual num belíssimo ensaio fotográfico

Revista feminina *Íntima*, n. 1, São Paulo, Salles Editora, abr. 1999. A revista tentava se posicionar como produtora de ensaios com nus masculinos para leitoras mulheres.

IMPRESSO NA
sumago gráfica editorial ltda
rua itauna, 789 vila maria
02111-031 são paulo sp
telefax 11 2955 5636
sumago@terra.com.br